U0164752

捍衛自由

和平示威簡史

夏博義 Paul Harris —— 著
李明 —— 譯

Raising
Freedom's
Banner:
How peaceful
demonstrations
have changed the world

請銘記，在和平示威中殉難的眾多先驅

1819年，曼徹斯特
1884年，芝加哥
1887年，倫敦
1892年，法國富爾米
1905年，聖彼得堡
1905年，華沙
1919年，阿姆利則
1945年，阿爾及利亞塞蒂夫
1948年，加納阿克拉
1960年，漢城
1961年，南非沙佩維爾
1962年，巴黎
1968年，墨西哥城
1970年，美國俄亥俄肯特州立大學
1972年，倫敦德里
1973年，1976年，曼谷
1987年，菲律賓門迪奧拉橋
1988年，仰光
1989年，拉薩
1989年，北京
1999年，巴拉圭亞松森
2005年，烏茲別克安集延
2011年，開羅
2011年，也門薩那
2012年，大馬士革
2014年，基輔

目錄

推薦序

「示威的自由,應被視為一項普世權利」——本書以學術及全面記述,精彩闡明這點。夏博義創立了一個廣受尊敬的人權組織,他的論述無疑極具權威。

——彭定康男爵,末任港督

所有憲法和行政法學生、對人權感興趣的學生,以及全世界進行和平抗議的人們都必讀此書……完整的述史和全球腳蹤,記錄了抗議活動的歷史和發展,以及那些試圖捍衛、限制或消滅這些活動的法律的演變。

——白金漢大學《丹寧法學期刊》,2016 年 1 月

世界頂尖專家傑作,對抗議權的精闢分析。本書強烈提醒人們:只有這項權利受法律保護時,自由與民主才能蓬勃發展。史料充沛、案例豐富,讀後我更想走上街頭和法庭,捍衛這權利。

——海倫娜·肯尼迪女爵

對示威權的全面探索。這位大律師預研究分，筆觸飽含熱情，他曾挺身為捍衛集會自由權辯護。夏博義勝利完成了自己設定的艱鉅任務。

——比爾·鮑林教授，倫敦大學

圍繞示威權的歷史和政治意義，這項比較研究得出大量真知灼見。對於任何對人權史和政治抗議感興趣的人，本書都是寶庫。

——薄諳度教授，
新南威爾士大學、香港大學比較法與公法研究中心

傑作！作者富於學識，文筆極佳。筆調機智卻不冗長，我發現它很易讀。這本書和那些捍衛自己信仰和權利的勇者事蹟，給我真正啟示。

——亞馬遜英國客戶評論

序

　　示威，是指為某種理想而舉行的遊行或露天集會。本書追溯和平示威的歷史，及其如何改變了世界。本書並非鼓吹騷亂、暴動或革命，但有闡釋其與和平示威之聯繫及區別。同樣，本書亦非提倡政府或者官方組織的遊行或巡遊。本書闡明的，乃是建制外民眾發起的示威。換言之，本書旨在剖析那些為申冤，或呼籲當局採取行動解決示威者切身訴求，而舉行的示威。

　　人類史上，這類示威是後起之秀。古希臘或羅馬史冊難覓其蹤。中世紀歐洲也無記載。上街抗議當然常見，有些更暴力。但至少在西方，和平的政治性遊行或集會直至 18 世紀末才初試鋒芒。1795 年倫敦，在一場和平示威前，參與者被要求放下任何武器，以昭示和平的動機。這是刻意和平的示威首見史冊。此前數世紀，古代中國也曾發生由太學生領導、類似現代示威的抗議運動（見第 19 章），但到 16 世紀這傳統已消亡。直到 1890 年代西學東漸，中國學生深受歐洲觀念（包括和平示威等）濡染後，這傳統才重現。故此，風行當今世界的示威活動，可溯源至 18 世紀末的英國，大致與工業革命之勃興同步，卻絕非巧合。

　　和平示威誕生，雖受當時英國獨特政制，及其它事件等諸多因素影響，但催化全球首場工業革命的條件，無疑亦也催生了和平示威。本書將詮釋之。

　　為宣示立場而示威的習慣，從英國逐漸傳遍全球。19 世紀初，示威活動在英國成效卓著，不脛而走。各國步調不一，有些很快效法，有

些則較遲接納。若無 1832 年「五月天」和平示威，英國就不會轉型為一個民主政體。

在其它地方，示威成效良莠不齊。有成功，如印度的聖雄甘地；也有慘敗，如君士坦丁堡的亞美尼亞人（1895 年）、南非沙佩維爾的泛非大會（1961 年），以及北京天安門學運（1989 年）。我將剖析，為何有些示威成功，有些卻失敗。

我在香港擔任大律師，曾代表法輪功（一個佛學修煉團體）出庭，從而關注示威議題。為抗議中國內地迫害法輪功，支持者在香港某棟政府大樓前的人行道上絕食。示威者被警察抬走，並被控「阻街」。「阻街」是指控無牌小販的法律。我決定為示威者辯護。我援引集會自由的憲法權利，在香港這包括「示威的權利」。我論證，該權利必然包含為示威而佔用人行道的有限權利。前提是該情況下佔用屬合理。何為「示威的權利」？其理念又源自何方？我想找一本釋疑的書，出入各大圖書館，卻遍尋不獲。最後我明白：根本找不到，因為還沒人寫。結案時示威者被判無罪，我遂決心寫作本書。

論示威，律師們主要查閱刑法，從涉及破壞「治安」的章節（如騷亂、流竄、聚眾鬥毆、行為不檢、刑事擅進及違反細則等）尋依據。更有專著詳述，示威者若違法可能犯何罪。這誠可理解。但應怎樣對待那些守法、未犯罪的示威者？它們卻隻字未提。

其它有關示威的資料，散見於社會學及政治學著作，常將示威當做抗議來研究。惜絕大多數都忽略「刻意守法的示威」、「不管是否守法的示威」及「蓄意違法的示威」間的重要區別。本書中，我將剖析這些區別及其重要性。社會學及政治學書籍也易乏味，華而不實；富戲劇性的事件及場景，被寫得興致索然。苦心孤詣，卻將扣人心弦的場景，變成催眠曲。

當然，也有一些教人怎樣自發組織示威的好書，如美國公民自由聯盟手冊《示威的權利》。

本書獨樹一幟——它是一冊趣味簡史，嘗試藉追史溯源來解答：為何我們今天能有示威？為何我們要持之以恆？為何示威權值得珍視捍衛？

和平示威理念源於何處，又不脛而走？澳、美、俄等國國情迥異，示威卻如何迅速融入國民文化，並影響其歷史進程？反觀德國，長期禁錮示威觀念，亦引發重大歷史後果。對此，本書均娓娓述說。它又闡述和平示威怎樣漸變為一項人權。本書考稽各種示威類型，並探尋成功示威有哪些特徵。示威者有兩種取態——一類人願守法，另一類人則蓄意違反他們視為不公的法規。兩者並存的持續張力，本書亦有論及。

現代示威萌發於 18 世紀中葉傳統的倫敦政治騷亂。1760 年代支持政治家約翰·威爾克斯，名為「威爾克斯與自由」的騷亂中、1770 年代憤懣的倫敦工人（如斯皮塔佛德市集的絲織工）遊行中，均可覓其雛形。不過，倫敦通信協會則是現代示威者首次亮相。時值法國大革命，通信協會呼籲國會改革的集會，刻意和平進行，深信這樣有助達成目標。

倫敦通信協會的大型和平集會並未違法，當局卻深感恐懼，以致取締協會。惟其和平示威技巧，於拿破崙戰爭期間沉寂數年後復甦。1815年滑鐵盧戰役後數年間，國會改革派更將其演繹得爐火純青，成效卓著。

最著名的改革派，是號稱「演說家亨利」的亨利・亨特。他的手法是藉演說吸引聽眾，使刻意的和平集會觀者如堵。宏大規模，本身已暗帶威脅——若集會訴求未獲滿足，則可能發生某些「不那麼和平的」事件。1820年代，在愛爾蘭，丹尼爾・歐康諾亦仿效舉辦「人海集會」，聲援他成功推動的天主教徒解放運動。1830年代初，此技法又奏效，被改革派施展到極致，促成1832年改革法案。1860年代的另一波大型運動中，該技法再奏捷，促成1867年第二項改革法案。

當時，這些行動僅被稱為遊行和集會，「示威」（demonstration）一詞直至1839年才首次進入英語，用於稱呼這類活動，並旋即成為此類事件的專用詞。

「集會自由」概念，衍生於獨立戰爭時期的美國，而「人民和平集會的權利」乃由美國憲法第一修正案所規定。然而，第一修正案實施時及其後多年，和平進軍的理念仍未被列為其保障權利。直至19世紀末，示威式進軍才「登陸」美國，而且竟是從英倫諸島經澳大利亞，才傳至美國。直至20世紀，這類進軍活動才受第一修正案保障。

英式示威在英倫普及近一個世紀後，才傳遍法國。傳入法國時，也傳到俄國並迅速普及。列寧和布爾什維克伺機利用示威來奪權，掌權後卻立即殘酷鎮壓國內的抗議示威。不同於法、俄，示威作為一種政治技巧，直到20世紀才在德國出現，二戰後才普及。缺乏和平街頭示威傳統，助長了納粹上台。體面的德國人不抗議，街頭就變成納粹「褐衫軍」與共黨對手「紅旗戰線」廝殺的戰場。

19 世紀末，示威理念傳到鄂圖曼帝國，各方對這一新事物取態各異。君士坦丁堡的權貴視其為威脅，這成為亞美尼亞人慘案的主因。大約同時，示威傳入鄂圖曼帝國名義屬地埃及（實由英國控制）時，結局卻鼓舞人心。扎格盧勒領導的埃及獨立運動，有效運用了和平示威，期間穆斯林與科普特基督徒並肩示威。1922 年埃及從英殖獲得名義獨立。過程中，和平示威居功至偉。

探討這些國家的進程後，本書又回眸英國以及 20 世紀的重要示威運動，包括一戰前的婦女參政權運動、1930 年代的飢餓進軍，以及 1932 年的早期環保示威——金德斯考特峰集體擅進事件。再檢視示威在美國的平行發展，包括史上首例向華府進軍——1896 年「科西大軍」事件、1932 年大蕭條期間「酬恤金進軍」、1941 年「黑人向華府進軍」以及民權運動的多次重大行動。在民權運動激勵下，從北愛爾蘭到泰國，全球各地的和平示威愈加蓬勃。

聖雄甘地在示威史的獨特角色，值得用一章來描述，包括探討甘地成功的原因及其局限性。也分析後人仿效甘地策略的成敗，從沙佩維爾到綠色和平，以及「人民力量」。甘地消極抵抗策略的這類變體，在驅逐菲律賓前總統馬科斯的運動中，運用得最成功。

中國緊隨菲律賓。1989 年天安門屠殺的複雜背景、事件前後中國的示威運動，包括撰寫本書時香港的爭民主示威運動，都值得深究，以完整呈現示威歷史。

最後，本書審視阿拉伯之春——藉社交媒體組織的示威。研究示威運動在絕大多數國家仍面對的阻礙，包括英國警方「圍困」示威者等新手段。然後，我評估和平示威在社會以及政治進程中的角色，並以此作結。

對於律師，有關示威的法律是有趣課題，我在專著《示威的權利》（權利出版社，2007）曾詳述。本書則面向普世讀者，故我僅用一章中涉獵相關法律重點。傳統上，英國法律並不保障示威，除非有關示威恰好是呈交請願。2002 年，《歐洲人權公約》被納入英國法律後，局面改觀。但對示威權的保障，仍以逐案基礎緩慢釐定，有些結果令人失望。美國較早對示威提供法律保障，沙特爾斯沃思訴伯明罕市案是其里程碑（此案類似前述香港法輪功案例，涉及指控示威者阻街）。示威在美國受到保護，但幾乎所有示威都須經繁瑣手續審批，惟當局不得無端拒批。《歐洲人權公約》保障歐洲境內的示威權，但在世界許多地方，示威或仍不受保護或仍屬非法。在很多國家，參與示威仍須冒生命危險。

令人遺憾的是，研究示威史時，悲劇收場的示威常被詳錄，成為調研報告的主題，頗受史學家重視。相反，大多數和平收場的示威常被淡忘。示威者回家，掛起或扔掉旗幟、標語牌，然後幹別的事。甚至可能無人記錄某地曾因某事示威。就算記錄，也或僅是地方小報簡訊。因此，當今的示威史研究難免偏重那些更具戲劇性、常以悲劇收場的示威。

假如世上有一間「示威博物館」，讓示威者保存示威資料建檔，歷史記錄就會更完整！很快，這博物館就能成為人們的寶貴資料源。我希望本書及其所述一系列重大事件，能激勵人們創設一間 [1]。

令人傷感的是，一些示威被淡忘，因其未悲劇收場，一些悲劇收場的示威，同樣被淡忘，因屠殺示威者的當局竭力掩蓋真相。加布列·賈西亞·馬奎斯以哥倫比亞為背景的名著《百年孤獨》，描寫軍隊槍殺示威群眾，又在半夜移屍滅跡。軍政府聲稱對數百民眾失蹤「毫不知情」。

任何讀者都忘不了這幕。這場景並非只是大作家的想像。從對示威者的首次屠戮開始，肇事當局都會竭力掩飾否認。1819 年的彼得盧屠殺是最早案例之一。曼徹斯特地方法官下令騎兵衝擊和平會眾後，立即逮捕在場《泰晤士報》記者，以防暴行見報卻欲蓋彌彰。一百四十年後的南非沙佩維爾慘案，據信警方曾秘密處置一些屍體，以降低官方死亡數字。歷史上，肯定曾過有類似暴行，劊子手成功瞞天過海，屠殺未在史上留痕。

這類事件並不僅存在於歷史。2013 年，埃及塞西政府屠戮示威者，規模甚至超過天安門屠殺，當局事後更極力掩蓋真相。對抗這類恐怖現象，一本書只是杯水車薪。但我希望本書能提醒大家這種現象的存在，以及其它手段，如各類政府都利用臥底抹黑示威者，製造麻煩。這類手段運用之廣，一些讀者或會震驚！人們若能識別之，對事件的評價至少會更準確。

我還希望，本書能讓世上更多人認同我的結論——和平示威的權利是一件瑰寶，值得普世尊重和捍衛。我希望這又有助於減少和平示威者僅因上街抗議，就被攻擊、殺戮或毆打的際遇。

我非常感謝李明用自己的時間，以志願者的身份翻譯全書。我也很感謝大律師鄒幸彤自願擔任校閱。我還要感謝紅出版的編輯兼出版商 Joyce Shum 和 Patrick Lim 的關心和敬業精神，以及決定此時出版的決策。我相信他們的所有努力，將使這部譯作，成為中文讀者感興趣且有價值的讀本。

譯者序

　　倘若，本書於 2018 年如期出版，香港過往兩年之歷史，或已改寫⋯⋯

　　1985 年《中英聯合聲明》生效，夏生即關注中港民主進程。八九民運期間，他在倫敦全程緊盯，我則在中國參與示威，躲避公安搜捕。受此影響，他日後躋身人權法學權威，而我成資深翻譯。卅五年來，目睹港人民意與北京之對立持續激化，他一直深思：港人出路何在？

　　夏生是英國人，更是香港人。他奔波兩地，照顧在牛津的近百歲慈母和在港的愛子。就在此繁難條件下，他歷時五年，寫成首部和平示威通史——*Raising Freedom's Banner*。本書溯史愈九百年，側重 1769 年以降，和平示威於英倫創範垂統，以至對各國民主政體初肇與完竣之功勳，回應了「和平遊行沒用」論。敘史嚴謹，未避諱英美當局有關歷史過失。夏生對我說：發行中文版，獻給他牽掛的香港和中國，是他的夢想。

　　我為夏生熱忱感動，故歷一年翻譯。過往兩個半世紀那些感人的示威者——倫敦三子、撐傘人、書商、報社老闆、婦女、孩子們⋯⋯彷彿穿越到今日。例如 1763 年，英國政府重拳打壓新聞自由先驅約翰・威爾克斯及其報紙，卻反使他更受擁戴⋯⋯令人嘆息歷史輪迴，惟某些政府的表現，仍為英國二百五十多年前之水平！書中剖析改變世界的數十場關鍵示威之策略、技巧與成敗，將啟發每位熱愛香港的人。

起筆時，我在扉頁寫下「道長而崎，行則將至」。今日是聯合聲明生效卅五週年紀念日，亦是港版國安法出爐時。這確令人感慨。英諺「雖晚不遲」——讀者會驚嘆本書的預見性，並重塑本港示威運動。願讀者無論黃藍皆踐履，再現先賢之成功而非挫敗，不負作者託。

　　以史為鑑，可知興替。皇天無親，惟德是輔。民心無常，惟惠之懷。對於巨變前夕的中國，本書更極具參考價值。有幸譯此佳作，惠及國人，本人與有榮焉，並銘謝紅出版予以出版發行。

　　承蒙 羅沃啟先生、梁司祺、鄧素菁姊妹、鄒幸彤大律師、愛子李奇恩垂教襄助，謹申謝忱。

李明

2020.5.27

倫敦政經學院

第 1 章

倫敦通信協會

法國大革命

作為一種促進政治變革的手段，現代意義上的和平示威，誕生於法國大革命時代的倫敦。孕育她的一連串事件，則有更深的歷史淵源，可上溯至大憲章、向英王申冤的請願權、以及 17 世紀英國的憲制鬥爭。但卻是法國大革命時代（狄更斯稱之為「最好的時代，也是最壞的時代」）的戲劇性與鬥爭激情，最終使其呱呱墜地。1795 年 6 月 29 日下午，泰晤士河南岸南華克區的聖喬治廣場，倫敦通信協會在此舉行公眾集會。過往兩個多世紀的偉大抗議運動，均從 1790 年代倫敦這些抗議者的想法和策略中，獲得靈感。阿拉伯之春、天安門學運、馬丁·路德金的「民權進軍」、聖雄甘地的非暴力抵抗和食鹽進軍，以及女性參政權運動，都從中獲得啟示。

聖喬治市集已不復存在。昔日大象與城堡和滑鐵盧之間的草地，早被聖喬治廣場四周不倫不類的街衢建築所湮沒。但在 18 世紀，這裡卻是倫敦主要的露天集會場地。1759 年，循道宗牧師喬治·懷特腓曾在此向大眾佈道。1768 年 5 月 10 日，一批「威爾克斯和自由」的支持者在此集會，聲援被囚於附近王座法庭監獄的約翰·威爾克斯，最終遭士兵驅散並導致傷亡。1780 年，喬治·高登勳爵號召新教聯合會會員在此集合，遊行到國會請願反對解放天主教徒。國會拒納請願書，引發 18 世紀倫敦最嚴重的一場騷亂。

與威爾克斯或高登集會不同，倫敦通信協會的集會善始善終。《晨報》報導「昨日下午約兩時，逾五萬民眾響應通告，在聖喬治市集集會，呼籲進行國會改革。約三時，瓊斯醫生主持了集會……」。「集會勸誡會眾戒酒克制，維護公德，我們對此表示讚許。作為我國最大型政治集會之一，所體現的節制，樹立了典範。」報章描述了集會講者宣講國會

改革之必要性；為達目標須保持「秩序與禮儀」；宣讀措辭溫和的《致國王書》和《致全國同胞書》。圍觀者有的坐於馬背，有的從周圍樓上觀看遊行。報章亦提到，王座法庭監獄的獄卒、皇家騎兵衛隊均持械防範騷動，倫敦及薩里民兵亦待命隨時介入。

《晨報》報導描繪了集會緊張氣氛。它暗示卻未解釋（因當日讀者都明白）——改革者與擔心改革蛻變為騷亂及革命的人士之間，衝突一觸即發。

「大陸」、「君臨國會」

此前六年，巴黎暴民攻打巴士底獄，掀起法國大革命。渴望改革英國腐敗政體的人都覺得，由改革派主導，推翻各種濫權和貴族、教士特權的大革命早期階段，是啟蒙、楷模。他們憧憬，既然法國能如此驟變，英國或也能同樣迅猛變革。儼如詩人華茲華斯名句「生命的黎明是樂園，青春才是真正的天堂」。

1795 年的英國，並不像革命前夕的法國那樣，實行專制獨裁統治。英國政體是有限君主立憲制，由「君臨國會」統御，人人須守法。該政體是經光榮革命和 1688 年《權利法案》（剛好一個世紀前）建立。《權利法案》本身又是早前一個世紀斯圖亞特王朝與人民鬥爭的高潮。在法國，巴士底獄陷落前，官員可匿名簽署秘密逮捕令，不加審訊即可禁錮平民數年。英國卻無這種秘密逮捕令。在 18 世紀英語交談中，「大陸」與「獨裁」近義。對於英國享有的自由，廣大國民引以為榮，觀念根深蒂固。不過，法國大革命風暴，確也暴露出英國政體存在的諸多濫權及缺陷。

其中最刺目的缺陷，莫過於 18 世紀英國國會的「腐敗選區」（以金錢或人情換取國會席位）。地主議員投票時著眼私利，罔顧廣大國民福祉。食物昂貴，靡費巨資支空餉，漠視窮人需要，不願推動任何妨礙既得利益的改革，選民範圍狹小（僅佔人口 4%），將絕大多數國民徹底擋在政治進程外，國會遂成為箭靶。

然而，隨著法國大革命升級，英國的改革前景卻轉黯。到 1791 年，極端雅各賓派將溫和改革的吉倫特派踢出國民議會，大革命蛻變為血腥暴政。原有制度全被推翻，大批無辜者被一車車拉去砍頭，罪名僅是「出身敵對階級」。英國人初時對大革命的嚮往煙消雲散。很多人轉念認為，在英國啟動改革，恐重演法國之血腥恐怖。1793 年，法國廢黜君主制，處決路易十六，令英國人反感至極。

處決路易十六後數日，英法即開戰。英國傳統的反法情結，更加重英國人對法國大革命暴虐的懼怕。在英國鼓吹法式革命，轉眼已變為「雙重叛國」——對內背叛建制，對外聲援敵國。

蘇格蘭鞋匠

倫敦通信協會的成員，是英國國會改革最堅定倡導者。作為一個「通信協會」，其名稱及宗旨，並非取自法國大革命，而是十五年前爆發的美國獨立戰爭。當時波士頓的獨立派政治家利用「波士頓通信協會」聯絡北美各城市的同類社團，建立聯合的獨立運動。1792 年，托馬斯‧哈代，這位在倫敦打拼的蘇格蘭鞋匠，仿效波士頓成立了倫敦通信協會。協會串聯英國各地類似社團，推進國會改革。謝菲爾德是倫敦以外最活躍的地區。

僅兩年，協會便從幾個創會成員，發展至頗具規模。1794 年初，協會嘗試組建「英國國民會議」敦促改革，儘管同道「蘇格蘭會議」諸領袖早前剛被以「煽動叛亂」罪名起訴。1794 年 2 月，首相小威廉・皮特的政府逮捕哈代及協會骨幹，關進倫敦塔等候起訴。

托馬斯・潘恩、「豬一樣的大眾」

在英國，哈代及其同志並不是因擁護法國大革命而遭起訴的首批名人。兩年前（1792 年），政府已起訴托馬斯・潘恩，其暢銷書《人的權利》揶揄埃德蒙・伯克的《法國大革命反思》。後者描述大革命後期的暴行，亦頗具影響並很大程度上使英國政治階層轉而反對革命。伯克深信，任何革命都難免被流氓政客操縱，並將他所蔑稱的「豬一樣的大眾」引入歧途。

潘恩的暢銷書強有力重申了自由、平等、博愛原則，這正是法國大革命的思潮。該書幾乎給英國政府造成恐慌。出版幾週後，潘恩即被控煽動叛亂並被定罪。但他已趕在該書上架前潛逃美國，並安居當地多年。

小皮特

潘恩是個徹底的共和主義者。他認為立即廢黜喬治三世將大快人心。倫敦通信協會則擁抱更廣泛的意見。1790 年代並無民調，但很多（可能絕大多數）會員及支持者，無疑僅想改革國會，增進其代表性及效率。這也是協會很多演講者的立場。隨著英國人對法國大革命和法國

的反感日增,協會也忙於與「暴力革命」或「徹底推翻現狀」劃清界限。但在小皮特及其政府眼中,卻無濟於事。

小皮特認為,協會是一個顛覆工具,將為革命法國效力,削弱並詆毀英國的戰鬥力。在歐陸,法國革命軍強大,士氣高且佔上風,入侵英國已非空談。另一隱憂,是法國或利用英國人對時政的不滿,在英國策動內亂。小皮特計劃消滅協會及其影響力以杜絕隱患。他的對策,是以叛國罪起訴協會領導者,並欲將其定罪處決。

與哈代同時被捕的,有協助他創會的約翰·霍爾納·圖克牧師、小說及劇作家托馬斯·霍爾克羅夫特、一神論牧師傑里邁亞·喬伊斯、書商托馬斯·斯彭思、講師及詩人約翰·特爾沃爾、大律師史都華·凱及另外六人。與其通信的謝菲爾德憲政消息協會成員亦被捕。拘捕藉口是他們計劃成立「英國國民會議」,大規模動員群眾,施壓要求國會改革。

《泰晤士報》

《泰晤士報》帶頭引導輿論敵視被捕者。1794 年 6 月 1 日,海軍上將何奧勳爵在中大西洋擊敗法國海軍,史稱「六月一日光榮海戰」。倫敦舉行祝捷期間,一夥暴徒闖入哈代家,報復這名「叛國者」。哈代的妻子受驚流產而死,死前仍牽掛著被囚於倫敦塔的丈夫。據報她在彌留之際說:「我是為丈夫的苦難而犧牲。」歹徒們也襲擊了特爾沃爾的妻子,並野蠻衝擊了持和平主義的貴格會教徒,因他們不願照亮窗戶為勳爵祝捷。

小冊子

1794 年 7 月，領導者仍繫獄候審時，協會出版《要改革者，不要暴徒》小冊子，反擊對其支持暴動或暴力的指控。每冊一便士，或七先令一百冊。小冊子指當局曲解立場，並強調其創會決議——「本協會明確反對混亂或暴力，志在改革而非製造無政府狀態。我們唯一武器是理性、堅定和團結，同胞們，不遺餘力，反對濫權！」

「倫敦三子」

小冊子的確感動了公眾，卻擋不住政府的步伐。1794 年 10 月，哈代和圖克被以叛國罪分別聆訊。兩人均由檢察總長約翰·司各特爵士起訴，並均獲當時頂級大律師托馬斯·厄斯金辯護。檢察官力證成立「英國國民會議」是一項法式革命動員計劃，將篡奪國會權力。辯方強調市民有權集會討論國會改革，且哈代或圖克均未鼓吹或縱容暴力。

陪審團宣佈哈代和圖克均無罪釋放。政府卻執意起訴約翰·特爾沃爾，認為對他的指控贏面較大。他是一名雄辯的講師，有人曾見他用餐刀抹啤酒泡時說「暴君的下場！」。特爾沃爾一案，控辯雙方仍為司各特與厄斯金，卻仍判無罪釋放。審判主要圍繞叛國罪定義的法律問題，結論重申了一項原則，即「以和平手段爭取改變政府制度，不構成叛國罪」。該原則可追溯至英王愛德華三世時代頒布的《叛國罪法》（1352 年）。該三案被視為陪審團制度的重大勝利。陪審團承受了巨大壓力——在哈代一案中，陪審團團長在宣判一刻暈倒。特爾沃爾無罪釋放後，通信協會其他被捕候審會員全部獲釋。

判決固然是協會的勝利，協會稍後卻欲振乏力。以叛國罪被捕的會員，有五個月來猜測自己的下場：問吊、拉腸（將犯人剖腹拉腸，在其未死時焚燒拉出的腸子），或大卸四塊？這次遭遇後，一些人淡出公眾生活或歸於沉寂。只有特爾沃爾仍活躍如初。

1795 年聖喬治市集的集會

1795 年中，協會復甦。這年是災年，農村麵包騷亂頻仍，倫敦經濟深陷困境。協會抓住機遇，重提國會改革訴求。就在這背景下，協會組織了 6 月 29 日在聖喬治市集的集會。

在英國，討論公眾關心議題的「郡會」傳統已歷數百年。這類會議的召集人常是郡內貴族、鄉紳等頭面人物。幾個平民竟發起大型和平公眾集會，真是新聞。英國內戰時，平等派曾組織普特尼辯論。此後就未聽聞類似事。倫敦通信協會號召五萬人集會，規模宏大、民間組織、目的及方式和平，都史無前例。

以往，協會在倫敦的酒館內開會，如港灣街的冠錨酒館、埃克塞特街的貝爾酒館、柯芬園亨麗埃塔街的獨角獸酒館等。協會決定露天集會，部分原因是政府向酒館老闆和房東施壓，使協會再難租到室內場地。兩年前，協會已開創露天集會先例（雖規模小得多）。1793 年 10 月 24 日於海格尼路旁的市集集會。1794 年 4 月 14 日於查克爾農場草地保齡球場再集會。但 1795 年 6 月 29 日那樣大型的卻不曾有。聖喬治市集的集會，是首次刻意藉會眾之多，來展示改革的強大民意後盾，從而向政府施壓。

集會宣讀《致國王書》，稱協會並非擁護共和制（雖許多會員傾向共和）；乃尋求和平的憲政變革，而非革命。政敵卻仍將其描繪成叛亂分子。哈代、圖克及特爾沃爾被無罪釋放後，國會中人依然稱他們「被姑息的暴徒」。面對這類壓力，國會改革派開始自稱「愛國者」。

1790 年代，保守派自稱「國王與教會」人士。改革派常反對教會，也常反對國王，卻旗幟鮮明地愛國，尋求透過憲制改革來增進國民福祉。

國王、政府均未回應協會的演講，到秋天也無回音。協會於是在1795 年 10 月 26 日再度露天集會。會址在北倫敦的哥本哈根市集，距今國王十架火車站不遠。

協會會議記錄稱，「我們採取措施，慎防有人受僱搗亂集會。在通向會場的各路口及會場，我們派發數千傳單，要求與會者和平守序。」

會議記錄稱，會上有專人「一致算出」有逾十五萬會眾。人太多，協會只得另設三個講台，使距大講台太遠的人也能聽到。集會由「公民瓊斯」揭幕，再由「公民約翰・比恩斯」主持宣讀《致全國同胞書》和《致王室書》。特爾沃爾作了長篇演說。大會提出十五項決議並獲「一致通過」，強調亟須以普選制和年度國會制，取代腐敗的國會代議制。《晨報》記載，「下午約五時，這大批會眾解散，無任何輕微違法或紛擾。」

倒楣的是，三日後，國會開幕大典期間，有反君主制者向皇家馬車扔淤泥，喬治三世正在車內。建制派大為光火。雖無證據顯示此事關乎協會或哥本哈根市集的集會，小皮特仍趁機在國會提出兩項法案，再次要取締通信協會或任何類似組織。

《晨報》、《泰晤士報》、整部憲法、綠雨傘

協會遂集會抗議「兩項法案」。這第三場大型露天集會，於1795年12月7日舉行，會場在單簧口琴酒館旁的市集，距今帕丁頓站不遠。

這場集會，傾自由派的《晨報》，與保守《泰晤士報》都有報導，內容卻相互抵觸。集會人數，《泰晤士報》稱「約有五、六千……很多衣衫襤褸，態度虔誠但難說公義」。《晨報》則指「有四、五萬人。我們見到馬爾格雷夫伯爵、一群興奮的財政部之友、不少國會議員及政府支持者，都有到場」。

《晨報》寫道，「特爾沃爾先生在一個小講台上，向部分會眾做長篇演講，不時以喇叭筒維持秩序。他評論及譴責兩項法案，並稱其無法阻撓他與同胞們集會，直至當局正視民眾的不滿……一百碼外，瓊斯先生從另一小講台向其他會眾演講，話鋒大致相同：此刻的拉鋸戰，是在人民的權利與眾大臣野心之間，是在倫敦通信協會與小皮特之間……我們的寶貝首相（哄笑），為保全整部憲法，每年要都從中撬走一塊！」

《晨報》形容，距演講者較遠處的氣氛恍若遊樂會，「那些因太遠而聽不到演講的人們，被各種小販團團圍住，還有兜售文學作品的、賣點心的……有人吆喝『來一杯優質民主琴酒！嚐一片自由薑餅！』……『豬一樣的大眾，請注意，這裡賣豬肉』。『傳單兩份，讀了不痛』。還有的高聲叫賣『這裡有謀反和叛亂！一便士一張』。我們被這場景震撼了——因為這些出版物、呼籲，顯然僅為挪揄我們的某些立法者，但後者卻怕得要死。」

《泰晤士報》的報導，則短淺且刻意歪曲嘲諷：「公民特爾沃爾佔領大講台……公民瓊斯盤踞另一個，公民霍德森霸住第三個。各類誹

謗、罪愆任意賣。『叛國罪』賣一便士，『豬一樣的大眾』食物任選。烏合之眾雲集，地痞、癡肥到齊，特魯里巷的幾個女優，竟也扮得花團錦簇來開會。」在詹姆斯・吉爾雷筆下，一位褲底破洞的會眾，仰望講得起勁的特爾沃爾，他身旁是圖克。有支持者在他頭頂，撐了一把綠傘。

《叛國行為法》

集會未能阻止兩項法案於 1795 年 12 月通過，成為「兩項法令」。《叛國行為法》將叛逆法適用於向國王施壓，「以改變其措施或顧問班子」的行為。這意味著，若圖克和倫敦通信協會其他成員依新法再次受審，1794 年曾助他們被判無罪的「和平爭取變革」的辯護理由將不再適用。《煽動性集會法》禁止任何五十人以上未經官方批准的集會。兩項法令都屬臨時。《叛國行為法》在喬治三世死時失效，《煽動性集會法》僅三年有效，但成功中斷了通信協會的系列集會。

然而，法令卻擋不住通信協會開創的新傳統。從 1795 年起，大型和平集會作為一項爭取政治變革的手段，已牢不可破。1795 年的集會，其規模及影響都將永載史冊。「示威」一詞尚未被採用，但我們當今所知的示威，已經登場。

為何它不早不遲，偏偏發生在那時？
為何它發生在英國，而非法、德、荷蘭或其它地方？
為何小皮特輪番打壓，它卻生生不息，更不脛而走？
為回答這些問題，我們須追溯英國往昔的歷史。

第
2
章

起源

獨一無二英格蘭

倫敦通信協會的集會早成往事，時間也早已邁入 19 世紀，示威在英國已司空見慣，在法國卻蹤跡全無。和平示威為何孕育自英倫，而非法國等歐陸國家？這因於有深刻的歷史差異，淵源可上溯至中世紀。

法國獨裁君主制綿延數百年，隨後的暴動嬗變為法國大革命。1789 年，路易十六召開三級會議時，會議已休會一百五十年。期間法國實行君主專制，即現代所謂之君主獨裁。臣民無論貴賤，都任憑國王處置且無處平反。巴士底獄和秘密逮捕令就是象徵。這套鉗制及壓迫制度，暴虐僵化至極，以至除了推翻，別無他法。

這方面，18 世紀法國與絕大多數其它歐陸國家很相似。西班牙、普魯士、奧地利及俄羅斯，都是類似的君主專制政權。

相反，英國在數百年博弈淬煉成的制度下，有識之士多數認為自己擁有法定權利（甚至可反對英王），且英王對臣民的處置也受約束。這信仰其實毗連了「法治」的觀念，即不僅人民要守法，上至英王，人人都要守法。

諸世紀以來，為何這樣基本、顯明的觀念僅在英國被奉為圭臬，而在非歐陸？英國與其歐陸鄰國，豈不有著緊密紐帶和近似文化嗎？學界對此爭論不休，相關著作汗牛充棟。但根源或關乎「時機」，尤其關乎英王約翰於 1216 年暴斃一事。

約翰王

在約翰王時代（12-13 世紀），中世紀歐洲正經歷一場迂緩漫長的鬥爭——各國國王都想集權並盡可能地控制臣民，但那些較強勢的臣民則想自己命運自己管。在英格蘭，這夥人包括「男爵」、伯爵、騎士及別的地主，他們是英王恣意濫權的最大受損者。男爵們謀求保障其「古已有之的權利和自由」，就是這夥人對英王訴求的體現。

這些中世紀國王勢弱時，會允諾保障臣民這些權利及自由，以爭取時間及影響力。其形式通常是特許憲章，地位高於普通法律。國王一旦轉強，就會撕毀之前准予的憲章。有時，批准憲章的弱王被強者推翻，強者自然會拒絕恪守前任的承諾。因此，儘管中世紀德國、匈牙利、意大利和西班牙的國王都曾承諾保護本國臣民的權利和自由，但無一兌現——腓特烈一世（藉 1183 年《康斯坦茨和約》）與腓特烈二世（1220年）向德國人及意大利人，萊昂王阿方索九世[1]（1188 年）向西班牙臣民，匈牙利王安德烈二世藉金璽詔書（1222 年）均做過承諾。這些君王大致與英國的約翰王同時代。

《大憲章》

簽署於 1215 年的《大憲章》，是約翰王對臣民「古已有之的自由」的類似保障。約翰王與歐陸君王一樣，也無意履約，勢伺機撕毀《大憲章》。誰知約翰王簽署《大憲章》後未夠一年，就於 1216 年暴斃！王子繼位稱亨利三世。亨利當時還是個孩子，無力應付男爵逼宮。在眾男爵脅迫下，亨利被迫宣誓承認《大憲章》以換取加冕。後來，亨利與男

爵們矛盾尖銳時，又數次被迫宣誓效忠《大憲章》。當其時也，《大憲章》已地位超然，後世歷代英王再無法違背它。

《大憲章》最重要規定是第四十條——「不得拒絕或拖延讓任何人享有公義」。約翰王正因拒絕和拖延公義而聲名狼藉。1215 年之前數年，依據歷代英王頒布的法律司法的國王常設法庭，均被他關閉。約翰王僅保留其私屬稅務法庭，自定法規恣意裁決。藉此他就能憑私慾偏袒某些人，又迫害整肅甚至處決另一些人。此舉顯然背離了百年來自亨利一世等早期金雀花王朝君主建立的法治傳統，結果天怒人怨。最關鍵是約翰操縱司法系統，激起眾男爵圍攻。

念念不忘，必有迴響。約翰王時代終結，「國王必須守法」的觀念反更深入人心。該觀念日後成為法律規條，並由 13 世紀英國卓越的律師及學者亨利‧布拉克頓大加提倡。他創造了拉丁文警句「國王非在臣民之下，但在上帝和法律之下」，其後三百年的律師均學習之。故到伊麗莎白一世時代，這觀念在英國已家喻戶曉。當時，在人民心目中源遠流長、作為君民關係基礎的《大憲章》，已獲神聖地位。

「國王必須守法」在英格蘭和威爾士已是常理，但蘇格蘭則不同。蘇格蘭王國從未遵循《大憲章》，而是效仿歐陸的君主專制。1603 年伊麗莎白一世駕崩，蘇格蘭的詹姆士六世入主英格蘭，稱詹姆士一世。這分歧遂激發大震盪。詹姆士從蘇格蘭南下登基途中即激起民憤：他下令將一名涉嫌潛入他營地盜竊的人，不經庭審當場吊死。

《大憲章》開創法治觀念，其另一成效是賦予「向國王請願申冤」這項權利以特殊地位。該成效在幾個世紀後催生了示威活動。

「向英王請願討公道」的習俗，逐漸萌生了中世紀的英國法庭。這項習俗無遠弗屆：從羅馬帝國、古中國到中世紀歐洲，向國王求公道或恩惠，早已是君主制一部分。如前述，英國在約翰王時已擁有相當發達的法庭制度主持公義。因此，當時的法庭認識到「主張某項權利」（如物業擁有權）的請願，與「純粹討好處」的請願性質並不同。於是，前一種基於「權力主張」的請願，乃由英王轉介予法官，後來更直呈法官，不再經英王。21 世紀英國法律中，仍可瞥見這項中世紀遺痕——要求公司清盤或破產的司法程序，仍以「呈請」作為開始。

因此，約翰王同意《大憲章》第四十條「不得拒絕或拖延讓任何人享有公義」，實質乃同意「任何人都不得被剝奪向國王的法庭提交呈請，要求判案的權利」。隨後幾世紀，兩種請願的分野更明確。「權利請願」屬法庭案件，而討好處的「恩惠請願」則仍須英王親理。不過，這種區別並未妨礙臣民共識，即根據《大憲章》向英王請願是全民的權利。

英國內戰、《權利法案》

17 世紀斯圖亞特諸王與國會的憲制鬥爭中，請願權的重要性成為關鍵，並帶出「是否如亨利·布拉克頓所言，君主應服從上帝和法律？」這一更深層次問題。詹姆士一世及繼承者都不承認自己應守法。他們根據德國馬丁·路德提倡的君權神授說，自詡天賦君權可恣意妄為。首席大法官愛德華·科克爵士向詹姆斯一世初提布拉克頓格言時，後者聞之震怒，痛罵科克「謀反」並揮拳相向。一場文化衝突就此揭幕，英國內戰是其高潮。

英國內戰是一場革命。既有權威被全面推翻取代，約十萬人為此犧牲。期間湧現眾多深邃的社會變革。其中最重大的，或是有幾年審查制度悉被取締。詹姆士一世及其子查理一世治下，星室法庭嚴厲執行審查制度，如同歐陸君主及天主教會的慣例。但在 1640 年，隨著倫敦王權倒台，皇家審查制度亦告崩潰。各種被壓制的思想——民主、共和、烏托邦及各類宗教異端，五花八門，噴湧而出。當代人權理念，也可追溯至內戰時倫敦出版的一份小冊子，作者約翰·華爾因此名留史冊。

審查制度廢止，助長了政治活動及辯論，首批報紙隨之出現，也產生了兩種新型請願方式。第一種是徵集請願簽名並登報，這旋即成為慣例。第二種是遊行呈交請願書。大批請願者穿街過巷，浩浩蕩蕩，吵吵嚷嚷向西敏寺進發。請願對象變成國會，因為國王已逃離倫敦。當時觀察者尼西米·沃林頓寫道「人們不分貴賤、貧富、男女，齊齊向西敏寺請願」。1640-1642 年間他記錄的向國會請願就多達百次。

請願人數激增，使內戰國會（「長期國會」）很厭煩，並考慮提案限制請願次數，卻激起強烈反對。請願權被稱為「最底層臣民不容置疑的權利」。議員在國會演講，提幾次《大憲章》就足可擱置這些提案。對所有請願，即使重複請願者（有些可能是精神病患者）的，國會繼續悉數接納。

請願，也是斯圖亞特時代最後一場憲制危機的焦點。1687 年，詹姆士二世發表《信仰自由宣言》，藉宗教寬容之名，圖謀將羅馬天主教立為英國國教。1688 年，坎特伯里大主教等七主教請願反對。詹姆士二世將七人全扣上叛國罪候審。但「向國王和平請願不構成叛國」早已婦孺皆知，並早經《大憲章》保證，七人當然被判無罪。無罪判決頒布後，詹姆士二世隨即倒台流亡法國。王位由其女婿、新教徒奧蘭治的威

廉三世繼承。威廉登基的前提，是必須實施由國會提出並通過的《權利法案》。1688 年《權利法案》規定「臣民有權向國王請願，對其採取監禁或迫害均屬違法」。《權利法案》從未被廢止或取代，至今仍為英國法律。

《權利法案》與倫敦通信協會的集會（1790 年代）剛好相隔百年。期間許多保守人士仍深信必須絕對服從君主。1715 年及 1745 年，曾有兩次企圖復辟專制斯圖亞特王朝的叛亂。不過，期間長期控制政府的輝格黨人自認是《權利法案》及其基本指導原則（即「國王必須服從國家法律」）的捍衛者。其對手托利黨則無力或根本無意挑戰這部已成為政體的法案。

因此，就政體而言，18 世紀英國與歐陸諸國已判若鴻溝。國王服從國會權力、法庭獨立、以及國王的首席大臣須獲下議院多數支持——這一組合在當時已獨步天下。歐洲改革者羨慕不已，視為改革君主專制的良方。其中最具威望的法國作家孟德斯鳩於 1748 年出版《論法的精神》，理想化地描述了英式政體，影響巨大並最終促發法國大革命。

英式制度優點之一，是重要政治議題常在國會內透過辯論、影響和協商解決，並酌情修訂國法。這種解決方式，避免了兩個極端——耍宮廷陰謀，或剷除國王，後者是對付暴君的唯一辦法。這制度有利於示威的興起，包括內戰時那些來勢洶洶的上街請願。國會有幾百名議員，只要辦一場引人注目的公眾集會，即刻能吸引好多議員關注。儘管整個18 世紀，各類請願不斷湧入政府及國會，但請願若無公眾集會「加持」，所獲重視也就很有限。

騷亂

當今，向當局請願是一項公認權利。在 18 世紀英國，這項權利的存在卻是當時政治的重要背景和國民意識的重要組成部分。直到 18 世紀末，和平示威才出現。此前，倫敦最常見的公眾集會形式，不是請願而是政治騷亂。英國獨特的政體，是此類騷亂在倫敦頻發的直接誘因。對外國人來說，這種騷亂甚至是倫敦生活的一個「特色」。有些大騷亂（如 1780 年高登騷亂）確涉及請願，但為數甚少。大多數騷亂本身就是政治行動，並不涉及請願或其它事件。

在當時英國等歐洲國家，騷亂隨處可見。赤貧者申冤無門，唯有靠暴力洩憤。可到了 18 世紀，在倫敦已很尋常的那類騷亂，卻不同於傳統動亂，也有別於當時英國其它地區的騷亂。

18 世紀倫敦以外地區，騷動仍僅限於民生問題，是窮人為果腹而作亂。大多是因麵包昂貴所引發的「麵包騷亂」。肇事者常哄搶據信是囤積居奇的磨坊主或批發商的糧食。負責執法的鄉紳常常深切同情這些赤貧的搶糧者，多少會容忍之。這亦使那些無關民生問題的騷亂，較易在免受懲罰的情況下發起。

除了麵包騷亂，18 世紀英國鄉村主要騷亂，還包括反圈地運動（仍是民生問題）和七年戰爭時反徵兵（兵役制）騷亂。1761 年諾森伯蘭郡赫克瑟姆鎮的反徵兵騷亂釀成悲劇。騷亂礦工殺死幾個民兵，軍隊趕到開火報復擊斃四十二人。這次騷亂死人多，屬個別。18 世紀英國的騷亂通常很少死人，但財產損失就很大。

在倫敦，絕大多數騷亂涉及時政問題，沒有麵包騷亂，這點不同於英國農村。倫敦是英國政治階層大本營，向這些政客施壓的最好辦法

就是騷亂。騷亂主力亦非草根，而是眾多有政治意識卻無投票權的人。18 世紀初，英國有投票權者佔人口比例不足 10%。隨著伯明罕、曼徹斯特等大城市興起，以及倫敦新城郊拓展（這些城郊在國會卻無代表議員），該比重持續下降。對有政治立場卻無權投票者而言，要想當權者正視其立場，在倫敦搞一場騷亂是好辦法。

政治騷亂小兵身後，常有政客黑手。他們精心策劃，使騷亂貌似自發，實際卻迎合國會某些派別利益。有關部署須幕後進行，故難知詳情，但當時很多重大騷亂必如此炮製。目擊者揭露，常有衣著體面者在重要路段向鬧事者授意。隨後騷亂中，貌似被騷亂者「失控」破壞的房屋其實早已選定，以切合騷亂「主題」。1710 年薩謝弗雷爾[2] 騷亂是 18 世紀前期最大宗騷亂，據說是要捍衛英國國教。暴民有系統地洗劫了幾間非國教聚會所，把家具等扔上街焚毀，鄰舍未遭破壞，甚至受到暴民[3] 保護。18 世紀後期最大宗騷亂是 1780 年反天主教的戈登騷亂，這次又輪到天主教物業被打砸搶。

1769 年，時任北美殖民地駐倫敦特使的本傑明・富蘭克林寫道：「一年中我目睹了糧食騷亂、選舉騷亂、工場騷亂、礦工騷亂、織工騷亂、運煤工騷亂、伐木工騷亂、維爾克斯分子騷亂、政府主席們騷亂等等，在走私犯騷亂中，暴徒們謀殺了海關官員和稅吏，並向皇家軍艦和軍隊開火。」

除了富蘭克林提及的，18 世紀出名的騷亂還有 1715、1716 年攻擊長老會聚會所騷亂；1733 年反對首相羅伯特・沃波爾爵士《徵稅法案》及其《琴酒法令》的騷亂；同年斯皮塔佛德市集和肖迪奇的愛爾蘭民工騷亂；1749 年法國戲院騷亂，抗議巴黎的法蘭西戲劇院擬於倫敦開設分號；1753 年反猶太人解放運動騷動，反對國外出生的猶太人歸化；1794 年攻擊「人販子大樓」，抗議當局「抓壯丁」的騷亂等等。

其它騷亂還有：反對彈劾政客騷亂、反對公開鞭刑騷亂、反強徵入伍騷亂、抗議監禁倫敦首席地方法官騷亂、法籍僕從騷亂、抗議埃奇威爾路絞刑架騷亂（在附近泰伯恩刑場被絞死犯人的屍體被掛在此處腐爛），以及抗議戲票太貴的騷亂等。

數起騷亂與劇院有關，為解讀倫敦騷亂的政治特徵提供了額外線索。雖然騷亂針對的問題，確實涉及某些鬧事者切身利益，卻又常暗含某種政治劇本。政府和反對派領袖都住在倫敦。18 世紀倫敦已有一系列報刊，使騷亂有了「見報」可能。鬧事者因而有了「觀眾」，農村當然沒有這些。在多塞特郡或諾森伯蘭郡的小鎮喊政治口號，應者寥寥。在首都喊，就能在咖啡館和各類工場激發強烈共鳴，同情、反對者皆有。肇事者若走運，尤其若能使某些政要害怕被毆，或擔心宅邸遭縱火，甚至可能直接影響政府政策。騷亂外圍通常是些貧民，指望趁亂偷點東西。但騷亂的主旋律通常是破壞，而非偷竊。18 世紀的倫敦騷亂不論立場，「特色」都是不由分說先來一陣「石頭雨」，把窗玻璃砸個粉碎。

整個 18 世紀，針對騷亂，政府僅通過了一部法律即《騷亂取締令》（1715 年）。規定十二人或以上若舉行非法或騷擾性集會，治安法官將「宣讀《騷亂取締令》」，以國王名義宣佈集會為騷亂，並令會眾一小時內散去，違者可被判絞刑。但該法很少執行。大家普遍誤解：若法官未宣讀《騷亂取締令》，鬧事者就不算犯法！而且確實很少宣讀此法。1790 年代德雲郡的四十一起騷亂中，取締令僅宣讀了一次。1715 年取締令的時機及措辭，很明顯並非應付一般鬧事，或類似五年前薩謝弗雷爾騷動那種大騷亂，而是針對圖謀顛覆政府的武裝叛亂，例如詹姆斯·愛德華·斯圖亞特（「老僭王」）1715 年策動的叛亂。

約翰・威爾克斯

18 世紀下半葉萌生另一類抗議，雖仍稱騷亂，但形式上已將抗議者的訴求（有時是請願）與遊行相結合。約翰・威爾克斯是推廣此類抗議的要角。約 1761 年，政治改革者和抱負不凡的政治家威爾克斯，藉他編輯的諷刺報紙《北不列顛人》[4] 與喬治三世及其臣僚作對。政府重拳打壓威爾克斯及其報紙，卻反使他更受擁戴，並反復激起支持他的騷亂，史稱「威爾克斯騷亂」。

儘管威爾克斯的支持者[5]常帶點流氓氣，他本人卻堅決捍衛法治。他成功透過法庭質疑政府查抄《北不列顛人》的合法性。當威爾克斯因所謂「藐視法庭」被關入王座法庭監獄時，支持者劫獄並以馬車載他在倫敦巡遊。然而，威爾克斯堅持讓馬車駛回監獄，向獄卒自首並服刑。

1768 年 5 月 10 日，威爾克斯被囚期間，有群眾聚集獄外要求釋放他，期間有人向士兵擲石。惱怒的士兵們向人群開槍，至少擊斃六人。士兵們追進一座穀倉抓捕鬧事者時，誤殺了倉內無辜者威廉・阿倫。

同年稍後的一場選舉騷亂又鬧出命案。威爾克斯的擁躉約翰・格林代表密德薩斯郡出選國會議員，遭政敵威廉・碧兒普・普羅克托爵士僱流氓襲擊。結果流氓「點錯相」，把在一旁看熱鬧的無辜者喬治・克拉克打死了。

反遊行

1769 年，威爾克斯組織的一場行動，成為街頭示威登場前的「預演」。他的想像力和創意源於生活歷練，行動起因於他當選倫敦城市政

官。市政會分為威爾克斯派及保皇派，後者欲對抗威爾克斯，掃除他在市內蓬勃的威望。為此，保皇派決定遊行到聖詹姆士宮向國王請願，投訴威爾克斯淫亂、褻瀆和煽動叛亂。

威爾克斯發起反遊行回擊，並在河畔街匯入對手遊行路線。反遊行的特色是一架靈車，兩側懸掛遇害者威廉·阿倫和喬治·克拉克的畫像。這場反遊行幾乎就是一場現代示威。威爾克斯分子既非請願亦未騷亂。他們上街遊行表達政見，靈車道具鏗鏘有力，獨缺刻意的和平守序。二十五年後，倫敦通信協會補齊了這點。

大批威爾克斯分子簇擁下，兩隊遊行齊聚聖詹姆士宮，官員宣讀《騷亂取締令》但威爾克斯分子拒絕散去。近衛步兵威脅開槍他們仍不散，近衛騎兵威脅衝殺時才退後。十七名威爾克斯分子被捕，五人受審卻全獲釋，大陪審團因而被喬治三世斥為「不團結、偏心」。

威爾克斯的反遊行全勝。他戳穿了市政會保皇派的虛勢，成為公眾楷模，吸引了關注和擁戴，更藉因此產生的民意支持，使國王無法懲罰其支持者。這次反遊行開創先河，後世很多策劃得法的示威亦一再重演它的成功。

威爾克斯強調法治，就此而言，他與二十五年後繼承其改革議程的倫敦通信協會之間，有著強韌的個人聯結。約翰·霍爾納·圖克是威爾克斯在 1760 年代最忠實擁躉之一，後成為協會領袖，並與哈代及特爾沃爾一同因叛國罪受審。

然而，卻是法國大革命及隨後的革命恐怖，使英國主流改革運動首次意識到：要積極證明他們是和平民眾，這一點生死攸關。1795 年的大型和平集會是臨界點——從威爾克斯騷亂以來，多年的發展趨勢，終

於定型為刻意的大型和平集會。因此，這類最初的示威活動，既是英國數世紀獨特政治衍變（其它地方並未發生）的成果，也是 1790 年代特殊環境的產物。通信協會決定在聖喬治市集集會上宣讀《致國王書》，就是向國王請願傳統的自然延續。源於政治騷亂手法的政治性抗議集會，此刻已堅不可摧。「刻意使集會和平進行」這一創舉，則是在法國大革命造成的時局壓力下，協會被迫採用的。

通信協會的新手法，立即激起爭議，並激盪至今。許多抗議者覺得無需保持和平，不少建制中人也將和平抗議者與暴力抗議者混為一談，都視作對公共秩序的威脅。即使和平示威理念已普及，這兩種態度卻長期並存。本書將反復探討這兩種態度的普遍性。

釐清和平示威理念的起源，我們就能探討：倫敦通信協會被取締後，這理念何去何從？為此，我們須探索刻意的非暴力抗議活動，及其與暴力抗議之間的複雜關係。

1　Alfonso IX (1171-1230)，1188-1230 年在位，是位被人憎惡的國王，綽號「侈浮王」。

2　Sacheverell。騷亂的起因，是輝格黨政府依據 1688 年法案，起訴牛津大學莫德林學院院士
　　亨利・薩謝弗雷爾博士煽動叛亂，因其佈道時強調要絕對服從權威。薩謝弗雷爾及其支持
　　者們，將起訴曲解為對佈道權和英國國教的攻擊。這次騷亂頗為壯觀，最後被安妮女王的
　　近衛騎兵團鎮壓，不過幾乎無人喪命。但隨後幾個世紀中，政客們都很小心，以免任何措
　　施被曲解為對國教的攻擊。

3　「暴民」（mob）一詞（源自拉丁文 *mobile*，意為「移動」）於 18 世紀被英國人廣泛使用。

4　*the North Briton*。

5　有人懷疑支持者威廉・貝克福特（William Beckford）曾在幕後操控鬧事者。

第３章

溫泉市集

抵抗權

倫敦通信協會首次舉辦大型集會那一刻，就帶出一個疑問，並至今困擾人們對示威的看法：和平示威與訴諸暴力，兩者到底是何關係？

幾乎人人認同，應以暴力推翻壞透的統治者。納粹佔領下歐洲的抵抗運動，就是以暴抗暴的正面典型。千年來，這類暴力抵抗都被視為合法。究竟何時採取暴力抵抗才算正當？這在古希臘已有激辯。蘇弗克里茲悲劇《安蒂岡妮》中，女主角引天條證明她違抗暴君克里昂，安葬哥哥波利西斯屬正當行為。古中國哲學家孟子贊同討伐暴君。古印度史詩《摩訶婆羅多》稱，對付暴君應像宰殺瘋狗。古羅馬塞內加寫道，「可以殺戮，神的最佳祭牲，莫過於暴君的命」。

在 17 世紀英格蘭，有識之士（包括主張處決查理一世的人）都熟悉塞內加這些詩句。1688 年《權利法案》明文規定：若不義君王違反《權利法案》等憲制安排，臣民有權抵抗之。18 世紀，儘管許多托利黨人仍主張絕對服從權威，輝格黨人卻堅信抵抗權（至少理論上）[1]。因此，18 世紀英國政治階層，至少一半（甚至更多）人相信：到某個臨界點，以暴力抵抗權威，於道德或法理均屬正當。這信仰的邏輯，早在蘇弗克里茲和孟子時代就已獲認可。問題是怎樣才算達到這臨界點，暴力抗爭因而合理化？這一直都是個難題。

法國大革命，使相信「抵抗權是憲法權利」的英國人進退兩難。剛開始，人們視大革命為反抗歐陸暴政的正義運動，但隨著革命蛻化為血腥恐怖，英國貴族和殷實階層開始恐慌。

較之法國，英國政府制度要寬鬆得多，卻仍存缺陷和腐敗。因此，法式革命是否（或何時）適用於英國？這在改革派中引發激辯和分歧。尤其當拿破崙蛻變為獨裁者後，大多數改革派都反對效仿法國革命。但

一小撮精力充沛的活躍分子仍鼓吹革命。還有一些騎牆派取態曖昧。改革者設想以群眾集會推動改革。但實踐時，和平集會卻很可能被潛藏的革命分子騎劫！可見，雖然小皮特政府擔心倫敦通信協會的集會演變為暴亂，總體上是疑神疑鬼，但也非空穴來風。

倫敦通信協會並未消極放棄，可隨著英法戰爭變得日益危險，協會的目標也漸難企及。1797 年，協會在倫敦聖潘克拉斯發起集會，刻意違抗《煽動性集會法》。協會過往集會都刻意守法，但小皮特政府固執鎮壓，迫使協會改變策略。集會吸引大批群眾，但被治安法官驅散，公民約翰・比恩斯及另五人被捕。這次對抗嘗試後，協會歸於沉寂。

1799 年，政府通過《通信協會法案》取締這類協會，可不經審訊拘捕其成員。根據新法，很多激進派領袖被拘留數月，其在債務者監獄內的慘況最終激起公眾抗議要求釋放他們。這場未盡全功的抗議，由法蘭西斯・伯爾德特爵士帶領，追隨者們高呼「要伯爾德特，不要巴士底」。

1797 年後，小皮特政府更有理由擔心：強敵當前，政治動蕩將削弱英國實力。該年斯皮赫德（樸茨茅斯）和諾爾（麥德威）發生海軍嘩變。斯皮赫德嘩變涉及服役待遇，和平解決。但諾爾的嘩變則帶政治色彩，鬧事頭目被處絞。1798 年，在「聯合愛爾蘭人」領導下，愛爾蘭發生叛亂。該會想在英倫諸島重演法國大革命，並寄望法國軍援，但援軍未至，叛亂被鎮壓。

「聯合英格蘭人」鮮為人知，被懷疑勾結「聯合愛爾蘭人」。它似乎成長於 1790 年代，適逢倫敦通信協會沒落。骨幹包括通信協會前會員約翰・比恩斯，以及優秀的退伍上校愛德華・德帕德。

1797-98 年冬，愛爾蘭裔的克格萊神父，穿梭於愛爾蘭、蘭開夏郡及法國之間，並聯絡上「聯合英格蘭人」。1798 年 1 月，正當約翰・

比恩斯物色走私客將克格萊偷渡法國時，兩人同時被捕。在克格萊身上搜出一份聲明，是準備於法國入侵英國時宣佈的。他因叛國罪受審處絞，但至死不供認同黨。比恩斯也受審但所幸被判無罪。德帕德上校被控策劃反政府暴亂，於 1803 年處決，也至死不供認同謀。有些史學家認為他被誣陷，但現代觀點多認為，對他的指控並非捏造[2]。

與拿破崙的戰爭持續、入侵的威脅、公眾對謀反和叛亂的恐懼，使國會改革運動歸於沉寂。那些年，為防禦法國入侵，英國沿海建造馬爾太洛堡壘。在英國，母親哄孩子時都說：再吵，「波尼」就來抓你們。對於激進革新者，這並非好時機。

《穀物法》

1814 年，拿破崙被囚厄爾巴島，英國國會此時卻又通過了極不得人心的《穀物法》，這喚醒了國會改革運動。該法規定：除非英國穀價漲到八十先令一夸特，否則禁止進口任何穀物。這勢必造成麵包漲價，影響大多數英國人生計。但英國農民將因而增加收益，佔國會議員很大比例的農村地主收入也會增加。國會通過該法時，軍隊刺刀出鞘在外警戒。法案在舉國強烈反對下仍獲通過。因此，要求改革國會，增強其代表性的呼聲再度響起。

1815 年，拿破崙在滑鐵盧完敗後，英國國會改革運動復燃。此刻，工業革命正在加速。時間上，改革運動與反抗城市貧窮運動（尤其是蘭開夏郡棉紡廠區的，如盧德分子搗毀機器的騷亂等）、識字率普及，以及首份大銷量日報誕生等事件同時登場。這份日報是《政治紀事》，由威廉‧科貝特創辦，堅定支持改革運動。諸因素合力推動下，改革贏得壓倒性民意支持。政府卻不分原委一概鎮壓，未將少數革命分子，與絕大多數和平的憲政改革派區分開。

斯彭思黨

1816 年底，倫敦伊斯林頓的溫泉市集，民眾秉承倫敦通信協會的模式，舉行兩場大會呼籲國會改革。當時《煽動性集會法》已失效，大型集會再度合法了。

兩場集會的籌劃工作，均受警方臥底的嚴密監控，其密報保存至今。警方密報顯示，憲政改革派主張沿用倫敦通信協會開創的非暴力方式，與雅各賓式革命派分歧嚴重。密報亦證實，革命派確曾密謀騎劫溫泉市集的集會，以展開一場法式革命。圖謀雖然失敗，卻進一步將改革運動與革命扯上關係，給改革進程造成長久損害。事件也降低了官方對大型集會的容忍度，那些揚言禁絕此類集會，以免被暴力革命派騎劫的人則受到支持。

密謀小團夥是托馬斯·斯彭思創立的「斯彭思黨」。斯彭思是書商，1794 年與哈代、圖克和特爾沃爾一同被捕，他被控叛國罪，獲判無罪釋放。斯彭思及追隨者承諾實行土地公有制，廢黜貴族實行普選，他死於 1814 年。1816 年時最活躍的斯彭思黨人包括詹姆士·華生醫生、其子詹姆士，以及亞瑟·蒂斯伍德。

斯彭思黨自知死黨甚少，若不串聯其他積極分子，集會難成氣候。斯彭思黨的方案，是先利用名嘴聚眾，再劫持集會，操控會眾鬧革命。事後看，方案儼如空中樓閣，但切勿輕視這些伎倆。少數死硬派真可能逆勢變天，史上不乏其例。1917 年列寧和布爾什維克在俄國得勢就是典型。事後看，斯彭思黨貌似愚蠢，但其方案並非一無是處。1790 年代小皮特取締通信協會時，怕的就是這種方案。1816 年改革運動重燃時，接任首相的利物浦勳爵，怕的也是這種方案。

演說家亨特

斯彭思黨瞄上「演說家亨特」——亨利·亨特，欲利用他吸引群眾。亨特是威爾特郡農民，曾得罪附近地主而入獄。他變得激進多少與此有關。他後來成為當時最傑出演說家，聽眾之多，遠超同儕。

亨特高大英俊，衣著考究，常戴一頂白帽以示動機清白，其他激進派競相模仿。他是堅定的改革派而非革命派。演說中，他與進步派或輝格黨人一樣，明確認同《權利法案》所載「抵抗是憲法權利」及其重要性。但他始終強調，爭取改革必須先嘗試一切可能的和平手段，無效才可考慮革命。亨特語帶雙關。他敦促國會改革運動守法，同時也隱晦威脅權貴，即當局若不回應正義和平的訴求，局面將更嚴峻。會上亨特始終避免踩過界，避免任何可被解讀為「呼籲暴力」的措辭。

1816 年 11 月 15 日，溫泉市集的首場集會，由華生醫生和蒂斯伍德組織，邀請四位名嘴：亨特、科貝特、法蘭西斯·伯爾德特爵士及約翰·卡爾托拉特少校，僅亨特出席。約二萬人到會，期間有講者煽動會眾前往攝政王子[3]住地卡爾頓府。這雖非鼓動暴力，但也差不多。人們仍記得二十七年前攻打巴士底獄，掀起法國大革命的往事。當局勢必視之為攻擊君主制並派兵鎮壓。亨特成功勸阻會眾勿去，以請願作結，和平散會。群眾服從他，儘管散會時有人弄破了一間食店的窗玻璃。

1816 年 12 月 2 日第二場集會，亨特原定來演講，但到場前集會已演變為騷亂。一間槍匠鋪的槍支被搶，一些暴民直撲倫敦塔，可能想模仿攻打巴士底獄去奪取倫敦塔。一名途人稍後被暴民擊斃。

當日概況是：11 月 15 日集會人數之多，使華生醫生和蒂斯伍德頗亢奮，遂決定在溫泉市集第二場集會上發起革命。他們明知亨特不會跟風，但仍需要他來吸引群眾。於是蒂斯伍德故意通知亨特下午 1 時開

會，其實斯彭思黨 12 時已到場。亨特到達前，蒂斯伍德已呼籲在場約二千人衝擊倫敦塔，並已帶部分人出發。亨特途中聽說此事，立即掉頭回家。

維護和平集會的和平

溫泉市集的集會證明，「維護和平集會的和平」談何易！這難題至今困擾著示威組織者。一場和平示威，總可能被孤注一擲的暴徒劫持。任何和平示威的組織者，都必須有防範預案。否則，無論宗旨多麼和平，那些自把自為的暴徒造成的破壞，都會使運動備受質疑。組織較好的現代示威常配備糾察，常佩戴袖章或襟章等標誌。其職能之一，是將任何企圖騎劫示威，轉向暴力或偏離原計劃的苗頭，消滅於萌芽。1816年溫泉市集的集會尚未採用這方法，但不久此法即獲重視，可能因為其後數年[4]示威組織者察覺並想彌補這漏洞。

現代和平示威要降低被騎劫風險，組織者還可在籌備階段就聯絡警方。這方法自有其風險，稍後將在〈示威與警察〉一章探討。但在1816年，此法尚不可行，因為倫敦直到 1829 年才成立現代警察部隊。

Agent Provocateurs

溫泉市集事件，也暴露另一個至今困擾示威者的問題。這就是當局利用臥底滲透示威者並教唆違法，以便當局拘捕。本書寫作期間曝光的馬克・甘迺迪事件，使此問題受到公眾高度關注。甘迺迪是倫敦警務處的警察，奉命化名打入環團「氣候營」成為監視該示威運動的一名長期臥底。他積極組織示威，若干行動導致成員被捕。甘迺迪的曝光，讓

不諳熟示威歷史的人嚇一跳！其實這種手段，傳統深、運用廣、令人反感，在示威活動萌芽期就如影隨形。

華生醫生和蒂斯伍德等溫泉市集第二場集會的組織者，事後均以嚴重叛國罪被捕。一開始似乎很可能，甚至理應定罪。畢竟他們確曾糾集衝擊倫敦塔（蒂斯伍德領頭），一幫持械暴民跟著他鬧革命。

華生醫生首先受審，庭審卻發現另一策劃者約翰·卡素是政府間諜。策劃革命的關鍵環節他都在場，並極力慫恿採納革命計劃。控方召卡素作證，但盤問時他露出馬腳。基於這些證據，陪審團宣佈華生醫生無罪釋放。蒂斯伍德等被告的主審法官，亦宣佈所有被告無罪釋放。他們被控均依據卡素的證詞，後者的臥底身份敗露後，陪審團就無從做出合法判決[5]。

利用政府間諜抹黑國會改革派的連串案中，這是首宗曝光的。可惜三年後蒂斯伍德因「卡托街陰謀」處絞。他策劃在卡托街謀殺前來赴宴的政府首腦。但其定罪仍充滿疑團。蒂斯伍德確是革命骨幹，他被定罪則是依據同謀約翰·愛德華茲的證據。但事後揭發，愛德華茲也是臥底，他一邊與蒂斯伍德積極合謀，一邊向內政部告密。

雖然溫泉市集的第二場集會搞砸，國會改革運動卻愈挫愈勇。示威的傳統，正是藉著聲援國會改革的遊行和集會，才得以成長和傳揚。

1817 年 1 月 28 日，國會開幕大典。逾一百萬人聯署的國會改革請願書，由逾二萬名群眾護送到倫敦。領頭的是備受擁戴的海軍英雄科克倫伯爵，他因一項詐騙指控而被解職。他或許是遭誣陷才變得激進。請願期間，忽有報導稱有人企圖暗殺攝政王子。這分散了國民對請願的關注。很多激進派認為此事是政府捏造，以抹黑改革運動。

這則聲稱有暗殺企圖的報導，引發對國會改革派的瘋狂反撲。《政治紀事報》編輯科貝特、海軍上將科克倫出席溫徹斯特市一集會時，竟遭一群英國國教牧師[6]圍毆。這荒謬一幕，正是這種歇斯底里最戲劇化的寫照。

科貝特害怕被控煽動性誹謗罪，立即逃亡美國，並在當地繼續編撰《政治紀事報》。但因帆船通信拖累新聞的時效性，他流亡期間，《政治紀事報》的話題性和影響力已不如從前。

面對溫泉市集騷亂和一月改革請願，政府的反應是暫停人身保護令，並醞釀新的禁止叛亂法。政府未將合法的改革訴求，與蒂斯伍德等革命分子的活動區別對待。政府體現的狹隘麻木，使改革派與執法者的激烈衝突一觸即發。

但從 1817 年初開始，這種衝突，以及作為一種抗爭技巧的示威，其互動已從倫敦逐步移向曼徹斯特、蘭開夏及英格蘭西北部。工業革命心臟區的澎湃壓力，使衝突的烈度、示威的強度，都更加波瀾壯闊。

1　前章所述薩謝弗雷爾博士因煽動叛亂罪被起訴，原因是他拒絕承認對當權者的抵抗權，而此抵抗權正是推翻詹姆士二世的理據。

2　德帕德庭審特別之處，是海軍上將霍雷肖・納爾遜出庭擔任他的品格證人。他們曾在中美洲並肩指揮英軍。

3　從 1811 年起直至 1820 年駕崩，喬治三世都精神失常，期間由其子即後來的喬治四世攝政。

4　三年後，當彼得盧屠殺發生時，蘭開夏郡的示威已經廣泛配備糾察了。

5　法官此舉乃遵循英國刑事審訊中的公認慣例，即「若任何理性的陪審團都無法根據控方的證據來定罪，法官就必須宣佈被告無罪釋放」。

6　改革運動針對的國教牧師，是現狀的堅定維護者，因他們無須繳納十一稅（村民則須繳納），政府官員的立場也類似——其工資是從缺乏代表性的國會所徵收的稅款中支付的。

第4章

彼得盧

曼徹斯特

19 世紀下半葉，按人口曼徹斯特是英國第二大城市，在國會卻無代表議員。17 世紀曼徹斯特曾有一名國會議員，但因該市在英國內戰中力撐英格蘭聯邦，被查理二世撤銷選舉權。那時很多人認為：當地紡紗工和紡織工的赤貧與當地在國會無代表，兩者確有關聯。因此，倫敦溫泉市集舉行集會時，大曼徹斯特區也強烈支持改革國會。1816、1817年，布萊克本、奧爾德姆和羅奇代爾均曾舉行大型露天和平集會。

這類大集會在蘭開夏的興起，可能與現代工會的成長有關。這些工會在當地很活躍，時常以工人互助協會的名義，繞過禁止工人結社的法律。一些人也將曼徹斯特對改革的支持，歸功於循道宗在當地的廣泛影響力，該宗派宣揚「僕人與主人一樣好」。生於米德爾頓的薩繆爾·班福德開創先聲。他時為蘭開夏激進派領袖之一，鼓勵改革集會會眾如循道宗教徒唱聖詩那樣，詠唱勵志歌曲（包括他的一些作品）。班福德提議之初曾遭否決，但幾年後卻蔚然成風。

滑鐵盧戰役後的年代，工業革命釀成的壓力、貧困和動蕩，使激進派政治分子與曼徹斯特地區當局衝突陡增。曼徹斯特不但在國會無代表議員，也無憲章，也不算市政當局，也就無地方議會議員或市長。地方官由太平紳士充任，他們被無數貧困工人包圍，懼怕工人抗爭。

毯子工人遊行

1817 年，工人們嘗試一種全新示威方式，但遭當局嚴酷打壓。起因並非國會改革，而是要為棉紡工人舒貧解困。當然很多激進派同時活躍於兩條戰線，並認為兩者相互關聯。三位扎根曼徹斯特的激進派約翰·約翰斯頓、約翰·巴格萊和薩繆爾·德羅蒙構想了史上首例走往倫

敦的和平政治遊行，想藉此喚起全國關注蘭開夏失業紡紗工及紡織工的赤貧問題。

該方案擬組織紡紗工和紡織工，攜帶請願書從曼徹斯特徒步遊行至倫敦，向攝政王子請願，並沿途集會爭取其他紡織工聲援。組織者們希望，遊行隊伍到達倫敦時規模將超過十萬人，向皇室控訴新式工廠勃興帶給工人的苦況。

組織者決定，參與者每人攜帶一張毯子，像肩帶般捲起背上。這有兩個用途：夜晚用來保暖，並讓途人知道他們是紡織工人。因此這次遊行一直被稱為「毯子工人遊行」。

曼徹斯特的溫和改革派反對遊行，擔心嚇壞政府適得其反。他們的擔心是對的。班福德在自傳《一個激進主義者的一生》中稱他反對遊行，因擔心臥底滲透並尋機抹黑。班福德的記述並不可靠，因他當年是激進派，晚年卻急於與當局和解。他究竟在遊行籌備階段就擔心滲透，還是馬後炮？這點仍存疑。可肯定的是，運動確被一名臥底——威廉·奧利弗滲透。

曼徹斯特的聖彼得市集。巴格萊、約翰斯頓和德羅蒙在此主持集會為遊行揭幕。至少一萬人出席（有報導稱三萬人），被認為是當時曼徹斯特史上最大集會。

讓遊行者蒙冤的，是有臥底向曼徹斯特的太平紳士報告「遊行可能訴諸暴力」。這些報告難以採信，因遊行組織者都擁護和平運動，訴諸暴力有違原則。但被報告嚇壞的地方法官仍決定取締遊行。誰向地方法官提供所謂「暴力方案」情報？是奧利弗還是不靠譜的當地線人？這點至今懸疑。奧利弗理應向倫敦的內務部報告。且不論情報來源，組織者在廣場演講時，地方法官就宣佈遊行非法。他們採用傳統方式——宣讀

《騷亂取締令》，無視全無騷亂的事實。英王騎兵衛隊趕到逮捕二十人，包括約翰斯頓、巴格萊和德羅蒙。

領袖被捕，眾多毯子工人仍決定向倫敦遊行。騎兵尾隨，於市中心一哩外施襲，於斯托克波特再施襲，數名工人遭馬刀砍傷。騎兵還擊斃了一名當地人。他並非遊行者，有人向軍隊擲石時他湊巧站在附近。軍隊在馬格斯菲特和德比郡的阿殊博恩再度施襲，迫使遊行中斷。

毯子工人試圖遊行到倫敦遞交請願書，根本不違法。對遊行的暴力鎮壓根本是非法鎮壓。當局顯然害怕這樣大的遊行，會如第二次溫泉市集集會一般，被斯彭思黨之類頭目劫持，成為法式革命的先聲。毯子工人遊行似乎是人們首次嘗試行經大半個英格蘭來呈交請願書，而且遊行人數眾多。

若干年後，長途遊行成為全球公認及有效的示威方式。運用此法的活動家中，聖雄甘地最著名，其他還有 1930 年代的「飢餓進軍」，及美國的多次「向華府進軍」等。毯子工人的敗因，僅是其想法在 1817 年實在太超前。當局又過於害怕，遑論容忍。「和平政治行動」與「暴力革命」的分野，剛開始明晰，當權者對此滿腹疑團。

面對當時曼徹斯特湧現的大型改革派集會，約翰·拜恩爵士的反應頗為典型。這位英格蘭西北方面軍指揮官評論道：「數千失業工人的和平行為並不尋常，他們的例行集會和解散，是有系統的組織行動，似曾受訓。」拜恩認為，這些跡象並非顯示參與者受教勿用暴力，反而暗示他們曾受訓去實現某些「不祥目標」，例如向當局發動武攻。教官則是斯彭思黨之輩，時機一到將命令群眾動武。

一些被捕的毯子工人受審，控方指遊行是一項企圖顛覆政府的大陰謀的一部分。至此，威廉·奧利弗的身份才曝光。

遊行前夕，當局在西約克郡桑希爾里茲一幢樓內捕獲一些激進派，聲稱是革命陰謀的頭目。政府亦想使他們與毯子工人的領袖一同受審。不料峰迴路轉，1817 年 6 月 14 日《利茲水星報》報導：桑希爾里茲被捕者之一的奧利弗「獲准」潛逃。根據當地幾位國會改革運動領袖的宣示證詞，這位自稱倫敦「暴力黨」領袖的奧利弗，被揭熱衷參與任何陰謀。人們懷疑奧利弗是臥底並審查其行蹤，發現策劃陰謀的關鍵環節他都在場。他是憑法蘭西斯・伯爾德特爵士的介紹信混入激進派圈子。事後發現介紹信是偽造。至此案情大白——儘管政府百般狡辯，所謂「陰謀」實乃這名臥底的「創作」，而非毯子工人遊行的本意。

　　奧利弗的目標，是盡量煽動暴力，以便當局將蘭開夏的激進派領導層一網打盡，都控以叛國罪等重罪。但曼徹斯特的地方法官並不知奧利弗是政府間諜。他們被紡織工人遊行去倫敦的構想嚇壞了，乾脆搶先抓捕工人及其領袖。但奧利弗看來，此舉無疑「打草驚蛇」反使他的盤算落空。

　　奧利弗敗露後，激起各派政治人士義憤。結果，毯子工人遊行中絕大多數被捕工人，以及被控煽動叛亂罪及非法集會等罪名一同受審的人，陪審團均宣佈無罪釋放。

「西德默斯堵嘴令」

　　事已至此，利物浦勳爵的政府才意識到鎮壓曼徹斯特集會，起訴組織者的作法，其合法性站不住腳。政府遂提出一項新法案限制公眾集會的權利，通過後稱為《煽動性集會法》（1817 年）。時任內政大臣是西德默斯子爵，該法令即俗稱「西德默斯堵嘴令」。

「堵嘴令」禁止五十人以上集會，除非會議在會眾住處的教區教堂內舉行，並須由七名戶主通知太平紳士（地方法官）。地方法官只須提前兩日通知，便有權任意更改集會時間地點。會議不許延期，以免會眾易地開會。蓄意參加任何非法集會（包括五十人以上的任何集會）均為犯罪，並可處以最高十二個月監禁。參加任何非法集會的人，必須於法官宣佈集會非法後十五分鐘內離去，違者將犯重罪並遭流放澳大利亞七年。

「堵嘴令」成為法律後，很多原先合法的集會都被定為非法。它縱容地方法官按個人喜惡和偏見來禁止集會，並可恣意將會期延至不實際的時間或場所，使集會無法舉行。

但是，鎮壓毯子工人遊行或「堵嘴令」，都無法撲滅曼徹斯特地區的激進派運動。1818 年至 1819 年 8 月，形勢蓬勃發展。1819 年 1 月，溫泉市集集會的著名演說家亨利·亨特首次離開英格蘭南部，應邀前往曼徹斯特，到聖彼得廣場向改革派集會演講。約一萬人參加，許多工人列隊入場，旗幟飄揚，樂隊伴奏。

演講中，亨特請會眾起草並聯署一份致攝政王子《抗諫書》，闡述激進派要求廢止《穀物法》，舒緩貧困及改革國會的方案。現代英國政治極少採用「抗諫」（remonstrance）一詞，但在 17-19 世紀這是「表達不滿、要求糾正」的正式用語。這術語也有憲政淵源，最著名的抗諫是 1641 年 12 月由長期議會呈交查理一世的《大諫章》。查理一世的拒納直接引爆英國內戰。措辭上，亨特呼籲「抗諫」表明他遵循憲政及先例而非要革命。這措辭也提醒那些了解《大諫章》歷史背景的人：漠視抗諫訴求將引發暴力事件。

集會始終和平進行，雖然當晚亨特在戲院和客棧遭到保皇分子追打。

這場集會的成功，鼓舞了曼徹斯特等區的激進派運動持續數月。惟這輪勝利，使曼徹斯特地方法官對激進派的恐懼與敵視日增。

1月集會後，2月附近的斯托克波特再有集會。這次，當局派兵到場戒備。集會正要結束時發生鬥毆。法官宣讀《騷亂取締令》三遍後，人群才完全散去。

6月，斯托克波特又有改革派集會，約二萬人參加且和平進行。7月，困窘的紡織工人在曼徹斯特又舉行一場大型露天集會。

訓練營

1819年，改革派集會的發起者，開始動員願意集會的工人到工作的城鎮外的曠野受訓。訓練營教大家齊步走，到預定地點集合並列隊入場；並鼓勵大家盡量穿著體面，給旁觀者好印象。可大多數人都無好衣服，只能穿得整潔一點。這些訓練營當年7月被報導，但可能已經開辦一段時間。

地方法官如臨大敵，慌張地搜查懷疑藏匿武器的場所。所有可作證的人都證明：始終都未發現與訓練營或激進派運動有關的藏匿武器。曼徹斯特的激進派領袖（約翰・奈特和約瑟夫・約翰遜最傑出）堅持和平抗議。他們辦訓練營僅是為讓眾多會眾保持整齊，以免影響改革事業的聲譽。

四大集會

　　此外，1819 年 7 月，全國激進派運動還規劃了四場巨型系列集會（類似倫敦和西北部地區的）以強化改革訴求，使改革勢頭銳不可擋。會議定於伯明罕、倫敦、利茲與曼徹斯特舉行。三萬人出席了伯明罕紐荷爾山集會。該市與曼徹斯特一樣，在國會無代表議員。演講者為約翰‧卡爾托拉特少校和《黑矮子》編輯 T.J. 沃勒爾。大會請會眾票選一名代表伯明罕的「立法代理」，擔任示威者選出的「護民官」，為伯明罕人發聲，替代該市在國會內那位並不存在的代表議員。約翰‧沃爾斯利爵士當選此職。沃爾斯利是激進派，1789 年曾參與攻打巴士底獄並引以為榮。政府對此極擔心，並就選舉是否合法諮詢法律專員。

　　第二場集會於 7 月 19 日在利茲的漢斯萊特曠野舉行。可能因組織不善，到場人少，集會失敗。第三場集會於 7 月 21 日在倫敦史密斯菲爾德舉行，亨利‧亨特主講。組織者宣佈，第四場集會將於 8 月 9 日在曼徹斯特舉行，再邀亨特演講。因此，曼徹斯特集會將是這次系列集會的高潮。

　　至此，這一系列活動都證明曼徹斯特的激進派很守法，政敵事後抹黑是捏造。上述活動值得一提，因為對於這次曼徹斯特集會，至今仍有些人分不清組織者的本意——究竟是要合法進行，還是要搞公民抗命？21 世紀英國典型的「直接行動」團體例如「傻瓜飛機」，就企圖藉此為其蓄意違法行動開脫。他們辯稱：「英國的早期民主活動家，也贊同以違法行動爭民主。若無這類直接行動，英國就不會有民主。」這類言論極不符史實！

　　與伯明罕集會類似，8 月 9 日曼徹斯特集會原計劃請會眾選出一名「立法代理」。政府方面，法律專員研究伯明罕集會方案後認為：此類

集會屬非法，因為若無國王手令而選舉國會議員將構成犯罪共謀。不過，法律專員隨後改稱：組織集會並不構成犯罪共謀，選舉「立法代理」才構成。他們認為：直至選舉前一刻，集會仍屬合法。

收到法律專員的第一次意見後，曼徹斯特的地方法官立刻宣佈1819年8月9日的集會非法並予取締。稍後又收到法律專員第二次意見。這讓他們頗感狼狽，因這就可能要撤銷先前的宣佈。但他們不必撤銷宣佈了，因為激進派們竟然耐心就該問題徵求律師意見。他們的律師、利物浦的瑞內科克取態比政府法律專員更審慎，認為「為選舉立法代理而集會屬違法」，與法律專員第一次意見一致。激進派遂決定取消8月9日集會和選舉「立法代理」計劃，轉而向曼徹斯特市鎮治安法官提交一份七百人聯署的申請，請求在8月16日另行集會。

彼得盧屠殺

可見激進派全力確保行動合法。即使政府修訂意見，認為集會只要不選舉「立法代理」就合法，他們都終止原定8月9日的集會。他們放棄選舉「立法代理」。他們也向當局重新申請於8月16日集會，手續符合「堵嘴令」規定：由集會所在地至少七名戶主通知地方法官。這些行動證明其領袖言行一致，真心要合法行事。

對於1819年8月16日集會的籌備工作，班福德這樣描述：「這次集會必須盡量高尚體面，成為英國史上空前盛事。報刊常譏笑我們破衣爛衫，蓬頭垢面，步驟混亂如烏合之眾……」

集會按計劃在聖彼得廣場和平舉行，口號是「整潔」、「莊重」、「秩序」及「和平」。曼徹斯特和鄰近工場小鎮來的成人及兒童合共至少六萬人，很多人遊行到市內。會場洋溢節日氣氛。

在班福德筆下，工場小鎮米德爾頓來的分隊由頭戴象徵「和平友好」的月桂枝的青年領隊，接著是五個一排的男人，再是樂隊和橫額。橫額寫著「團結就是力量」、「自由與友誼」、「年度下議院選舉」和「要普選」等口號，最後是其他男人，仍五個一排。每一百人配備一名隊長，其標誌性的帽子上纏有葉月桂枝。班福德本人統籌整支隊伍，配備一名施令號手。

班福德在自傳中，憶述遊行前他在米德爾頓的講話：「我提醒大家，我們是去參加國會改革運動最重要的一場集會。我希望大家舉止堅定莊重，與場合相稱……勿言行挑釁……若保安官來捉拿我或他人，勿抵抗而要讓其和平執法……我還提到，會眾要遵守委員會規定，勿攜帶棍棒或任何武器，若攜帶必須放下。」

往曼徹斯特途中，班福德的分隊與來自羅奇代爾的分隊會合。來自奧爾德姆的分隊則已與來自康普頓、羅伊登、查德頓、薩德沃夫、利茲及莫斯雷的各分隊會合。薩德沃夫、利茲及莫斯雷分隊高舉黑色橫額，寫著「平等代表制！沒有就去死！」、「團結爭自由」、「廢除議席買賣」、「徵稅無代表，專制又不好」、「廢止穀物法」及「爭普選」。集會組織者事後受審時，這幅「平等代表制！沒有就去死！」的橫額，就被控方用來指控集會屬煽動性並鼓吹暴力，但眾多不可辨駁的證據都一面倒證明事實剛好相反。來自曼徹斯特和奧爾德姆的女工分隊均一襲白衫，人數眾多。在曼徹斯特，觀察家阿奇博·普倫提絲注目窗外的隊伍，說他從未見過比這「更歡躍的」場景。

另一位觀察家 J.B. 史密斯寫道：「這是一場盛會，這些鄉下人穿上最好的衣服，帶上老婆，孩子們牽著爸爸的手，走在遊行隊伍中。我對姨媽說，這些婦孺就是他們善意動機的擔保人，我們不用害怕。」

亨特遲到片刻。身穿白衫的伊麗莎白·菲爾德斯是曼徹斯特婦女分

隊隊長，她手持「曼徹斯特婦女改革者」橫額。亨特入場經過她時，馬上請她坐到他身邊。這體現了亨特頗具演繹家直覺。他事後提到這決定時，說菲爾德斯太太「身材極好」。亨特豈止是喜歡女伴那麼簡單？他是充分認識到一位極具魅力的陪襯，對於「吸睛」的關鍵作用。此後許多成功的示威組織者紛紛仿效。

亨特約於下午 1 時 40 分開講，此時廣場已人山人海。應地方法官要求，廣場四周部署了正規軍以及曼徹斯特義勇騎兵隊，地方法官還找來一批特別保安，站在講台（搭建於兩架並列馬車之上）周圍。曼徹斯特義勇騎兵隊由敵視激進派的當地志願者組成，亨特開講時，不少騎兵已醉醺醺。

集會人數之多、秩序之好，都讓法官們深感不妙、驚恐。亨特不知，他剛登台，地方法官們就已決定以組織煽動集會罪名捉拿他並驅散集會。義勇騎兵隊銜命狂奔，途中撞死了街上一名兩歲孩子威廉·菲爾德斯（不是伊麗莎白·菲爾德斯的親屬）。他們一頭扎入廣場人群，試圖捉拿台上的亨特。

與此同時，地方法官下令在聖彼得廣場附近的蒙特街宣讀《騷亂取締令》，但廣場內的六萬人絕大多數都聽不到。就執法而言，宣讀《騷亂取締令》是毫無意義的姿態，因為若集會真是聚眾鬧事，法律允許不宣讀而直接驅散。況且《騷亂取締令》允許會眾於一小時內散去。曼徹斯特地方法官顯然罔顧這規定，馬上命令部隊立刻驅散集會。

被捕前，亨特演講了幾分鐘。這幾分鐘他講了什麼？事後頗有爭議。但他是公眾集會的改革派演說常客，他這幾分鐘所講的，應與他常講的觀點相同，毫無兇險之意。他似乎說，若有人喧嘩，就應被「拿下」以保持肅靜，這顯然是針對場內醉漢而言。《泰晤士報》卻解讀為暗語：暗令會眾「拿下」任何反對遊行的人。

亨特剛講到此，義勇騎兵就趕到並撲向講台。人們驚叫「士兵！士兵！」。亨特大喊「朋友們，站穩！看他們已經潰不成軍了。這是花招！向他們歡呼三聲！」。人群大聲歡呼，暫時穩住了眾人情緒。此刻義勇騎兵闖入人群抓人。另一目擊者寫道：「這班鄉勇，平素被大家譏為鼠輩。現在拿衙令捉仇家，當然趾高氣揚！」人們試圖逃離，但人群擁擠，士兵又策馬揮刀圍上，人們更難逃離。

士兵衝入會場造成了「慘烈的混亂」。講者被趕下講台，士兵們又衝去砍倒人群中的橫額。混戰中義勇騎兵潰散，被群眾分割包圍。地方法官赫爾頓見狀，傳令正規軍指揮官到場，命雷斯壯上校率第 15 皇家騎兵團衝鋒，武力清場。騎兵團揮刀策馬衝入。儘管騎兵通常以刀背驅散人群，但一些人難免被刀鋒所傷。很多人遭戰馬踐踏，或被人群踩踏。

當地一位神職人員記錄了慘況：「第 15 皇家騎兵團壓向人群，穿過保安通道，再迂迴與義勇騎兵隊會合。人們四散逃命，驚恐萬狀，遍地鞋帽，數百人在逃命時被困。騎兵們衝向各處，結束清場……片刻完成，如施魔法。混亂在結尾達到高潮——戰馬在廣場亂撞，馬鈴叮噹，尖叫聲不絕。人們逃散後，衝突後果盡現。有些人重傷臥地淌血，有些人傷較輕但失血昏厥，正努力爬起或靠人攙扶……造成如此慘烈一幕，軍隊只用了幾分鐘。」

班福德寫道：「有幾堆人被踩踏後倒下昏厥，再沒起來。」

另一位觀察者寫道：「皇家騎兵團衝散了眼前人堆。男女、義勇軍、保安都連滾帶爬爭相逃竄。我們趕到廣場外圍時，地上的逃難者已經層層疊疊。」

事後調查披露至少十一人被殺，傷者至少四百，不少重傷。施暴的

第 15 皇家騎兵團，四年前曾於滑鐵盧為國血戰，很多示威者也曾參加滑鐵盧戰役，其中至少一人在廣場受傷而死。真是莫大諷刺！《曼徹斯特觀察者》以「彼得盧屠殺」為題報導這次鎮壓。此後，該事件就被稱為彼得盧屠殺。

集會時，《泰晤士報》記者約翰·泰亞斯是唯一在場的全國性報紙記者並與講者同台。屠殺發生時，泰亞斯和講者們均遭拘捕。當局此舉或是為封鎖屠殺消息。後世當權者暴力鎮壓示威時，也一再用此法——當權者殺害、擊傷示威者後，都極力封鎖消息掩蓋真相[1]。然而，在場的兩位曼徹斯特人——阿奇博·普倫提絲和約翰·泰勒投書《泰晤士報》，該報事後刊登的長篇報導據信是兩人所寫。事件令普倫提絲和泰勒成為激進派，並於 1821 年創辦《曼徹斯特衛報》，即今《衛報》前身。

彼得盧屠殺震撼全英國，並成為「暴政」與「濫用國家暴力」象徵被國民銘記。屠殺的後果，短期並未如人們所願壯大激進派或改革運動，反而削弱了他們。這一幕在彼得盧屠殺後首次出現，並隨之在示威史上一再重演。當權者血腥撲滅示威後，為洗清手上鮮血，會審判並長期囚禁組織者，老百姓則長期敢怒不敢言。1892 年此幕在法國重演；1989 年天安門大屠殺後，此幕又在中國重演。但事無絕對，有時暴行會激發大量平民投身暴力革命。1905 年，俄國聖彼得堡屠殺示威者的「血腥星期日」就導致這種後果，但前一後果更常見。

利物浦勳爵的政府聲稱：宣讀《騷亂取締令》後集會並未解散，且根據亨特的所謂講辭或講章，集會屬非法及煽動性，亨特等講者被捕並以非法及煽動性集會罪受審。亨特被定罪判刑兩年半，約瑟夫·約翰遜和班福德各被判刑一年。約翰·奈特因參加 1815 年 11 月 15 日伯利集會獲刑兩年。此案被認為勝負難斷：主審法官貝利總結案情時，傾向無罪釋放。陪審團退庭商議前，亨特偏要作一場頗挑釁的法庭演說，這反可能令陪審團判他有罪。

法蘭西斯・伯爾德特爵士因向國會選民印發講章譴責彼得盧屠殺，獲刑三個月。約翰・卡爾托拉特少校和 T.J. 沃勒爾因伯明罕「立法代理」選舉而受審，沃勒爾獲刑十五個月。相反，因驚慌失措而引致屠殺的地方法官卻未受懲處。其中一名教士稍後還升任教區長，這可是份優差。

利物浦的政府決心杜絕類似大型集會，為此於 1819 年底通過「六法令」，進一步收緊原有的自由權利。在限制集會方面，《煽動性集會防治法》比《煽動性集會法》（1817 年）更過分，禁止集會使用任何旗幟、武器、鼓聲或樂曲，也不得採用軍式陣容。該法還規定：若無由兩名太平紳士發出許可，舉行講座或辯論的任何場所都被視為無序房屋；講座若涉及不道德或煽動性內容，許可即時失效。當局還特別規定：國會方圓一哩內不得集會。在任何會議上「表示或聲稱，任何已有法律依據的問題或事項，可不經國王與國會上、下議院之職權就加以改變」即屬違法。若任何講者表達類似觀點，即使會議在此之前合法，也即屬非法。根據這項酷法，任何人若湊巧置身於流露這類觀點的會議，又未能於曉諭後十五分鐘內離開便觸犯刑法。時任內政大臣仍為西德默斯子爵，他立即執行「六法令」，其中有一項高額報章印花稅，使窮人買不起報紙。政府多管齊下，使激進派及國會改革運動暫陷低潮。

在 1820 年的英國，若有觀察家斷言「國會改革運動已死，為政治訴求舉行大型公眾集會或遊行的想法也輸定了」，是值得原諒。政府握盡籌碼，為取締一場和平集會，甚至不惜屠殺。而和平集會的組織者，是將自己畢生事業和聲譽，建基於和平爭取，反對暴力之上！打壓言論和集會自由的嚴刑峻法，似漫無盡期，但 1820 年卻果然是黎明前的黑暗。幾年後，形勢逆轉，示威風尚又將捲土重來。

1　20 世紀的這種現象的一個典型案例，是 1961 年阿爾及利亞示威者在巴黎遭屠殺後，法國新聞界全體「失聲」，詳見第 14 章。

示威趨向成熟：1832 年改革法案危機

彼得盧屠殺發生時，國會內政治家中，改革派旗手是輝格黨領袖格雷伯爵。格雷視改革為畢生使命，並因此多年在野。1820 年，他寫信給女婿約翰‧蘭布頓，說他覺得改革「在我，甚至你的有生之年都無望展開」。現今，格雷的塑像聳立於紐卡素的格雷街頭，緬懷他在六十八歲高齡，推動 1832 年《改革法案》立法。

彼得盧屠殺給英國民眾帶來長遠的反感與恐懼。因此，對那些想保存現有政制的人而言，這場絕非由政府策劃，卻最終因地方官僚無能驚慌而引發的屠殺，仍未蓋棺定論。假若亨特順利主持大會，軍隊不來清場，則集會對政府幾乎無損秋毫。此外，鑒於地產利益階層的頑固，集會對改革的促進也微乎其微。可政府卻「成功地」招致國民唾罵。

國會構成缺乏代表性，無法反映這種憎惡，但絕大多數無權投票的國民怨聲四起。彼得盧屠殺，使利物浦勳爵的政府大失民心，1820 年經濟向好仍洗不脫這憎惡。利物浦本人、內政大臣西德默斯和外相卡斯爾雷勳爵均被稱為「屠夫」。卡斯爾雷並未牽涉屠殺，但他支持政府鎮壓且態度囂張，使他備受憎惡。1823 年卡斯爾雷自殺，當局為他舉行國葬。移靈西敏寺時，數千人圍住他的棺木喝倒彩。

彼得盧屠殺，並不能使民眾相信「政治性公眾集會」已成過去。1824 年，《煽動性集會防治法》（1819 年）被部分廢止，顯示集會仍有望作為公共生活的一項特徵而繼續存在。地方法官不再有權更改會議時間和地點。對於集會的發起人，這條被廢止的規定，可能是該法令中最具殺傷力的。

丹尼爾・歐康諾

1820 年代末一連串巧合，又喚醒了蟄伏數年的國會改革運動。事態由愛爾蘭引發，期間湧現出新的大規模政治動員模式，同期脫穎而出的演講者丹尼爾・歐康諾更令這種新模式光芒四射。

數十年前，當英國陷入與革命法國的戰爭危機時，愛爾蘭在沃夫・托恩和「聯合愛爾蘭人」領導下暴動，向法國求援謀求獨立。但法援來遲暴動失敗。在傑瑞德・雷克將軍殘酷鎮壓下，愛爾蘭屈服了。數年後的 1807 年，愛爾蘭國會被廢除，由英國國會內的愛爾蘭議席取代，深化了愛爾蘭對英國的從屬地位。

丹尼爾・歐康諾是一名律師、勵志講者和幹練的組織者。他是堅信法治的憲政主義者，這點與「聯合愛爾蘭人」（他年輕時曾短暫加入）很不同，卻與倫敦通信協會、亨利・亨特和曼徹斯特激進派很接近。他也認為——無論多討厭憲法某些規定，也要以合憲的和平手段達到目標。倫敦通信協會集會期間，歐康諾正在倫敦求學。雖無跡象顯示他當時曾接觸通信協會，或關注其活動，但他後來的事業證明他很早就深知大型和平集會的威力。

1820 年代，佔愛爾蘭人口八成的羅馬天主教徒有權投票，但不能擔任國會議員。歐康諾本人就是天主教徒，他構想使自己以壓倒多數當選入國會，希望一旦成功，政府會修法讓他擔任議員，而非拒絕他就任，引發愛爾蘭再次暴動。策略奏效！1829 年，在天主教協會全力動員下，歐康諾以壓倒優勢在克萊爾郡勝出，當選國會議員。

利物浦勳爵死於 1827 年。1829 年歐康諾勝選時，英國首相是滑鐵盧的勝者威靈頓公爵。對於多數議題，威靈頓跟利物浦一樣，政治上都極保守。但威靈頓偏偏同情天主教徒解放運動，因為他本人就是北愛爾

蘭人。威靈頓也深知，在天主教徒佔多數的愛爾蘭歧視天主教徒，會在當地釀成分離傾向甚至誘發暴動。在威靈頓授意下，政府通過《天主教徒解放法案》（1829 年），允許歐康諾到國會就職。

歐康諾大勝，不但向英倫諸島人民，更向全歐洲人民（他在歐洲比在英格蘭更出名）證明——以和平的政治性群眾動員與運動，爭取根本變革是可行的。英國國會改革派當然又重視起這類動員方式。受此激勵，1829 年 7 月，資深激進派弗朗西斯·普萊斯成立倫敦激進改革協會，推進國會改革。

歐康諾贏得天主教徒解放，為英格蘭的政治議程清除了一塊絆腳石，國會總體改革的迫切性因而大增。該成就也爭取到贊同解放天主教徒但反對改革國會的中間派政客。他們之前認為：更民主的國會將更強烈地反映民間對天主教徒的歧視，從而更不利解放運動。掃除這塊絆腳石後，部分中間派政客包括其後拜相的墨爾本勳爵，轉而擁護改革。

托馬斯·阿特伍德、伯明罕政治聯盟

1830 年 1 月，伯明罕的一位顯赫銀行家托馬斯·阿特伍德，在當地名為比爾茲沃思倉庫的建築內，舉行公眾集會。約一萬到一萬五千人出席。在阿特伍德主持下，會議通過成立一個新組織——伯明罕政治聯盟，被稱作「中低下階層民眾的政治總聯盟（在大多數地方，這兩個階層都無權投票選舉國會）」。作為一個組織機構，聯盟刻意效仿歐康諾麾下的天主教協會，因它那麼成功地改變了愛爾蘭的選舉法。聯盟通過的首項決議是「以公義及合法途徑實現國會下議院改革，以確保中下階層民眾在下議院獲得真實有效的代表」。聯盟特別強調「和平、法律、秩序」，顯示阿特伍德的謀略，是以和平負責的態度，展現民意對改

革事業的擁護。和平示威作為一項政治活動得以普及，阿特伍德功不可沒。他的兄弟查理則在紐卡素成立一個政治同盟，其它市鎮也紛紛效仿。

以規模論，比爾茲沃思倉庫集會雖不算最大，但仍媲美同期的彼得盧等集會。不過這次集會給建制派造成的驚懼和爭議，則遠小於十一年前的彼得盧集會。主因是集會組織者們的意向，誠如伯明罕政治聯盟的章程所指，體現了中產階級更大程度上的參與。對比以演說「挑撥」工人階級的「煽動家」亨特，銀行家阿特伍德要溫和得多。此外，阿特伍德發起的運動是要改革，但他並不「明碼實價」。早期活動家們曾爭取普選權，其理念之激進，在保守派眼中簡直是做夢。阿特伍德的擁護者中，也有人想爭取男性普選權。但很多人則滿足於擴大選民範圍以吸收更多中產階級，廢除買賣議席的細小腐敗選區，以及讓伯明罕、曼徹斯特等無議席的大城市擁有議席。後一方案其實受到舉國支持。

1830 年 5 月，歐康諾向下議院提出普選權法案，以三百零六票之差失敗。相反，約翰‧羅素勳爵提的一項原則上贊同改革的無約束力決議案，則以九十一票之差被否決。這事本可告一段落，可連串突發、無關示威的事件，卻令局勢陡然逆轉。

1830 年 6 月 26 日，堅拒任何形式國會改革的喬治四世駕崩，政局為之一變。其弟威廉四世繼任，他雖也討厭改革，但性格隨和，也更尊重君主立憲制的規限。威廉較友善的態度，鼓勵了改革派更積極爭取。

根據憲制慣例，國王駕崩後國會必須立即解散，在隨後的國會大選中，改革成為中心議題。

法國因素再次影響英國

大選期間，法國突發意外且富戲劇性事件，又使政局為之一變。復辟波龐王朝末代國王查理十世企圖公然違反 1815 年法國憲法，踢開國會，打壓新聞界，建立個人獨裁。法國政治家塔列朗對他寫下著名評語——「他們什麼都不學，卻什麼都不忘！」1830 年 7 月法國人民起義，幾天就把查理十世轟走。革命迅雷不及掩耳，也幾乎未流血。查理十世的姪子路易·菲利普（綽號「平民國王」）被擁為立憲君主。

在英國這邊，法國局勢又喚醒英國人對首次法國革命的血腥記憶。但現在，革命已不再是「流血」的同義詞。因此就很難說溫和改革會以絞架收場了。法國這麼瀟灑地甩脫君主桎梏，令英國改革派都為之振奮。《愛丁堡評論》甚至過火地寫道：「解放英國的戰役，已經在巴黎打響並獲勝！」

以改革為中心議題的大選揭曉，威靈頓及托利黨的優勢大減，支持改革的在野輝格黨在很多選區勝出。國民普遍期待新政府將對國會進行某種改革，革除現行體制中最惡劣的臃腫和缺陷。1830 年 11 月 2 日，威靈頓對下議院致辭時卻稱：只要他是首相，就別指望有任何改革國會的舉措。此言一出，舉國嘩然。威靈頓口沒遮攔讓閣僚們都吃驚，覺得他顯然太過分，完全無視民意，相位可能坐不長。國會外，革命謠言四起。威靈頓甚至要勸阻威廉四世勿赴倫敦城市政廳的宴會，以防不測。全國各地懇求改革的請願湧入國會。11 月 15 日，威靈頓政府在國會下議院以二百三十三票對二百零四票落敗，他掛冠而去。格雷伯爵受國王之邀組閣。時隔二十五年，輝格黨人再次出任首相。

一票制勝

　　格雷不孚眾望，第一時間言明國會改革將是政府施政重點。年輕改革派們多番指責他過於謹小慎微，束手束腳。1831 年初，他的改革法案公佈時，其激進和摧枯拉朽的特質卻震驚了所有人。

　　格雷的法案規定徹底廢止「腐敗選區」，徹底廢除六十個雙名額議席，另將四十七個雙名額削為單名額，以反映其較少人口。騰出的議席將重新分配予新興大型工業城鎮及倫敦外圍地區，並向一些郡提供額外議席。擴大所有城鎮議席的選民範圍，年付十鎊以上房產租稅者即有投票權。各郡選民範圍亦有所增長。

　　就新增選民數而言，格雷提案更顯綿裡藏針。雖具體數字仍存爭論，但法案終獲通過後（與首次提出時更改不大）選民數增加約五十萬人。選民佔人口比重由 4% 增至約 7%。但法案革命性的一面，是幾乎徹底廢除了過往由富人控制並恣意買賣的「迷你」議席。正是這項改革，使改革後的政府對民意勢必更趨敏銳。

　　國會中人則覺得提案太過分、激進得近乎愚蠢，「有識之士」預言格雷政府將很快倒台。但數百萬無投票權的民眾群情洶湧，擁護改革法案，再令政局為之一變。國會就法案進行七日辯論，並進入二讀。這是關鍵時刻。人們深知若法案被否決政府將倒台，格雷將大敗，威靈頓公爵或復任首相。若法案二讀通過，即使稍後被否決，格雷仍有望繼續高舉改革大旗再次勝選，將改革推進到底。

　　辯論結束時，大家已知道票數將不相伯仲。托馬斯・麥考利憶述了那舉國矚目的關鍵時刻。1831 年 3 月 23 日凌晨 3 點：「如目睹凱撒在元老院被刺，或克倫威爾從桌上拿起權杖，此幕畢生僅見，永生難

忘……計票了，顯然雙方得票極接近，甚至點完最後一名議員後，除了計票人，誰都不知結果。接著，計票員唱票。法案以一票之優勢通過！！我們彼此握手、拍背，走向前廳，縱情歡笑、喜極而泣、大聲叫好。外門一開，吶喊聲響徹下議院。走廊、通向等候室的樓梯全擠滿人群，人們在此守候到清晨4點，等待表決結果。人們夾道歡呼，揮舞帽子，我們穿行在兩堵厚厚人牆之間，直至室外。」

漫長、痛苦、曲折、迷惘、緊張的改革進程，終贏關鍵一役！4月法案未能通過委員會階段。但因已二讀通過，所以包括國王在內大多數人都認為應解散國會，並以國會改革為主題重新大選。威廉四世遵循憲制規儀，旋即批准格雷解散國會的請求，而非試圖請回威靈頓重組反改革政府。

1831 年大選，格雷兵行險招

儘管 1831 年大選仍按未改革的舊制舉行，格雷政府的領先優勢依然大增。以往從無競爭的議席有了競爭，少壯改革派擊敗資深保守派。政府自己從市鎮議席販子手裡，買下一些最腐敗的議席，交給改革派候選人。原被托利黨地主囊括的議席，當選者卻非其代理人，令觀察家驚訝。可見國人對改革的鼎力支持。

格雷政府在新國會再推改革法案，並在 1831 年 9 月通過了下議院全部程序。

上、下議院之間的憲制危機旋即揭幕。格雷心知法案很可能遭上議院否決。但他仍寄望激勵足夠多的上議院議員放眼國民利益，不再盲目效忠，從而使法案通過。

為此，他「兵行險招」——暗中提醒伯明罕政治聯盟等政治聯盟，應透過示威和公眾集會，集中展現民意。

　　此前，五萬蘇格蘭民眾已舉行撐改革的大示威。他們比英格蘭人更盼改革，因為當地腐敗猖獗，國會的蘇格蘭議席缺乏代表性。（改革法案使蘇格蘭合資格選民比之前激增約十五倍！）

　　1831 年 9 月 22 日，法案在下議院過關當日，格雷在倫敦私下會晤了托馬斯・阿特伍德及其他四名激進派領袖。會晤由阿特伍德提出，討論政治改革和他關心的貨幣改革。但格雷明確告訴阿特伍德，他只討論政治改革，並坦言：他認為，是時候讓民意走上前台了。

　　各政治聯盟的領袖心領神會。數日後的 1831 年 10 月 3 日上午 10 時，教堂鐘聲響徹伯明罕。約十萬民眾聚集，從成功商人、銀行家到大批礦工，大家攜手遊行，街頭藝人和政治聯盟的樂隊夾道助興。遊行在紐荷爾山結束前，民眾聆聽演說，通過呼籲改革的《致國會請願書》後和平散去。經此役，在運用街頭示威這種新型政治抗議方式上，阿特伍德躋身大師之列。如政治聯盟創作的進行曲唱道：

「看，我們來！空拳赤手，
我們絕不燃戰火；
團結、公義、理性、法律全遵守，
子孫的基本權利，緊握我手，
縱橫四海，我們能夠，
神聖口號，是自由！」

　　這次集會規模，是之前曼徹斯特聖彼得廣場集會的兩倍，且未受當局任何干擾，或發生任何暴力事件。報章廣為報導，這為改革事業添注了莫大推力。因此，這次集會或可算是英國史上首場大獲全勝的大示威。

儘管阿特伍德和格雷極努力，1831年10月8日，改革法案仍於上議院以四十一票之差被否決。格雷作了兩場蔚為壯觀的演說，希望說服上議院。時人認為，這兩篇演說使格雷躋身當時全國最傑出的演說家之列。在他第二篇演說中，格雷否認想藉「若改革法案被否決，可能引發革命」驚嚇上議院，但言外之意正如此。可惜，演說仍未能撼動威靈頓公爵及其支持者的頑抗。

下議院隨即通過了對格雷政府的信任動議，國王亦請格雷及其閣僚繼續執政。格雷遂第三度向下議院提出改革法案，並再次輕鬆通過下議院所有環節。

「人海遊行」

格雷準備向上議院最後攤牌期間，支持法案的大型公眾抗議仍此伏彼起。1831年10月12日星期三，倫敦各教區發起了「人海遊行」提交支持改革的《致國王書》。

這是首場在倫敦舉行的撐改革大示威。組織者是布魯姆斯伯里的激進派約翰·鮑威爾和托馬斯·鮑克。他們到訪倫敦各教區，遊說各教區協會參與。很多人懷疑和平示威的成效。此外，他們還須應付很多認為改革法案太保守而抵制的人，這與阿特伍德在伯明罕面臨的情況不同。還有「圓頂幫」的支持者，即後來憲章運動的先驅。絕大多數人（包括許多改革者）都視「圓頂幫」為危險的極端分子。「圓頂幫」因格雷未提出男性普選權而拒絕支持他，當鮑威爾和鮑克前往貝夫諾格林尋求支持時，遭他們反對。

儘管困難重重，作為一項街頭示威政治活動，「人海遊行」仍再獲勝。至少七萬人參加，組織工作更出色。各教區協會的方陣，依次朝

南向聖詹姆士宮進發。六至八名示威者一行組成糾察隊，最靠邊的「側衛」負責監察糾察隊。內政大臣墨爾本勳爵在聖詹姆士宮接納請願書。沿途店鋪打烊，觀者如堵，富人提心吊膽。儘管「圓頂幫」頭目未現身，一些成員最終仍參加了，其搶眼的白圍巾尤其引人警覺。不過，這場被冠以「店掌櫃和手藝人」為主力的遊行完全和平有序。

這次遊行令人刮目相看，因它證明很多向來不嗜政治的刻板小民，其實非常關心法案，所以才走出來。鮑威爾事後寫信給弗朗西斯·普萊斯，提到他與鮑克的成就時說「在年輕士兵面前，我們不算差勁的將軍」。遊行的成功反過來證明任何反對改革的政府，無論由威靈頓公爵或誰領導，都很難管治。遊行次日晚間，下議院辯論的焦點就是遊行。在野黨指責政府參與違法「騷亂」，並攻擊政府與伯明罕政治聯盟有聯繫。但在野黨確實見到政府的力量源泉和自身軟肋。此刻，格雷的輝格黨與國會外的激進派順勢聯手，繼續共赴危機。

除了倫敦的「人海遊行」，利物浦和曼徹斯特也舉行了萬人撐改革集會。羅奇代爾、奧爾德姆、博爾頓、普雷斯頓、紐卡素、愛丁堡等多地都有類似集會。

國教廿一主教

廿一名身為上議院議員的英國國教主教，尤令國民痛恨。主教們與威靈頓公爵聯手反對改革法案。若他們投贊成票，法案就已通過了。公眾的厭惡使這些主教們無法公開露面。在伍斯特，主教座堂被貼上「伍斯特主教是猶大！」巨幅標語。11月5日篝火節之夜，英格蘭各地篝火上那個傳統人偶，被換成另一個。亨利·海瑟爾頓在《窮人衛報》描述哈德斯菲爾德鎮的情形「約一萬五千——兩萬人高舉主教人偶（栩栩如生！）穿街過巷，這樣肅穆的葬禮前所未見。隊伍到達空曠的市集廣

場後，大家都靜默在榮耀的父上帝面前，有人穿著牧師袍，繪聲繪色地致悼詞：

『哦，哈德斯菲爾德人啊！你們看！這滿腦肥腸，死不悔改的主教大人。我們用他交換那個受迷惑的可憐福克斯。該死的政教合謀，明年11月5日就是你的週年紀念……

……我等謹將他投入地獄之火……堅信永遠的詛咒是他應得的分，他也無法榮耀復活。』

演說期間，會眾鴉雀無聲……約10時，『鬧事者』將主教人偶投入火中，隨後悄然散去。不到一刻鐘，街道已寂寥無人，彷彿無事發生。」

革命的風聲

儘管絕大多數示威平和，格雷對革命的預警卻非空穴來風。憲政改革派組織欠佳的一些英格蘭地區爆發騷亂。布蘭德福爾德、謝爾本、約維爾均有騷亂。德比發生嚴重暴力事件，暴徒襲擊反改革頭目的住宅後，闖入鎮監獄釋放囚犯，並企圖佔領郡監獄，三名同夥喪命後才罷手。翌日，當軍隊從伯明罕趕至德比恢復秩序時，伯明罕又爆發騷亂。

在諾丁漢，人們痛恨紐卡素伯爵，他擁有諾丁漢城堡。1831年大選意外選情之一，就發生在附近的特倫特河畔紐瓦克。該鎮本來是公爵控制的「口袋選區」，但公爵屬意的候選人卻意外輸給改革派候選人。公爵於是把一些投票支持獲勝者的租戶趕走以示報復（1872年才實行無記名投票制）。這是公爵在選舉後的習慣動作。公爵曾被批評驅趕租戶之舉太刻薄，他辱蔑地說：「我在自家為所欲為，不行嗎？」

諾丁漢人先攻擊其它建築，當鎮上駐軍趕去防範時，人們突襲諾丁漢城堡，並將它焚為廢墟。在一位無名畫家筆下：城堡的剪影映襯著烈焰夜空。這成為反映改革危機的最著名影像。

布里斯托的騷亂更嚴重，市中心大部分建築遭焚毀，許多騷亂者被維持秩序的軍隊射殺。

對於阿特伍德、普萊斯和絕大多數憲政改革者，「避免暴力」是原則問題。但即使是憲政改革派都認為，依據輝格黨的憲制理論，必要時他們可以暴易暴。1831 年 10 月，伯明罕政治聯盟計劃組建軍事組織，以備必要時武力抗爭。政府獲悉後向聯盟發出密信。密信透過伯明罕的一名改革派律師約瑟‧帕克斯轉交，稱有關計劃非法，並會拖累聯盟受打壓。聯盟收閱後即取消計劃，堅持和平抗議。

改革法案終獲通過

格雷第三度提交的改革法案有細微修訂，以從上議院撬到足夠票數來確保法案通過。威廉四世也秘密向他承諾：必要時將增加上議院議席數，確保法案通過。格雷不願動用這件「武器」，擔心這樣會疏遠那些原本支持法案的上議院議員。1832 年頭幾個月，改革派士氣低落，格雷要求增加上議院議席未果，失望的支持者們開始討論，格雷究竟是一名勝券在握的強勢領袖？還是個見風使舵的懦夫？面對這一切，格雷不動聲色。事實證明，人們多慮了。

格雷第三度提案在下議院輕鬆過關，進入上議院二讀，上議院議席並未增加。格雷再度對法案雄辯滔滔，從清晨 5 時起講了一個半小時。旭日初升，晨光灑進議院，逾三百名議員濟濟一堂。1832 年 4 月 14 日清晨，法案以九票優勢（184:175）通過上議院二讀。

但這並非決戰。法案仍須在上議院委員會階段過關，期間任何議員均可提修訂，包括否決或從根本上修訂法案的核心提案，從而破壞之。5 月 7 日，托利黨在委員會階段提出一項破壞性修訂案，政府落敗。格雷請求國王新增五十個上議院議席以確保法案通過。威廉四世曾承諾願增加議席。在此關鍵時刻，卻在背後插格雷一刀——拒絕增加議席！格雷及其政府請辭並獲國王接納。民眾普遍認為，威廉四世是受他德國妻子阿德萊德的影響才這麼作。幾天當中，改革命懸一線。

　　這幾天史稱「五月天」，期間爆發的撐改革公眾示威異乎尋常。英格蘭的每個城鎮幾乎都有示威——罷工、罷市，人人出來示威。除了在大城鎮已司空見慣的遊行，小地方的示威方式，更是花樣百出。威廉‧科貝特記述了薩里郡戈達爾明鎮的這段示威：「這寧靜小鎮的民眾，趕出一輛馬車，車上坐著『軍頭』（影射威靈頓公爵）和『貴婦』（影射阿德萊德）。全鎮扶老攜幼，鄰村趕來無數村民，簇擁著馬車。車上的權貴是真人秀！車上豎立『絞架』，懸樑在兩個罪魁頭頂。遊行從小鎮低處的橋頭起步，邁向高處的市集。隨車『劊子手』持手槍火藥，每過約五十米就向『軍頭』開槍。『軍頭』仰面倒在車上，『貴婦』見狀摟住他的脖子尖叫。戲謔後將兩人白布套頭，套上絞索。兩人誠懇認罪，先作懺悔狀聆聽長篇禱詞，再將靈魂交予魔鬼，懸掛法定長的時間，最後絞索被砍斷，兩人墮入馬車，明顯死亡。表演者賺了不少錢，拿去豪飲，『預祝改革法案成功』。除了罪魁被絞那刻，教堂鐘聲從早響到晚。喪鐘響起時『貴婦』都稱只愛『軍頭』，與他吻別這悲慘的改革的世界。」

　　威廉四世接受了格雷的辭呈，並要求威靈頓公爵組織政府。公爵此刻也盡顯毒辣，揚言武力鎮壓改革運動。伯明罕政治聯盟聞訊，終於決定在該市構築路障，阻止士兵進城。伯明罕附近的一座軍營的士兵稱，他的分隊（其中很多士兵同情改革）接令要「粗磨」佩劍。粗磨指僅磨

利部分劍刃，保留幾段鈍刃。粗磨劍刃，是蓄意使傷口感染，血液中毒，使改革者斃命。部隊上一次受命「粗磨」佩劍，是滑鐵盧戰役前夕。

可是，威靈頓無法組織政府。他根本無望贏得下議院多數，而托利黨另一領袖羅伯特・皮爾爵士也拒絕與他聯手。此刻，弗朗西斯・普萊斯號召撐改革的國民去各銀行擠兌黃金，口號是「不要公爵，要黃金！」，這漂亮一戰徹底擊潰威靈頓的希望。兩日後，威靈頓的支持者稱，威靈頓願組閣制定改革法案。

下議院聞之，哄笑四起。改革派和反改革派都嗤之以鼻。威靈頓心知大勢已去，遂通知國王他無法組織政府。

此刻，英國局勢如箭在弦。威靈頓棄組政府後次日，格拉斯哥和愛丁堡又爆發浩大的撐改革示威，三萬民眾在荷里路德宮外集會。作家亨利・科伯恩描述道：「我感到一場重大全民危機迫在眉睫，無人刻意發起。可怖的是無任何騷亂，大家鴉雀無聲。只有嚴肅的臉、整齊的隊伍、不屈的決心和信念——抵抗一旦觸發，全國都將被點燃。」

目睹連日一場大過一場的公眾集會、罷工罷市、恐懼與彷徨後，國王終於服軟，同意必要時新增足夠的上議院議席，確保法案通過。此語既出，全國釋然。上議院當然明白新增議席於己不利，大量議員隨即倒戈。威靈頓和跟班們也明白最好勿啟動該機制。

改革法案遂以 106:22 票輕鬆通過三讀。1832 年 6 月 7 日，經威廉四世御准，改革法案終於成為英國法律。

國會新生，示威成熟

改革法案使國會獲得新生。新型國會對民意必須反應敏銳，這給英國帶來許多巨變。期間，對通過法案居功至偉的和平示威，其角色已固若磐石。反應敏銳的國會、發達的報章網絡，結合政治上覺悟且有組織的國民，意味著今後示威所需的成功要素已齊備。甚至 1829 年成立警察部隊也是佳訊。當示威失控（如溫泉市集集會）或遭他人襲擊時，警察就可介入，遠比當年僅靠軍隊維持秩序要好得多。

改革成功要素：示威及其它

對於改革法案獲通過，示威扮演的角色有多重要？

從改革運動的示威中，示威者可學到哪些經驗？

對這些問題，簡短答案是——遍及全國的有組織示威，保持了改革運動聲勢，否則單憑一紙提案，改革法案斷無法過關。在沒有普選權和民調的年代，示威透過其規模和波及面，令人信服地表達了公眾訴求。要獲此成效，別無他法。

同時，若缺少其它成功要素，改革運動也無法興起。這些要素包括——國會體制成眾矢之的，解放天主教徒引發人心思變，格雷伯爵高超的政治手腕，威靈頓公爵蠢笨的政治手腕，1830 年法國七月革命巧合影響。即便這些有利要素齊備，法案終獲通過，依然是險勝。

示威的局限性

示威雖是制勝的必要一環，但僅憑示威卻無法達致預定目標。對於那些認定示威無濟於事的失敗主義者，改革運動示威打了他們一耳光。但示威者承認：僅當示威遵從一場更廣泛的政治運動，並協同選舉（在有選舉的國家）等其它政治手段，才可獲勝。

作為一種政治技巧，示威的局限性之一（詳見後文），是無論其規模如何龐大，策劃如何周全，面對一個誓不妥協、血腥鎮壓的政府時，鮮有成功。評估 1830 年代改革運動示威者的成就時，我們須記住他們並非面對這種政府。與亨利・亨特不同，在整個運動期間（短暫時間除外），他們面對的政府，其實是支持他們的目標並暗中鼓勵他們的活動。若非如此，他們的運動就無法成功並或已遭鎮壓。這一點，在1832 年格雷短暫失勢期間就可見端倪。當威靈頓試圖組織政府時，下達了粗磨戰劍的命令，顯示他準備大舉武力鎮壓。動武可能扼殺改革運動（如十三年前那樣），或引發全國革命暴動。萬幸的是，當威靈頓想用這殺手鐧時，他在保守派圈內也眾叛親離，更遑論組織政府。

英倫諸島，舉國公認：改革國會成功，示威運動居功至偉，與有榮焉。阿特伍德組織的伯明罕政治聯盟和當地的示威活動，是其典範。故此，當改革法案成為法律之時，以和平遊行和集會，理智守法（而非騷動暴力）表達政治訴求的傳統，已經枝繁葉茂，萬眾敬仰。從 1832 年開始，政治性示威已顛撲不破，成為英國國民生活的重要內涵。

至此，示威傳統僅在英國落地生根。它僅是一項英國獨有傳統（如在篝火節之夜焚燒人偶）？還是會變成諸如鐵路、板球或普通法那樣經久不衰的輸出品？

我們拭目以待。

第6章

示威風尚不脛而走

漢巴赫城堡節慶

率先效法英國撐改革法案示威運動的，是德意志的改革者。

1832年5月，當「五月天」籠罩英格蘭時，P.J.西本費弗爾和J.G.A.魏爾斯邀請民眾，出席5月27日在漢巴赫城堡遺址舉行的節慶。遺址位於萊茵蘭城鎮葡萄酒之路上的新城（新城）山頂。

策劃節慶方案的，是當時正爭取出版自由的出版協會。會員魏爾斯是《論壇報》編輯，該年初，政敵搗毀了報社的印刷機。西本費弗爾是公務員及作家。

漢巴赫節慶有雙重目的：提倡自由；擁護建立自由統一德國，排除外敵或地方反動領主控制。

「節慶」是一場有組織的大遊行，從新城邁向山頂的漢巴赫城堡。沿途有樂隊和橫額標語，包括一面象徵統一德國的巨型紅黃黑三色旗。現代（1945-）德國國旗即源於此。約二萬至三萬人出席。魏爾斯、西本費弗爾等人演講呼籲建立「統一自由」德國。這對於分裂為眾多細小公國的德意志很及時。漢巴赫節慶被視為德國現代史上首場次政治示威。

但統治者們，尤其是顯赫的奧地利首相梅特涅親王對「節慶」冷漠敵視，果斷鎮壓。這真是德意志的不幸。「節慶」後僅數月，德意志親王們於1832年6月28日在法蘭克福開會頒布「六條」，確認德意志政府為君主政體。7月5日，又頒布「十條」鉗制自由，尤其是取締任何自發集會。積極推動這些條款的，是以漢諾威國王身份介入的英王威廉四世。山雨欲來的德意志示威運動就此被扼殺，一蹶不振。德國因此後患不絕（詳見第8章）。魏爾斯和西本費弗爾被捕，並因組織「節慶」入獄兩年，從此偃旗息鼓。

在英格蘭，改革法案通過後的首場大型示威，是聲援托爾帕德爾烈士。他們是從托爾帕德爾到多賽特打工的六名農民工，僅因組織工會就被判流放澳大利亞。1834 年 4 月 21 日，四萬人，大多為工會會員，從哥本哈根市集和平有序遊行至白廳，向內政大臣提交反對流放請願書。時任內政大臣仍是墨爾本勳爵。上次面對約翰・鮑威爾和托馬斯・鮑克組織的要求改革國會的龐大請願團，他曾接納請願書，這次卻拒接請願書或改判。他辯稱請願團人太多，請願書「提交方式不恰當」。其實這次請願團規模小於上次。但聲援托爾帕德爾烈士的示威並非完敗。它使公眾持續關注這件流放案，顯示了民意的力量，並襄助六人終獲赦免可返英倫。

禁酒「示威」首見報端

1830 年代的示威，尚未被稱為「示威」而被稱為「進軍」、「遊行」或「公眾集會」。「示威」一詞直到 1839 年才初為人知。率先採用的是《泰晤士報》，以《滴酒不沾者的示威》為題報導 1839 年 4 月 21 日的活動。

當年適逢新英國國內外禁酒會成立十週年，協會遂組織一場「都會禁酒大遊行」誌慶。遊行想仿效美國禁酒會的做法。後者曾幾次嘗試將「禁酒方陣」加入 7 月 4 日的獨立日巡遊。會員對這構想意見分歧，有人懷疑搞這類公眾遊行和集會是否夠體面。一些保守人士對街頭示威頗有保留，這種心態至今仍很常見。

為打消這類成見，協會選定肯寧頓公地為遊行終點。那裡具有令人敬仰的宗教內涵——1759 年，循道宗佈道家喬治・懷特腓曾在附近舉行露天佈道會。

《泰晤士報》報導稱，數千名體面的禁酒會會員佩戴藍白襟花，於林肯因廣場集合，走向肯寧頓公地。高舉橫額「釀酒是英國的詛咒」、「我們贊同戒絕致醉酒類（醫療及宗教用途除外）」、「打倒暴君」（畫有兩個倒瀉的酒瓶，有精靈（「暴君」）從中飄出）。

　　報導還提及組織者的失誤。他們原定在肯寧頓公地慷慨演說作結，到後卻見場地已被佔用。原來憲章派也在示威並搶先到達那裡。1832年改革法案通過後，憲章派繼承政治聯盟的未盡使命，提出「人民憲章」爭取普選權。

　　在肯寧頓公地，禁酒會和憲章派的講者，彼此相聞到並竭力蓋過對方聲浪。兩批示威各有四名講者，從多個講台同時演說，場面更混亂不堪。發明高音喇叭前，用這種「同時不同台」方式應付大量聽眾。四十四年前倫敦通信協會也曾採用。由於各講台相距太近，這邊在苦勸人遠離酒魔，卻被那邊的高聲喝彩打斷，原來那邊在激勵聽眾爭取投票權。憲章派講者也被禁酒會聽眾的掌聲打斷。

　　禁酒會乾脆移師牛角酒館。《泰晤士報》寫道：「他們到那裡，牛飲大罐清水，恢復了體力。」

　　儘管場地與憲章派衝突，禁酒會遊行仍被視為一場勝利。《禁酒期刊》稱這場展現「我們原則力量的示威」是巨大勝利。禁酒會又舉辦多場類似活動，《期刊》一律稱為「示威」。在報導「都會禁酒大遊行」後不足一月，又稱「彭贊斯滴酒不沾大示威」是康沃爾郡史上最震撼的遊行。「示威」這一術語，最早由禁酒運動採用，旋即約定俗成，為世人通用。

憲章運動

在當局看來，禁酒運動者頗值得尊敬，但憲章派就極具爭議性。他們提出的「人民憲章」由威廉‧洛維特和弗朗西斯‧普萊斯起草。「人民憲章」提出一系列改革國會訴求，包括男性普選權、年度國會、取消國會議員的財產資格限制，以及無記名投票等。憲章運動分為兩派。主流一派採取憲制運動，希望沿用 1832 年政治聯盟的手法。逆流一派，則信奉蒂斯伍德、華生及「圓頂幫」武裝分子那一套，仍想照搬法國的暴力革命模式。

憲章運動首位領袖洛維特是憲政主義者，卻因莫須有的「違憲行為」遭當局嚴懲。1839 年 7 月，憲章派在倫敦舉行全國大會，後移師伯明罕的牛環。但當局取締了牛環集會，並派警察掃蕩。憲章派遂印發海報指警方行動違法。洛維特個人無須對此負責，卻因海報內容被控煽動性誹謗獲刑一年。費爾加斯‧奧康納遂取代他。奧康納是一名蠱惑人心者，對法治的取態模棱兩可。

1839 年 11 月，南威爾斯的紐波特，憲章派在此的行動尤具爭議。1839 年 8 月，憲章派支持者亨利‧雲生被控發表煽動性演講而獲刑十二個月。11 月 4 日，約三千名憲章派分子遊行到紐波特抗議處置雲生。到後發現地方法官已逮捕幾名當地憲章派分子，扣押於西門酒店。示威者手持棍棒等武器，企圖闖入酒店。在酒店看守囚犯的士兵最後向肇事人群開火，擊斃至少二十人擊傷逾五十人。示威組織者約翰‧福洛斯特被判死刑，後改判流放澳大利亞。

紐波特事件，究竟多大程度上是一場由憲章派內的革命分子策劃，蓄謀推翻政府的統一行動？對這點一直有爭議。福洛斯特自稱是在勸阻其餘人施暴，但這點無法確認。其他憲章派分子事後則稱，紐波特的釋囚行動是要引發一場更廣泛的暴動。

憲章派藉「人民憲章」所提訴求，並非無理取鬧。除了年度國會，其它訴求最終均藉修訂法律而實現。但憲章運動一開始就招致建制派疑慮敵視，原因如下：

首先，民眾很擔心 1832 年的革命危機重現。這次是擔心憲章派中的憲制派勾結革命分子，甚至有實力推翻政府。政治聯盟是中產階級與工人階級聯合。憲章運動主力則是工人階級。當局因此如坐針氈。奧康納的策略和人品，又都不討人喜歡，還公然敵視法治，這更令當局不放心。

在 1832 年獲得投票權的中產階級改革派中，僅有少數繼續爭取普選權。阿特伍德雖贊同「人民憲章」，但他呼籲大家守法的呼聲已被邊緣化。現在定調的是奧康納──面對工人階級佔絕大多數的聽眾，他的演講常含沙射影。威脅說，若不滿足憲章運動的合法和平要求，就鬧革命。亨利・亨特強調：萬不得已才以暴易暴，無計可施才動武。奧康納卻本末倒置，叫囂說：若不滿足憲章運動訴求就革命。奧康納色厲內荏，醉心語言暴力又極力避免惹麻煩。一發現自己被當局針對，就立刻退縮。1848 年，憲章運動組織的最重要一場街頭示威，以失敗告終，宣告整個運動失敗。對此，奧康納的人品難辭其咎。

1848 年是歐洲大陸的「革命之年」，法、德、意、匈都發生革命。1830 年法國不流血的七月革命，曾暫時打消英國人對革命的戒心。但 1848 年這戒心又復甦了。

約翰・布爾格將軍 1848 年 6 月寫的備忘中，可瞥見事態之嚴重。他負責都會區防禦，危難時須馳援倫敦，協助文人政府維持治安。

布爾格寫道：「一旦內亂，倫敦格外脆弱。人口稠密，又有千萬失業者、低收入者、心懷不滿者，眾多政治狂熱分子，準備重創政府⋯⋯

勁敵打著憲章派幌子，隨時與各階層不滿者沆瀣一氣。他們已暗示，要跟那些鼓譟再次改革的團夥聯合行動。」

1848 年歐洲大陸革命，當局風聲鶴唳。憲章派宣佈將於 1848 年 4 月 10 日舉行「全國大示威」並向國會請願。維多利亞女王一家甚至特意離開倫敦，到懷特島郡奧斯本莊園暫避。

警方謀略初戰告捷

1848 年 4 月 10 日，憲章派舉行「全國大示威」。這次似乎也是倫敦警察廳的談判謀略首次發威——誘使組織者接受某些條件，藉此悄然瓦解示威的威力。此後，倫敦警察廳更一再重施故技並精益求精。在其它允許示威的地方，警方也仿效之。在「全國大示威」的最後準備階段，警方向奧康納「建議」——示威者應先在肯寧頓公地集合，再去位於西敏寺的國會呈交請願書。奧康納接受了這貌似合理的要求，畢竟肯寧頓已成傳統示威場地。但他渾然不覺警方是調虎離山——讓示威者去肯寧頓集合，便使他們大半天都遠離倫敦市中心。約五萬名憲章派分子集合後，警方才又告知奧康納：不許遊行到國會，只許在肯寧頓集會並解散。並正告奧康納：若不接受條件，就立刻拘捕他。有遠見的策劃者，會一早拒絕在肯寧頓集合。奧康納卻一再落入警方圈套——要麼接受這半道開出的條件，要麼因藐視這條件而被捕。若奧康納勇敢一點或想像力豐富一點，他可宣佈從肯寧頓隻身走去國會交請願書，而這是大憲章規定的權利。若他堅信率眾遊行至國會是他的權利，則可邀請警方當眾拘捕他。這樣就能拆穿警方的虛勢。因為警方若以「想」率眾遊行為由，拘捕被數萬名擁躉簇擁的奧康納，定會引發動亂，而「動亂」恰是當局的軟肋。可奧康納卻接受警方的最後通牒，坐計程馬車去交請願書，事後再返回肯寧頓會場[1]。

奧康納動輒威脅鬧革命，事到臨頭卻縮入馬車交請願書。這是一場公關災難，譏笑四起。此外「全國大示威」被困在肯寧頓，與市中心的示威相比，無論吸睛量或影響力都差太遠。這兩點使人們覺得，這場示威是「打濕的爆管」。公眾期待很高，示威卻如強弩之末，令人極失望，更打沉了憲章運動。隨後幾個月，憲章派支持度暴跌。1848 年標誌著憲章運動作為一股重要政治力量的終結。

大型示威的關鍵局限

憲章派示威運動的失敗，暴露了大型公眾示威作為一種變革力量的關鍵局限性。與 1830-1832 年的成功示威運動相比，這種關鍵局限更顯著。首先，憲章運動的支持度明顯不及 1832 年的。奧康納掌控、面向工人的《北極星報》讀者群是運動主力，中產階級的支持極有限。若無壓倒性的民意支持，單憑一場街頭示威不足以扳倒立法機關立場。在 1839 年，國會的選民範圍雖仍很有限，但民主正當性卻遠高於 1832 年改革前的國會。此外，奧康納作為戰略家顯得差勁，身為領袖又不能服眾，卻支配了整個運動。早期改革者如倫敦通信協會、亨特、阿特伍德和普萊斯，其策略是強調那些無選舉權的國民值得尊重，值得被賦予選舉權。奧康納拋棄了這策略，直言若不接納「人民憲章」就動亂。這套有缺陷的策略，將遲早迫使他在暴力對抗與前述臨陣退縮之間，作出抉擇。奧康納領導無方更添敗筆，他誇口國會請願書有五百萬人聯署。國會審查發現：即便計入大量明顯的虛假簽名，如「維多利亞女王」、「威靈頓公爵」等，聯署人數仍不夠二百萬，但仍很可觀。可是，奧康納非但不強調這個仍很可觀的數目，反而蠢到要跟國會的一個監票員決鬥！他隨即被國會警衛官以行為不檢拘捕。

1867 年（僅十九年後），第二次改革法案通過，英國國會的選民範圍再次大增。所以人們很難不認為：若領導者素質好一點，憲章運動在 1848 年的成效會好得多。然而，要達目標不能僅靠示威，而要將其作為一項基礎更廣泛、組織更好的長期運動的一部分來經營。這確是示威在民主運動中應扮演的角色。其他途徑都是街頭革命，其性質並不民主。

要求恢復愛爾蘭國會的示威

憲章派在英國示威之時，曾成功爭取廢止禁止天主教徒擔任國會議員的法律，並因此享譽歐洲的愛爾蘭領袖丹尼爾·歐康諾，正試圖利用巨型示威進一步實現在愛爾蘭的國會改革。躋身英國國會後，歐康諾憧憬廢止 1807 年《聯合法案》，恢復愛爾蘭國會。根據《聯合法案》，愛爾蘭在都柏林的國會被英國國會內的愛爾蘭議席所取代。1830 年代的大部分時間，歐康諾都在下議院推進這項事業但孤立無援，輝格黨及托利黨都不願大力支持。

歐康諾見無望以政治結盟的傳統方法，使英國國會通過廢止法案，遂決定效法 1832 年的政治聯盟，以大示威向政府施壓。這個念頭有創意！當某項訴求對大多數人並不重要，但對少數人卻至重要時，示威就能吸引公眾對其的關注。這正是示威的強項之一。絕大多數來自英格蘭（而非愛爾蘭）的國會議員，都對愛爾蘭興趣索然，對於恢復愛爾蘭國會的想法，或懷敵意或不置可否。在愛爾蘭正相反，這項訴求顯然重要且歐康諾的目標廣受支持。因此，歐康諾在 1840 年代發起的大型集會運動，成為 19 世紀愛爾蘭重要歷史事件之一。運動最終失敗，原因是英國政府內負責愛爾蘭政策的人不願妥協，缺乏創見。

歐康諾明確堅持和平抗議與法治。這點與通信協會和政治聯盟相近，也不同於模棱兩可的奧康納。同時，他的運動又盡可能重燃愛爾蘭民族主義和熱情，卻不逾越非暴力底線。他經常著綠色（愛爾蘭民族色），集會橫額繪有他的標誌——愛爾蘭豎琴。他以系列大型公眾演講集會（被稱為「人海集會」）等姿態，使人相信他向英國當局施壓，要求廢止《聯合法案》的計劃是認真的。他像亨利·亨特那樣，在大型和平集會上暗示「若和平訴求不獲滿足，就可能發生比和平集會更嚴峻的事」。他也絕對避免像奧康納那樣，常將赤裸裸的暴力威脅掛在嘴邊。

1840 年 4 月 15 日，歐康諾成立廢止協會。翌年改名忠誠國民廢止協會，強調他並非謀求愛爾蘭獨立，而是要恢復臣服英國主權的愛爾蘭國會。歐康諾將 1843 年定為「廢止之年」，他穿梭愛爾蘭各地，到有條不紊的巨型露天集會巡迴演講。年近七旬的他仍肩負籌備、奔波、演講重任，令人肅然起敬。集會共四十場，歐康諾親自演講的有三十一場。1832 年英格蘭的示威是由眾多地方團體發起。但在愛爾蘭，這些「人海集會」得以舉行，幾乎全靠歐康諾出眾的個人魅力和組織能力，地方提供的協助很有限。

示威人數 —— 怎樣解讀？

「人海集會」成為運動的動力。韋斯特米斯郡馬林加的集會，據稱 15 萬人參加。稍後科克郡馬羅的集會據稱四十萬人參加。克拉爾及卡舍爾也舉行了巨型集會。

馬林加和馬羅集會的出席人數可能高估。最早期示威的組織者，就已懂得「盡量報大數」的價值。人數越多越成功，示威者訴求的聲勢也越大。相反，官方數字常低估示威人數，因為官方常竭力貶低其反對的政策所獲的支持。史料中的示威人數幾乎都是估計，並可能被誇大（組

織者提供的人數）或被貶低（官方提供的人數）。歐康諾當然深知高估出席人數的宣傳效用。但毫無疑義，他發起的集會聲勢浩大，參與人數史無前例。

第三場集會在瓦特福郡利斯莫爾舉行，估計四十萬人出席。遺憾的是，儘管浩大集會引起愛爾蘭的英國當局高度重視，但在倫敦，首相羅伯特‧皮爾爵士既是恢復愛爾蘭國會運動的死敵，也是歐康諾的私敵。因此「人海集會」令愛爾蘭局勢緊繃，卻未能在倫敦產生絲毫成效。對比 1832 年示威期間，政治聯盟與首相是有默契。示威作為政治武器，面對的若是一個毫不妥協的政府，其局限性也就浮現了。

德國旅行家雅各布‧文納德記載了 1843 年 6 月 15 日在阿斯隆舉行的「人海集會」——「歡呼聲震耳欲聾，響徹會場。全體脫帽致敬，萬眾同聲『萬歲！萬歲！萬歲！歐康諾萬歲！解放者萬歲！』。十幾萬人齊致敬，他的魔力凝聚群眾。坐四駕馬車的後座，他頷首、揮手、揮帽，向群眾回禮……我至今不知他如何入會場，因人群密不透風，站在其中無法摔倒，遑論行走。但一聲『為解放者讓路！』，人海如施魔法，立刻閃現一條通道，令人驚歎。」

歐康諾借鑒英國國會改革運動，其集會悉心籌劃，確保和平有序。糾察（有些由神職人員擔任）巡邏確保無人攜帶武器、醉酒或行為不端。歐康諾的演說是集會的亮點，他「解放者」的聲望，使會眾恍如參加宗教復興大會。詩人鮑沃爾‧利頓（利頓勳爵）曾賦詩描寫他親歷的一場集會。詩句生硬陳腐，但確描摹了集會氣氛：

「頂穹蒼環宇，踏人海喧騰，
人潮湧接天，鼓角聲無痕，
一宏聲驟起，響徹震無垠，
振聾發聵情——吼聲起，耳語停，泣笑相迎！」

1843 年 8 月 15 日，最大一場「人海集會」在都柏林西北的塔拉古丘舉行。塔拉對愛爾蘭極具歷史地位，史前即有人類定居，是古愛爾蘭國王加冕之地，1019 年愛爾蘭王布賴恩‧博魯擊敗維京人入侵的決戰場。塔拉具象徵性又毗鄰都柏林，會眾極多，歐康諾估計有一百萬人。連他的死敵都估計逾十萬人。歐康諾率眾遊行至會場，遊行隊伍綿延一哩，包括一名騎馬號手、乘六架馬車的豎琴手彈奏《豎琴曾響徹塔拉堂》，隨後是四排騎手、六列男士縱隊，高舉繪有豎琴和「廢止」旗幟及橫額。歐康諾爭得教會支持，會前在塔拉山陳設兩座聖壇，由兩名主教、卅五名神父主持彌撒。由於人太多，大會設專人即時複述歐康諾的話，讓聽距以外的會眾聽到。

在演說高潮，歐康諾說：「我們駐足先王的塔拉山，愛爾蘭的君王在此被揀選，愛爾蘭的族長在此盟誓保衛故土，抗禦丹麥人等外侮。重要的是，此地迸射的每一縷社會感召力和法律威嚴，凝聚國人捍衛國家。在這重要地點，我要履行一項重大職責——面對我的國家和上帝，我在此抗議合併！」

一名懷敵意的地方法官向都柏林和倫敦當局報告了集會情況。他寫道「任何信仰堅定的人，都會預見這場集會展現的激情，終將變為顛覆我國政府的圖謀——我們將捲入一場內戰或宗教戰爭浩劫」。

下一場「人海集會」定於 1843 年 10 月 8 日在都柏林城外的克朗塔夫舉行。上述報告就是當局考慮取態時，所閱報告之一。集會前日，都柏林當局宣佈取締集會。歐康諾這位堅定的憲政主義者，面對兩難抉擇：堅持集會可能遭當局武力鎮壓；取消「人海集會」方案等同放棄廢止運動。堅持集會很可能招致一場更大的「彼得盧屠殺」，甚至引發暴動或內戰。考慮到這點，歐康諾選擇終止運動。這決定合乎原則，卻令他很丟臉，並終結了他的威望。

「續集」很悲壯。歐康諾被捕並被控煽動叛亂罪，被定罪坐牢幾個月，申訴至上議院才撤控。雖如此，歐康諾出獄時仍名譽掃地窮困潦倒。他死於 1847 年，最後三年無所事事。克朗塔夫是歐康諾的分水嶺——之前他戴著無往不勝的光環，之後他只是凡人，年輕改革派不願再受他領導。愛爾蘭大饑荒造成的恐懼及移民潮，使很少人有空關心國會改革。歐康諾聲譽隕落的終極影響，是他持守的重要原則「非暴力合法抗爭」在愛爾蘭民族主義者中失去市場，更傾向暴動的激進民族主義抬頭。歐康諾的大型和平群眾運動，始終未獲英當局回應，後來的英國政府為這種沉默付出了沉重代價。

「人海集會」並未被淡忘，前述德國旅行家雅各布·文納德在德國報導了這些集會。因此，1860 年代捷克民族主義者向奧匈帝國爭取更大權利時，也聽聞了歐康諾的運動。他們還模仿舉行大型露天集會，自創源自英文的新詞「Mitingy」來命名之，可惜運動也未能成功。

澳大利亞爭取八小時工作制示威

1850 年代卻見證了一場主要藉和平示威取得的重要勝利。這是 1832 年後，示威的首次全勝，並且是在聯合王國以外的首場勝利。

1848 年憲章運動瓦解，許多堅定的憲章派人士從中清醒，移民至澳大利亞，尤其是 1851 年新設的殖民地維多利亞州。1850 年代的柏拉瑞特淘金熱吸引了世界各地人士。新首府墨爾本因此勞工短缺，這對工運組織者和活動家極有利。

1850 年代的墨爾本只是一座邊陲小鎮，街道泥濘，生活條件艱苦。鎮上除了釋囚、碰運氣者，還充斥五花八門的政治難民和活動家。1889 年，澳大利亞開埠百年傳記寫道：「我說的這年代，是政治激昂動蕩的

年代。新移民中有來自格拉斯哥、克勒肯維爾和切爾西的激昂憲章派，滿腦子改造人類（尤其是維多利亞州人民）的計劃，東部市場是他們的論壇。那些年沒多少娛樂，入夜後，人們就在東伯克商業街南邊閒逛。任何想出風頭的政治冒險家，跳上乾草車，在錫盤燭光輝映下，就可為民鳴冤。他適時以各種粗魯手勢，吸引觀眾娛人自娛。一些觀眾喝彩高叫『繼續！夥計』、『揍他！』。另一些則逗弄他，插科打諢……其中很多人曾投身 1848 年震撼歐洲的革命運動。你能遇到來自巴黎的街頭戰士、來自法蘭克福、柏林、維也納和布達佩斯的政治難民，意大利燒炭黨。他們大多數年輕、熱情並多少懷著烏托邦式的理想，盼望重建人類社會政治秩序，帶來普世和平繁榮新時代。各類流亡者不謀而合，全情投入當時的熱門社運中。」

詹姆斯・史蒂芬斯和詹姆斯・加路維是知名憲章派人士，兩人都是石匠。史蒂芬斯來自南威爾斯紐波特，曾參與 1839 年爆發的激烈的紐波特起義，混戰中遭痛毆，卻逃過搜捕跑到倫敦。國會大廈 1834 年失火焚毀後重建，他就在新國會大廈工地任石匠。史蒂芬斯成為傑出的工會組織者，他特別關注工時。

維多利亞淘金熱高峰期間，人人都想去金礦發財，對工會活動的興趣消退。但當史蒂芬斯和加路維於 1855 年抵達時，淘金熱最狂熱階段已過，工會正待復興。澳大利亞勞力短缺，工資比英國高很多。主要勞資矛盾不是薪酬，而是工時。不但勞方施壓要求縮短工時，湯瑪斯・愛布林等中產改革者也支持，認為縮短工時可讓工人有更多閒暇進修，有助社會進步。

1856 年 1 月 11 日，墨爾本公眾集會發起運動，要將每日工時從十小時縮短為八小時，以顧及澳大利亞的炎熱天氣，讓工人工餘有精力進修。

1856 年 2 月 4 日，即集會後一個月內，史蒂芬斯和加路維就成立了石匠工會——從業石匠協會的地方分會。一些前憲章派人士也有參與。儘管 1855 年 10 月，悉尼的大多數石匠已罷工爭取到八小時工作制，但成立大會仍被視為爭取八小時工作制運動的開端，運動隨之遍及全球。該運動在墨爾本的特色，是在前憲章派人士鼓勵組織下，工人們鬥志更強，並採用憲章派風格的示威作武器。

1856 年 3 月 25 日，勞資雙方開會，同意業界於 4 月 21 日實行八小時工作制。絕大多數僱主當場同意，只有承建維多利亞議會大廈的僱主反對。工人遂呼籲 4 月 11 日公開集會，號召「各行業充分平等討論將每日工時減至八小時的迫切性及可行性」。這場一面倒的會議在皇后戲院召開，墨爾本市長主持。當地主要激進派要求縮短工時，稱「『一個階級世代為僕，一個階級世代做主』，老家的這種陳腐觀念，不應在此生根！」。會議提議並當場通過「設立組織，著重在尚無工會的行業推動八小時工作制」。市長總結，就縮短工時議題作最佳發言的人，獲市長頒發十幾尼獎金。

史稱「光榮的 4 月 21 日」那日，詹姆斯‧史蒂芬斯領導了一場爭取八小時工作制的街頭大示威。眾人從墨爾本大學半建成的舊方場大樓出發，高舉「八小時工作、八小時閒暇、八小時休息」橫額邁向市中心，沿途工地工人紛加入，聲勢浩大。

遊行在議會山結束，議會大廈工地的工人也扔下工具加入。眾人歡宴慶祝。

從那日起，在澳大利亞，八小時工作制漸為絕大多數行業接納。19世紀的澳大利亞的工會大樓常飾以「888」石刻，以緬懷石匠們的貢獻。在 19 世紀剩餘的年歲，每逢 4 月 21 日，澳大利亞全境都舉行紀念巡遊，

各行業都以精彩的橫額、彩車和制服亮相。直到 1951 年，每年 4 月 21 日都是維多利亞州的「八小時工作制」公眾假期。

澳大利亞工人爭得八小時工作制的消息，震驚了全世界工人及其代表。因為澳大利亞實行八小時工作制，19 世紀其它地區的工人代表有時形容澳大利亞是「工人天堂」。新西蘭於翌年（1857 年）爭得八小時工作制。從 1860 年代起，爭取八小時工作制成為美、歐工運的重要內容。這些運動都仿效澳大利亞的成功做法，高舉「爭取八小時工作制」的橫額上街遊行。澳大利亞爭取八小時工作制運動的附帶影響之一，是它將和平示威風尚，遠播到大英帝國以外的地區。

爭取八小時工作制的示威者為何成功？毫無疑問，是因為他們爭取的目標廣獲支持。墨爾本市長出面支持石匠們的行動，意味著他們獲得墨爾本最高當局的首肯。他們針對的僅是一小撮僱主，後者則面臨大多數民眾一致反對。八小時工作制運動對抗頑固的建築商，正如 1832 年政治聯盟對抗極少數反對國會改革的頑固的上議院議員。一般說來，僅當示威者獲得空前民意支持時，才有望僅憑示威達到預期目標。

這並非貶低八小時工作制運動。澳大利亞當時取得的成就獨步全球。不過，此後其它示威運動很少如此順暢。當示威運動在美國開展時，我們就看到這點。

1　這種呈交請願書的方式，幾年前才出現。1834 年倫敦引入了計程馬車，這種雙輪馬車有封閉的乘客車廂，車夫在車尾，裝有計程收費表顯示里程及車資。

第7章

示威傳到美國

「示威」與「集會自由」

現代人思考「為何我們可以出來示威」時，多數會說「因為這是我們集會自由的一部分」。其實，初時的「集會自由」理念並無關示威，很久以後人們才覺得「示威」與「集會自由」有關。「集會自由」的表述很出名，因為它被載入美國憲法，但它最初含義是指公民擁有參與國家或州立法機關的正式會議，討論議題的自由。

美國是首個採用成文憲法的國家。設立成文憲法的構想，源自組成美國的各北美殖民地。美國獨立戰爭之前一百五十年，北美洲沿岸的首批細小英國殖民地須決定怎樣自治，慣例是採納一份管治憲章或基本法。1639年康涅狄格開創此先河。1647年羅德島率先將若干公民權利載入其憲章。在此背景下，大陸會議於1779年批准《美國獨立宣言》後，順理成章準備為這新生國家制訂一部基本法或憲法。

獨立十年後，國會於1789年批准十項憲法修正案（總稱權利法案），將公民權利載入憲法。但直至1804年標誌性的馬伯利訴麥迪遜案，美國最高法院才確認違憲行為「可訴」——人們可通過打官司取得法庭命令，宣佈某項法律或行政決定因違憲而無須遵守。這項裁決對於美國乃至全世界的未來都產生根本性的影響。假若馬伯利訴麥迪遜案裁決相反，美國憲法就僅是海市蜃樓的空想，因為條文無直接法律效力。馬伯利訴麥迪遜案開創了憲制性法律的範疇，因它裁定——法律或政府行為若與憲法條文抵觸，就可能被法庭宣佈為違法。這一觀念已從美國傳佈到其他許多國家。但仍有些國家如中國，雖然多項權利被載入憲法，卻無法強制執行，依舊是畫餅。

美國憲法第一修正案（十項權利法案修正案的第一項）廣為人知，但其歷史本源則常被忽略。

第一修正案規定「不得剝奪人民言論出版的自由、和平集會以及向政府要求申冤的權利」。

現在該條保障了在美國舉行示威的權利。然而，直到1960年代馬丁・路德・金領導的民權運動引發的最高法院案例，這項保障才得以確立。在美國大部分歷史中，集會自由並未包括示威權。

1789年權利法案保障集會自由之目的，是保障國家立法機關、國會及各州的州立法機關免受外來干擾。這點很重要，因為在獨立戰爭前，正是麻薩諸塞（麻省）的殖民地議會組織了對英王喬治三世的抗爭。組織波士頓茶黨的薩繆爾・亞當斯就以此為根據地。喬治三世派駐麻省的軍事總督托馬斯・蓋奇將軍取締了麻省議會，並宣佈其集會為叛國罪。而英國1352年《叛國罪法》將叛國罪具體精確地定義為「謀害國王或暴力推翻其政府」的行為。所以該宣佈根本是非法。蓋奇的行徑激怒了北美殖民地的民眾，成為獨立運動的導火線之一。因此，保障國家及州立法機關不受干擾集會的權利，遂成新生美國當務之急。

謝司起義

一名來自麻省的議員仍反對實施第一修正案。反對理由雖未直說，但似乎正是擔心修正案保障一些討厭的、可能敵視政府的擅自集會。這擔心並非捕風捉影，三年前（1786年），謝司起義——這場全面暴動曾席捲獨立後的麻省。期間農民焚毀法院，阻止抵押權人對其農場取得止贖令。麻省擔心對擅自集會的保障，可能縱容更多類似謝司起義的造反。不過在國會絕大比數支持下，修正案仍獲實施。

一百四十一年

　　美國立國初期的國會，不僅未能採取措施，保障我們現今所理解的集會權，更於 1798 年廢止了源自大憲章、有悠久歷史的英式請願權。國會這樣做，是因為獨立戰爭的退伍兵代表不停來請願，要求撫恤金或賠償，打斷國會審議，令議員們不勝其煩。這是在馬伯利訴麥迪遜案之前六年，當時似乎無人想到，要去最高法院挑戰，因為廢止這項古老權利，違反了第一修正案規定的保障人民「向政府要求申冤的權利」。所以此後一百四十一年中，美國各地的公眾集會權或遊行權其實都無法律保障。

　　這當然不是說集會遊行就此銷聲匿跡。相反，巡遊和遊行很常見，在 7 月 4 日（獨立日）等重要日子巡遊更是傳統項目。而且無法律禁止抗議遊行，這點跟法國、德國不同。不過，任何試圖表達抗議的遊行，仍易受當局打壓，而組織者其實無望從法律上對當局作任何挑戰，或獲得任何平反。人民和平集會的權利，尚未適用於抗議。

首都的抗議遊行

　　在早期美國，人們對於在首都舉行抗議遊行的想法仍深懷戒心。北美殖民地從英國獨立幾年後，倫敦通信協會就在倫敦舉行了世界最早的刻意和平示威。1832 年以後，抗議遊行在英國已習以為常，但在美國仍長期被視為「好鬥行為」。1877 年美國總統大選就表露這種心態。幾個州發生有利於拉瑟福德・伯查德・海斯的大肆選舉舞弊後，他被宣佈勝選。民主黨國會議員亨利・沃特森呼籲民眾向華府進軍，抗議選舉舞弊。但落敗的民主黨參選人薩繆爾・蒂爾登卻公開反駁沃特森，稱這場進軍是叛國——儘管沃特森是他的支持者。

對於第一修正案「可能保障擅自公眾集會」的擔心，最終藉麻薩諸塞州訴戴維斯一案，於 1896 年鬧到麻省最高法院，又再鬧到美國最高法院，但遭法院駁回。

波士頓公地

波士頓公地是公眾露天集會、演講的傳統場地，類似 19 世紀倫敦的聖喬治市集。1862 年前，人人都可在此演說。但那一年實施了一項地方法律，要求在該市的「公地或其他公共場地舉行的任何佈道、講座、演說或公示」，都須經地方官批准。反對新法律的人宣稱，該法是波士頓朗姆酒商遊說的成果，意圖要當地的禁酒運動者「收聲」。

1880 年代，街頭佈道者威廉・F・戴維斯（被稱為「戴維斯弟兄」）屢次因違反波士頓公地許可證法而遭罰款。1885 年他曾挑戰這項法律，理由是：妨礙他傳教違反了權利法案對宗教自由的規定[1]。挑戰失敗後，他繼續在公地傳教，繼續被罰款。1894 年他就定罪上訴，理據是許可證法違反了第一修正案對集會自由的規定。法庭駁回戴維斯的上訴。經手該案的是法官小奧利弗・溫德爾・霍姆斯，他是美國史上最受尊敬的法官之一，判決因此更加令人震驚。霍姆斯認為：一間公共機構（例如麻省）有權限制或禁止人們進入公共土地（例如公地），猶如私人地主有權限制或阻止其他人進入私地。進一步上訴時，美國最高法院採納了霍姆斯的觀點。按此邏輯，此規則可以禁絕任何場所舉行的任何公眾集會！對這一點，霍姆斯卻隻字不提。

這就是「工人藉示威爭取提高工資，改善待遇」的理念傳入美國時，當地的景況。這理念傳入乃受惠於澳大利亞工人成功爭取八小時工作制，且此事鼓勵各地（包括美國）工人，舉行有組織的遊行來達到目標。

美加工會聯盟

1850 年代，八小時工作制運動在澳大利亞和新西蘭成功，旋即在美國迅猛發展。1867 年，芝加哥工人為爭取八小時工作制，於五朔節開始罷工一週。五朔節是歐洲傳統的春季節慶，源於古老的貝塔尼節，芝加哥工人罷工使其他工人也選這天舉行抗議，使工時問題更為矚目。

1865 年，南北戰爭落幕，美國工業革命登台。工人（尤其新移民）的工作條件普遍很惡劣。新移民中，很多是 1848 年德國革命遭鎮壓後，於 1850 年代移民美國的憤懣的德國激進派。據說到 1850 年代末，在美國的德裔安那其分子（無政府主義分子）比在德國的還多。這些移民成了工運骨幹。

勞動騎士團是美國的傳統工會，受馬克思主義影響的美加工會聯盟（工盟）則更激進。八小時工作制運動使兩者聯手。勞動騎士團於 1878 年通過章程以八小時工作制為目標，並於 1883 年、1884 年通過決議支持八小時工作制。但成功爭取到八小時工作制的，卻是善於搞鬥爭的工盟。

工盟於 1884 年的決議，由木工和細木工兄弟會創會人及首任主席喬治・埃德蒙斯頓提案。決議稱「從 1886 年 5 月 1 日開始，工人應享有法定的八小時工作制，我會建議本區勞工團體據此制訂章程，在上述日期前遵守本決議」。

為推進運動，工盟遂於 1886 年 5 月 1 日舉行全國總罷工——罷工和街頭示威。全美國至少四萬人（可能多達五萬人）參與罷工或示威，或均有參與。罷工示威遍及多數大城市如芝加哥、紐約、波士頓、底特律、密爾沃基、聖路易斯、辛辛那提和巴爾的摩，以及較小市鎮如杜魯斯（明尼蘇達）、莫比爾（阿拉巴馬）及加爾維斯敦（德克薩斯）。

在芝加哥，據稱有六萬至九萬人參加示威，三萬至四萬人參與罷工。世界首次「五一大遊行」在芝加哥的密歇根大街進行，有八萬工人參加。在木材場工作的約一萬名德國、波蘭及捷克移民則發起了另一次遊行。勞動騎士團旗下的肉類加工工會關閉畜欄，罷工爭取到八小時工作制，且無須減薪。

秣市烈士

可惜初戰告捷後，一場悲劇性的挫敗接踵而來，且影響深遠。

1886 年 5 月 3 日下午，約六千人在麥考密克農機廠外集會，包括農機廠很多罷工工人，繼續爭取八小時工作制。資方則僱用替工維持運作，替工下班時，遭一些罷工者襲擊。在隨後的衝突中，警察向人群開火，擊斃四人擊傷多人。

警察槍擊人群時，奧古思都‧史比司在場。這位德國移民是芝加哥有名的安那其主義宣傳和組織者。史比司立即撰寫傳單，呼籲工人反擊並於翌日（5 月 4 日）舉行抗議集會。集會在芝加哥秣市舉行，史比司和芝加哥另外兩名安那其主義骨幹薩繆爾‧菲爾德恩和阿爾伯特‧帕森斯發表演講。演講重點是八小時工作制，強調工人必須反抗麥考密克公司的剝削和警方鎮壓。但講者們均未呼籲以暴抗暴，在研究後繼事件時，這一點非常重要。

抗議集會再過幾分鐘就結束，突降暴雨也驅散了很多集會者。此時華特警監和邦菲警監率一百八十名警察趕到，勒令集會解散。邦菲殘忍好鬥，一直尋機教訓這夥安那其分子。他獲悉菲爾德恩揚言「要打倒法律」後，即決定驅散集會。

當菲爾德恩上前抗議警方清場時，有身份不明者向警察防線投擲炸彈，炸死一名警察燒傷逾七十人。警員槍擊人群，至少擊斃一人擊傷多人。事後再有六名警察死於燒傷。公眾至少七、八人罹難，三十至四十人受傷。

擲彈者一直逍遙法外。並無證據顯示集會的演講者與炸彈有關。但擲彈事件在芝加哥和全國掀起反安那其分子風潮。羅伯特‧赫里克的自傳體小說《一個美國人的傳記》這樣描述擲彈事件後的氣氛：「5月5日早上，全市沸騰了。讀完報紙，你會覺得芝加哥的每條巷子，都潛伏著一兩名挽著一籃炸彈的安那其分子。行人四下張望尋找可疑者。各色謠言滿天飛，雖都是無稽之談，人們卻深信不疑，而警方更樂於造謠。」

負責調查擲彈事件的警監麥可‧沙克不停向報刊透露聳人聽聞的「安那其主義陰謀」為恐慌升級。據說「他發現的安那其分子，多到地獄都裝不下；他發現的炸彈、黃色炸藥、匕首和手槍數不勝數。最後，那些外國出生的居民中的每個社團，無論多無辜或口碑多好，他都認為疑點重重」。

沙克的天方夜譚，經新聞界添油加醋後，形成一種看法：秣市擲彈事件，是一宗要推翻整個美國政府的革命陰謀的序幕。被安那其分子陰謀論嚇壞的美國公眾，期待嚴懲安那其分子。美國的每份大報都呼籲鎮壓安那其主義運動。

安那其分子和革命社會主義者的很多宣傳確實鼓吹革命。安那其主義出版物經常呼籲支持者們武裝起來，但在美國這並不違法，因為美國憲法規定了國民持有和攜帶武器的權利。但某些安那其分子確實慫恿工人用黃色炸藥（當時是新發明）來反抗壓迫者，某些安那其主義刊物更傳授如何製造這種炸藥。《警報》雜誌的刊文可謂極端——「黃色炸

藥！極品中的極品。將幾磅這極品塞入一吋粗鐵管，壓緊兩端，接上引線。把鐵管放到那班壓榨工人的闊佬門口，點燃引線。結果肯定賞心悅目⋯⋯一磅這極品，能炸飛一蒲式耳選票。一試難忘。」

大多數美國人都很警惕這種挑撥。但一些來自專制國家、飽受剝削的沮喪移民，卻易受這種挑撥。

民眾擔心：曾受歡迎且理性的八小時工作制運動，可能被安那其分子挾持，規模空前的五一大示威，以及緊隨其後、同樣史無前例的炸彈襲警案，這些綜合因素，令芝加哥和全國陷入瘋狂。一封發自芝加哥的信描述了當時的氣氛：「一週前，最刻毒的反社會主義者，都堅信言論和出版自由⋯⋯今天一切都變了⋯⋯社會主義者像過街老鼠⋯⋯芝加哥的報紙高叫，要所有安那其主義骨幹出來償命。眼下在芝加哥自稱『社會主義者』會馬上被捕。」

這場瘋狂的結局是八人被控謀殺罪受審。他們是史比司、菲爾德恩、帕森斯、喬治·英格爾、阿道夫·菲舍爾、路易斯·林格、麥可·施瓦博、奧斯卡·尼伯。被控方指為擲彈者的第九人魯伯特·施納伯已潛逃，從未歸案。施納伯是弗蘭克·哈里斯所著通俗小說《炸彈》中擲彈者的原型，但幾乎可肯定施納伯不是擲彈者。

八名被告中，德裔林格確實是一名安那其主義造彈客。林格在家中經營一間炸彈工場，最終也在獄中用一枚自製炸彈自殺身亡。雖無證據顯示林格曾策劃或捲入擲彈一事，但擲向警察的炸彈，有可能是林格製作的。

然而，毫無證據顯示林格與史比司或其他被告有關聯。史比司作證時說，他僅見過林格一次，且從未與他交談。他們顯然不是一個圈子，想法也不同。其他被告也無暴力前科。一名警方目擊者宣稱，史比司曾

在擲彈者身邊並下令擲彈。但多名其他證人反駁，證明擲彈後史比司才離開講台。盤問顯示，稱史比司下令擲彈的那位目擊者並不誠實可靠。

正常審訊中，若控罪證據不足，被告將被判無罪釋放。但秣市案審訊無疑是對公義的嘲弄——法官和陪審團都罔顧證據，執意定罪。開庭後，遴選陪審團之前，面對辯方質疑，許多陪審員坦言對被告有成見。儘管如此，法官約瑟夫‧E‧加里仍駁回反對申明，同意組成一個極具偏見的陪審團。負責發出陪審通知的官員公開吹噓說，他從陪審員名單中，故意挑選那些他斷定會判被告有罪的人加入陪審團。

加里法官在訴訟中維持原告立場——因為史比司、菲爾德恩等被告，曾於演講中呼籲推翻美國制度，因而鼓勵了擲彈者犯案，所以於協助及唆使擲彈者上有罪。這樣的釋法據說成為判案依據，完全罔顧被告們並不認識擲彈者、並不知有人會擲彈，也從未呼籲擲彈等事實。基於這種釋法，法官允許控方將其能找到的最離譜的安那其分子文章（包括《警報》的刊文）列入證據，儘管這些文章都不是被告寫的。

儘管證據非常荒誕，芝加哥的氛圍卻是：就算陪審團未串通，但既然被告林格是一名造彈客，所以基本可肯定所有人將被定罪。辯方申請分開審判，使林格單獨受審；或延遲審判，等公眾情緒冷靜後再審（最後一名傷重死亡的警員死於開庭前一週）。這些申請都被加里法官駁回。

檢察官是州檢察長朱利葉斯‧格林內爾。他對陪審團陳詞的用語是：「法律在受審。安那其主義在受審。這些人由大陪審團挑出，身為頭目而遭起訴。他們若無罪則千萬追隨者都無罪。諸位陪審員，判這些人有罪，以儆效尤。絞死他們，你們就拯救了我們的制度、我們的社會。」

所有被告均被定罪。伊利諾斯州最高法院駁回上訴，美國最高法院

拒絕干預。儘管國際上展開營救運動，其中四人史比司、帕森斯、英格爾、菲舍爾仍於 1887 年 11 月 11 日被處決。林格本來也會被判死，但以自殺躲過受刑。菲爾德恩和施瓦博亦被判死，但被改判無期徒刑。奧斯卡・尼伯則被判十五年徒刑。他根本未去集會，也無證據指控他；他僅是一名安那其分子而已。

七年後的 1893 年 6 月 26 日，伊利諾斯州新任州長約翰・彼得・阿爾特吉爾德向所有八名被定罪者發佈州長特赦令。在特赦陳詞中，阿爾特吉爾德公開承認「被告並未被證明干犯案件」，他們全然無辜，是陪審團不公和法官偏袒的受害者，並未受到公平審訊。阿爾特吉爾德此舉遭某些人記恨，他未能連任多少與此有關。然而，歷史的結論與他的評論完全一致。

史比司臨刑前的遺言是——「我們的沉默，終將比你們絞殺的聲音更雄辯！」這句話，被刻在芝加哥秣市烈士紀念碑上，緬懷這些殉道者。

史比司的預言成真。秣市案被告遭司法謀殺所激起的義憤，遠遠超越安那其分子及其同情者的圈子。全世界爭取八小時工作制運動，以及將「五一」定為勞工節日的運動都深受激勵。工人們在「五一」上街遊行示威宣示目標。秣市事件後，在許多國家，「五一」工人示威都成為恆常的年度活動。正是這類「五一」示威，將示威的慣例帶到歐洲大部分地方，以及拉丁美洲部分地方。

1　第一修正案首句：「禁止美國國會制訂任何法律以確立國教；妨礙宗教自由；」

第 8 章

示威傳到歐洲

1889 年，即史比司、帕森斯、英格爾、菲舍爾就義兩年後，經法國代表雷蒙‧萊維提案，社會主義國際（第二國際）巴黎會議宣佈「五一」為國際勞動節。據信美國勞工聯盟的薩繆爾‧龔帕斯亦向第二國際提交了相同提案。會議決定以紅旗作為象徵。紅旗原為代表巴黎市的旗幟，後又被巴黎公社採用。

　　秣市事件的影響和第二國際的決議，使「五一」遊行的慣例在英、美、澳、比利時、瑞士、丹麥、奧匈帝國、西班牙、葡萄牙[1]建立，並克服阻撓在法、德建立起來。但社會對這慣例一直有爭議。在美國，它受到世界國際工人等強硬革命派工團擁護，但美國勞工聯盟等較保守工團則慶祝九月份的勞動節。澳大利亞和新西蘭也分別於 9、10 月慶祝勞動節。一些歐洲國家則較多人崇尚「五一」勞動節，但無論何處「五一」都受革命左派愛戴，而常為保守派詬病。無論在革命社會主義者抑或其敵人心目中，工人權益、罷工、革命社會主義和「五一」都是彼此相連的。

　　由於示威是伴隨「五一」，作為革命左派和強硬工人組織的一項傳統來到歐陸，故大多數歐洲國家對它的看法，與英倫諸島、澳大利亞和新西蘭截然不同。歐陸很久都未湧現類似英國的托馬斯‧阿特伍德、伯明罕銀行家、或英國國內外禁酒會的紳士淑女那樣值得尊敬的人物。誠然，英國與歐陸的建制派如出一轍，都怕暴力工人示威變為革命。在英格蘭，令人擔心的是憲章運動的強硬派；在歐陸，則是安那其分子或革命社會主義者。不過英國各階層都認同，許多示威的性質並非革命而是和平，甚至值得尊重。但歐洲大部分地區長期缺乏這種認知。

水晶宮

　　抗議政府計劃拆除水晶宮的遊行，是英國維多利亞時代最值得敬重的示威，亦為全球首次環保示威。水晶宮是為舉行 1851 年萬國工業博覽會而興建，由約瑟夫‧帕克斯頓設計，是全球首座大量採用玻璃的建築，輕盈明亮，寬敞優雅。博覽會後的 1852 年，政府宣佈計劃拆除這座建築奇觀，觸發了保存水晶宮的運動，並獲許多社會頭面人物支持。運動高潮是一場有組織的大型街頭示威，其在《泰晤士報》的廣告自稱是一場「偉大散步」。

　　約八萬人加入這場「偉大散步」，隊伍綿延七哩，和平守序，從倫敦市中心前往水晶宮所在地、當時倫敦南郊的諾伍德。一場示威竟然在《泰晤士報》打廣告，可見參加者有不少名流。報章稱活動「簡直是一場時尚界『騷亂』」。近衛騎兵軍樂團等七支軍樂團參與示威。現役軍人都參加示威！令人驚歎，因這場示威全由私人和民間發起，並與當時政府對立。政府宣稱「不會被嚇倒」，但拆除水晶宮的計劃就此擱置。水晶宮被保存下來，直至 1936 年失火焚毀。

　　這類中上層階級的示威遊行，是和平抗議傳統的極致。開創這項傳統的是倫敦通信協會，它透過展現和平體面，使當局相信其成員值得享有國會投票權。到 1852 年，這項傳統已有逾五十七年歷史。

法國，相差懸殊

　　在這點上，鄰邦法國卻與英倫諸島反差極大。兩國雖近，但幾乎整個 19 世紀，英式和平示威理念都未能在法國舉步。維克多‧雨果的著名歷史小說《悲慘世界》出版於 1862 年，但作品時代背景是 1820-30

年代的巴黎。他以一整章分析騷亂與造反應有何區別，但隻字不提和平示威。雨果見多識廣，作品充斥歐洲（包括英國）的歷史典故，他肯定知道改革法案示威等 19 世紀英國政治事件。他從未提及巴黎有和平示威，是因為在他的時代，巴黎根本沒有和平示威。

　　核心差異在於：在 19 世紀法國，「控制街道」被視為奪權的必由之路；在英國根本無這種觀念。1789 年法國大革命，序幕就是暴民衝上街圍攻巴士底獄。1830 年市民上街發起和平革命推倒復辟的波旁王朝。1848 年街頭革命推翻「平民國王」路易‧菲利普，短命的第二共和上場。1871 年法國在普法戰爭戰敗，拿破崙三世的第二帝國垮台後，巴黎市民佔據街道，建立了短促的巴黎公社。

　　這段觸目驚心的「上街奪權」史上演後，建立在巴黎公社血泊上的第三共和，嚴防任何街頭政治活動。擁護第三共和的人認為這政權太脆弱，要防止街頭示威重演奪權鬧劇。此外，鎮壓巴黎公社令法國社會撕裂。許多社會主義者依然敬重公社戰士，希望緬懷戰友秉承傳統。右翼則懼怕公社復興或重演，對民主頂多不冷不熱。右翼和左翼內的波拿巴派，均崇尚從街頭起事奪權的軍事獨夫。1890 年差點發動政變的尚布朗熱將軍就是這類人。在這種環境下，就能理解為何第三共和的民主派領袖如萊昂‧甘必大覺得民主建基於立法機關內部決策而非街頭抗爭，並原則上厭惡街頭示威。

　　1880 年 5 月 23 日，巴黎迎來或許是她史上首次對和平示威的嘗試。當日，社會主義者茹爾‧蓋得組織一場悼念遊行，前往拉雪茲神父公墓的巴黎公社社員牆。1871 年 5 月巴黎公社與政府軍決戰中，一百四十七名社員（包括婦孺）在此殉難及集體下葬。蓋得率領約二萬五千人，大多數人外衣鈕扣孔插著象徵革命的紅玫瑰。隊伍衝破警方封鎖線，除此以外遊行和平進行。輿論認為遊行成功，並聲援了爭取特

赦倖存社員的運動。這些社員被流放到太平洋的法屬殖民地新赫里多尼亞。政府兩個月後通過大赦，數千名遭流放的社員得以回國。

但這場遊行，也使政府更擔心街道失控，遂推出兩項措施，並於年內生效，以牢牢控制街道。措施之一，是於 1881 年 6 月 30 日立法，將公眾道路上的任何擅自集會（聚會）定為非法。該法意味著從當日起，根據定義，任何自發性集會都屬非法，無論是遊行、慶祝巡遊或聚眾。

措施之二，是政府於 1880 年 7 月 14 日組織了首次國慶日大遊行。大遊行旨在紀念 1789 年 7 月 14 日巴黎市民攻克巴士底獄，以彰顯政府是法國大革命起始階段（解放運動）的繼承者，同時也象徵性宣示政府對法國街道的掌控。從 1880 年開始，法國每年都舉行國慶日大遊行。

法國左翼革命社會主義者，卻決心自行組織國慶日遊行，藉此奪回街道的使用權。在此國內背景下，第二國際巴黎代表雷蒙·萊維提議將每年「五一」定為工人遊行日。

從 1889 年開始，法國一些工運支派每年都爭取「五一」示威。政府卻極少批准，這些「五一」示威幾乎一直都是非法的。中間派不能接受這些非法遊行，右翼也憎惡其意義而反對之。示威者則仍崇尚法國大革命的那種革命激情，不太理會「非暴力」或「守法」。這種緊張局面，使示威者與治安部隊間的對抗緊繃，常爆衝突。「五一」示威連年遭警隊驅散，並常致雙方傷亡。

法國的「彼得盧」

「五一」暴力事件在 1891 年達到高潮，其中一場衝突可視為「法國版彼得盧屠殺」。在里昂、羅阿訥和聖康坦，警察追捕示威者。沙勒維

爾示威的一名組織者獲刑兩年。但最激烈的衝突，發生在法國東北部的紡織業中心富爾米。

1891 年 5 月 1 日晨，應鎮長要求，武裝騎警揮舞馬刀衝擊一千五百名在無雙紡紗廠外抗議的罷工者。三名示威者遭拘捕，其餘人遂將抗議升級。他們聚集在廣場高呼口號爭取八小時工作制，「八小時、八小時、八小時，我們就要八小時」。並要求放人，「我們的人、我們的人、我們的人，我們就要我們的人」。下午 3 時許，約一百五十人試圖衝破軍隊防線救人。軍隊不加警告即朝人群開火，武器是剛入列的新式大殺傷力勒貝爾步槍，槍殺九人重傷逾三十人。許多死傷者（包括婦孺）甚至並非示威者，而是湊巧在廣場周圍的店鋪或餐廳內。死者中有三名女孩，一名十一歲在一間餐廳內，兩名在一間酒吧內。

法國輿論對屠殺反應強烈卻兩極分化。社會主義者陣營因而壯大，出色的政治家讓・饒勒斯加入並任領袖二十年直至一戰爆發時遇刺。國民議會卻以 339:156 同意禁止對槍殺事件作任何調查。

1891 年法國當局的態度，令人驀然想起 1819 年英國政府對待彼得盧屠殺的態度。當局不起訴或懲處任何肇事部隊，卻審判當地罷工領袖。伊波利特・奎林因「煽動非法集會」獲刑六年。共產主義者保羅・拉法格（卡爾・馬克思的女婿）因兩週前於里爾發表所謂煽動性演說，被以類似罪名判刑一年。拉法格在獄中參選國民議會，並在里爾補選中勝出；左派過往從未贏過此議席，可見民眾對富爾米屠殺的憤慨。國民議會承認選舉結果，拉法格立即獲釋。奎林亦效仿拉法格參選，並四次當選議員但均被宣佈當選無效。奎林於 1892 年獲釋。

社會主義者對富爾米屠殺的反擊，包括譜寫《工人馬賽曲》。這首戰歌以法國國歌重新填詞而成，號召工人奮起示威：

「紡紗廠的工資奴隸，我們走！

『五一』號角，已吹響。

我們奮起示威（兩遍）

遠離這折磨！

可恥的剝削族類，

剛達一項可憎協議，

要使我們婦孺挨餓，

要使我們命同乞丐」

　　然而，除了左翼社會主義者，各派都不認可示威。直到 1899 年，總理喬治・克列孟梭（非社會主義激進派）才於國民議會宣佈：並非所有示威都不妥。直到 1909 年 10 月 17 日，巴黎才舉行首場和平街頭示威，而倫敦早於 1790 年代已出現。饒勒斯領導的這場示威，是抗議巴塞隆納當局擬處決一名曾長居於巴黎的加泰羅安那其主義學者、教育家弗朗西斯科・費瑞爾，示威未能挽救他。直到 1911 年，每年「五一」示威都遭驅散，組織者遭起訴。示威雖已成巴黎的一項特徵，但直到一戰後才變得常見。俄國革命中，布爾什維克對街頭示威的成功運用，更使之在全世界獲得巨大迴響。

示威在俄國

　　從法國遠眺歐洲其他國家——示威傳統在法國起步之時，竟也在專制狹隘的沙俄帝國展開，並遠早於德國，這或令人驚訝。1876 年 12 月 6 日，俄國史上首場政治示威，由「土地與自由」和工人協會組織，於聖彼得堡喀山大教堂前舉行，約四百人參加。格奧爾基・普列漢諾夫發表激昂演說，抨擊專制沙皇。警察驅散集會逮捕三十一名示威者，其中十八人被判徒刑或流放。但鎮壓未阻止示威蔓延。1880 年代曾發生學

生示威。「五一」於 1889 年成為國際勞動節；1890 年「五一」華沙（當時在沙俄治下）一萬名工人罷工響應，翌年布魯斯涅夫於聖彼得堡召集工人集會。1892-1894 年，聖彼得堡、圖拉、華沙、羅茲、維爾紐斯、喀山、基輔及下諾夫哥羅德均有「五一」集會及示威。1900 年「五一」，基輔、華沙、維爾紐斯、赫爾辛基和卡爾可夫均有示威。

1901 年 3 月 4 日，聖彼得堡喀山大教堂前又發生示威，學生等抗議當局不許犯政治錯誤的學生延期服役。騎警和哥薩克兵驅散示威，逮捕一千五百人。政府隨即流放數千名同情示威的人士。一名激進派學生以暴抗暴，於 1902 年刺殺了執掌警察的內務部長斯貝琴。列寧很早就認識到示威作為一項政治武器的作用，並熱切支持。1900 年卡爾可夫「五一」示威前幾個月，列寧就致函組織者，強調示威的重要性。

對其中一些示威地區（例如華沙和赫爾辛基）而言，沙俄是外來政權。因此撇開其表面目標，這些示威都帶有反俄情結。為何俄國民眾這樣快就採用示威作為一種政治行動？很難解釋。俄國古時有高舉聖像進行復活節巡遊的傳統，形似跟隨寫有口號的橫額遊行，但似無直接證據顯示兩者有關。有可能因為沙俄毫無民主制度，很多人覺得除了上街遊行，再無其他途徑宣洩情緒。要確定示威在沙俄迅猛普及的原因，仍需更深研究。

血腥星期日 —— 俄國的「彼得盧」

1905 年 1 月，俄國爆發了一場空前大示威。起因是日俄戰爭不得人心，民眾不滿日增，聖彼得堡罷工頻生。喬治·加邦神父這位複雜及有爭議的人物，此時參與表達工人訴求，並尋求與當局斡旋。加邦並非左翼人士，他效忠沙皇並公開收取警方的定期報酬，又組織「祖巴托

夫」式工會（警方資助的工會），抗衡獨立工會。加邦逐漸真誠致力改善工人待遇，並為此發起運動。他的改革派方式招致革命左派痛恨，並最終導致他於 1906 年遭社會革命黨人謀殺。由於加邦與警方的關係，蘇俄歷史學家將他定性為臥底。但獨立研究認為，在謀求改善工人待遇方面，他確是真誠且富理想主義，但有點幼稚糊塗。

1905 年 1 月 9 日，星期日，加邦發起向沙皇請願，要求改善工人待遇，要求政治自由（包括言論自由），實行八小時工作制等。請願人士準備向在聖彼得堡冬宮的沙皇提交請願書。當時聖彼得堡許多工廠已罷工爭取八小時工作制。

明知大示威迫近，沙皇尼古拉二世仍無動於衷。他離開冬宮前往夏宮，留下警察應付請願者。軍隊已於前一日奉命入城。

加邦力保他組織的這場示威溫和，避免暴力，禁帶紅旗或任何革命標誌、武器甚至鉛筆刀。有示威者擔心軍隊開槍，一些罷工工人離家前，訣別了家人。

當日，加邦率領五萬至十萬人遊行至冬宮，向沙皇提交請願書。示威者刻意且明顯地表現和平，期間許多人將衣服口袋外翻，證明未攜帶武器。許多婦女和孩童也參加遊行，有些人高舉聖像和沙皇畫像，並吟唱讚美詩。致力推翻沙皇的社會民主黨人，因不贊同加邦維護君主制而未參與組織遊行，但很多傾向社民黨的工人仍參與，以支持示威者的整體目標。

遊行者唱著歌從各處走向冬宮。加邦與西南分隊一起，當地是罷工的普提洛夫工廠所在地。這時，納爾瓦凱旋門前響起軍號，號令軍隊向人群射擊，頓時擊斃擊傷約四十多人。其他幾處士兵接連開槍。儘管軍隊大舉開火，約六萬人依然聚在冬宮前，依然保持和平，但拒絕按指揮

官要求散去。軍隊嘗試以皮鞭及馬刀刀背驅散人群未果，遂肆意射殺示威者。

官方數字（可能低估）稱當日一百三十人被槍殺，二百九十九人重傷。加邦倖免於難，他被同情者收容後逃脫。據說，軍隊開槍時他高喊「上帝已死！沙皇已死！」。

1905 年革命

示威這日立即得名「血腥星期日」。屠殺在聖彼得堡及各省激起怒火，點燃 1905 年俄國革命。被殺戮激怒的倖存者開始搶武器，建路障，當日即展開革命。革命持續一年，高潮時沙皇被迫對革命者作出若干妥協，包括制定憲法、成立國會及更負責任的政府。

波蘭

革命尤其使波蘭局勢驟然緊張。血腥星期日後，華沙馬上爆發和平示威。隨著示威持續，1 月 14 日工人又宣佈總罷工，示威者與沙俄軍隊發生衝突。1905 年 1 月 14-16 日三天內，沙俄軍隊共對平民示威者發射六萬發子彈，槍殺六十四人，傷六十九人。

與聖彼得堡的局勢一樣，恐怖手段未能平息動蕩，反迫使民眾以暴抗暴。暴力團夥搶掠軍械店，衝擊公共建築。對於沙俄在遠東的失敗，尤其是日本海軍 5 月於對馬海峽海戰完勝沙俄，波蘭輿論歡欣鼓舞。波蘭學生仿效俄國學生上街示威。沙俄政府則拼湊一場冒牌「愛國示威」企圖奪回主動權，卻徹底搞砸。2 月 8 日的另一場反示威，學生及工人

聚集英國領事館外，高喊口號支持英、日。沙俄駐華沙總督禁止所有示威活動，但無人理會。3月1日社會黨發起大示威，喊出「打倒沙皇」、「獨立的社會主義波蘭萬歲」、「打倒戰爭」、「日本萬歲」等口號。

1905年「五一」總罷工又令華沙癱瘓。當局禁止該日遊行示威，但工人們打出紅旗，高唱革命歌曲，照常「五一」示威，完全和平守序。示威隊伍走到當時市中心的耶路撒冷大街時，一隊哥薩克騎兵追上，眾人讓騎兵通過。騎兵穿過示威隊伍後，卻封鎖人行道擋住去路。一隊步兵趕至，不加警告即射殺人群。騎兵則從另一端揮刀衝擊人群。示威者四散逃命時，軍隊依然開槍。三十一名示威者被無端屠殺，逾二百人傷。政府一週後宣佈：一個特派秘密委員會作出結論——「示威者槍擊警方而導致交火」。這莫須有罪名，無疑是對無辜者的侮辱。

屠殺未能恢復波蘭的安寧，5月當局被迫作重大讓步。包括同意地方理事會停用委任官僚制，允許更廣泛使用波蘭語等措施。但讓步太少、太遲，波蘭舉國憤慨，革命危機到年底才緩和。

十月革命

對於參加1917年革命的人而言，十二年前的1905年革命仍刻骨銘心。1917年這場改變人類歷史的革命，乃由3月8日（俄曆2月23日）的一場紀念國際婦女節的和平示威所引發，並變成燎原之勢的反沙皇示威。

1917年「五一」，共產主義者和革命社會主義者趁勢策動革命工人，舉行大示威。革命氣氛日益濃厚，目標是取代沙皇的克倫斯基政府。1917年7月3、4日，支持布爾什維克的工人、士兵於彼得格勒上街舉行武裝暴力示威，造成眾多傷亡。克倫斯基政府指責布爾什維克領

袖企圖政變，兩大頭目列寧和季諾維也夫被迫潛逃。武裝遊行的目標，或非政變，而僅是炫耀武力恫嚇政府。但它說明，中心城市的示威，對於布爾什維克運動的勃興，以致當年 10 月從克倫斯基政府手裡奪權，作用何其關鍵！

布爾什維克鎮壓示威

布爾什維克上台幾個月後，就武力鎮壓示威，鞏固鐵腕統治。但因示威有功於布爾什維克革命，其宣傳和神話仍歌頌示威。因此，1918年 7 月頒布的蘇俄第一部憲法第 15 條規定「為保障勞動者享有真正的集會自由，俄羅斯社會主義聯邦蘇維埃共和國於承認蘇維埃共和國公民有權自由集會、遊行等的同時，將一切適合舉行人民大會的場所，連同傢俱陳設、照明及保暖設備交歸工人階級與貧農處理」。

1921 年 1 月，紅軍血腥鎮壓喀琅施塔得水兵起義，蘇俄僅存自由盡遭扼殺，當時距憲法頒布僅兩年半。但在此之前，蘇俄民眾擅自示威所冒之生命危險，已超過沙俄時代。這幾乎就是蘇共時期的寫照，至少在 1953 年斯大林死後很久都如此。

組織集會、會議和遊行的權利，被蘇共從第二部憲法（1924 年頒布）中刪除。1936 年頒布的第三部憲法（「斯大林憲法」）又再次確認這些權利，這簡直是對十月革命前那些示威者的嘲弄！該憲法根本無關蘇聯的實際統治方式，僅是一種針對外國輿論的宣傳。「斯大林憲法」第 125 條規定「為了適合勞動人民的利益和鞏固社會主義制度，法律保障蘇聯公民享有下列各種自由：……（三）集會自由，包括舉行大型集會的自由；（四）遊行和示威自由。公民的這些權利的保證是：印刷廠、紙張、公共場所、街道、郵電和其他一切為實現這些權利所必要的物質條件，都供勞動者和勞動的組織和團體享用」。

中國憲法與香港的示威

斯大林時代，膽敢示威者必死。但這並不代表第 125 條僅空洞謊言。因為蘇聯長期在世界上很有影響力，多國憲法模仿「斯大林憲法」，規定保護示威的權利，如中國、葡萄牙、南非以及目前俄國等國憲法。時過境遷，在有些這類國家，人民示威的憲法權利逐步擁有了實質意義和效力。

歷史之網，疏而不漏。這方面，中國憲法提供了一個異乎尋常的範例。

眾所周知，中國人民並無示威的自由。1985 年，中英就香港回歸談判時，中方卻要求將「市民有權示威」寫入香港的新憲法即《中華人民共和國香港特別行政區基本法》。為何這樣做？不得而知。或是出於民族自尊——主動提出這項已載入中國憲法，但英方尚未提出的權利，有利增添基本法的中國元素。英方立即同意！對英方而言，無論中方動機如何，這項建議都毫無爭議，因和平示威的傳統，在香港早已枝繁葉茂。

1997 年香港回歸中國後，延續了這項傳統。香港特別行政區法庭正式承認了對示威權提供憲制保障的重要性。

歷史迂迴往復，即使斯大林對示威權的嘲弄式規定，最終也至少在一處地方獲得落實。誰能想到，十月革命前俄國工人的抗爭，到頭來竟確保了這項重要權利，在當代香港的落實？

示威在德國

　　與沙俄相反，德意志當局對示威的態度，比法國政府的更敵對。德意志諸親王對漢巴赫城堡節慶定調後（見第 6 章），自 1830 年代即正式禁止各類未經許可示威。此外，卑斯麥的反社會黨人法取締各類社會黨組織。迫於反社會黨人法，代表德國主流民意的德國社會民主黨，只得在瑞士城市蘇黎士秘密組建，且成員均以獨立候選人身份正式參選。鑑於形勢嚴峻，社民黨人很細緻地遵守法規，避免政府藉口打壓黨、黨幹和候選人，這或也反映德國人對權威的文化態度。19 世紀下半葉，社民黨人國會選舉得票率持續增長，各種跡象表明，他們希望藉選舉掌權。因此，黨魁威廉‧裡伯克內希特，及繼任者奧古斯特‧貝貝爾，均無意以街頭示威作為政治武器。1890 年，時任黨魁貝貝爾堅拒每年在「五一」勞動節示威。他寫道：「最好的示威，就是我們的實力」，「就是上次選戰的成績。」貝貝爾的取態，顯然壓抑了德國人對「五一」示威的支持。社民黨既不示威，又不想黨員覺得背棄「五一」，便搞「五一」野餐會。野餐會是歡愉的露天餐聚，常安排幾場演講或樂隊助興，與街頭示威毫不相同。

　　社民黨人冷待「五一」示威，使德國到 20 世紀都未建立街頭示威的傳統。這產生了深刻的政治後果。1911 年爭取擴大普魯士議會選民範圍的運動，才是德國採用英式刻意和平示威的首場重要政治運動。這次，那些爭取擴大選民範圍，又肯定熟知英國史的社運人士，確於德國各地發起和平示威。然而，這類一次性運動，不足以建立示威傳統。1914-1916 年間，柏林也有反戰示威，這些也是罕見事件，未能樹立示威傳統。

　　一戰後的德國街頭，和平示威者幾絕跡，街道淪為暴力黑幫地盤。他們轉為私人武裝，為奪權展開武鬥。這些絕非偶然。由退伍兵糾集的

這類武裝團夥，旋即正式改編成名為「政戰盟」的準軍事組織。右翼先由「鋼盔政戰盟」代表，隨後被納粹及其衝鋒隊取代。共產主義街頭戰士則加入「紅旗戰線」。甚至社民黨人都建立準軍事組織——「國會大廈」。

一戰後德國出現的示威，並非和平抗議手段，卻是一種旨在挑釁暴力，破壞國家穩定，引發左翼或右翼革命的手段。

詹姆斯·迪在其《魏瑪共和國的準軍事政治》中，生動描述了該機制：「針對國會討論議題發起示威及反示威，亦為魏瑪共和國躁動政治生活的一環，和政治暴力的源頭。杜威斯計劃、洛迦諾公約、1926 年《旗幟法令》及其後幾年各類公投所引發的大示威，激發了政治激情並一直是政治暴力的根源。1926 年是國家政治生活平靜的一年。但國會那年卻記載——『為政治分歧在街頭打鬥，藉大型制式化團夥爭取政治訴求，散佈暴力推翻政府的謠言，以及暴力威脅。這一切逐漸常態化後，無疑對公共秩序和國家安全構成巨大危害。』各政戰盟發起示威並制定日程，旨在故意激怒對手，挑起武鬥。某組織一宣佈將集會或示威，敵對組織立即反制。首先威脅採取暴力，寄望當局禁止集會。若不果，就同步舉行反示威。當局若不批，就稍後舉行，藉此奪回『榮譽』。例如，1926 年『國會大廈』於巴伐利亞集會後，巴伐利亞各右翼團體辦一場盛大紀念慶典表彰陸海軍。組織者承認，若非『國會大廈』逼我們還手，就不會搞這場示威。」

到 1926 年，各政戰盟的示威已常變為奪命巷戰。政戰盟的文化——「成員藉巷戰證明自己」所起作用更關鍵[2]。1929 年，內政部長卡爾·斯威靈寫道：「幾乎每天，德國某處（通常多處）都有政敵遭槍擊、毆打或刀刺。」這種文化對魏瑪共和國制度戕害至深，而希特勒和納粹黨正是從這個街頭大醬缸中發跡，攫取政權。

魏瑪德國此類事件，與托馬斯・阿特伍德和英國示威先驅們倡導的和平原則背道而馳。這說明為何直到 20 世紀末，多數歐陸國家（德國尤然）對示威的態度，仍遠不及英國那般寬容接納。

其它歐陸國家

其它歐陸國家最初的示威史，難於編纂。概言之，比利時較早有示威，而該國 19 世紀中葉頗受英國影響。19 世紀末，瑞士城市蘇黎士也常有示威，當地為社會主義者從政重鎮。荷蘭很遲才接納示威觀念，直到 1880 年代，阿姆斯特丹警方仍搗毀示威。瑞典有「五一」遊行，但直到 1917 年興起終結君主制，轉向議會政府的社運之前，似無其它示威的記載。1860 年代奧匈帝國曾發生示威，官方或寬容或打壓，搖擺不定。「五一」運動興起後，意大利和西班牙即接納「五一」示威，卻未普遍接受和平示威觀念。在意大利，街頭示威被放肆的暴力法西斯分子利用，1922 年墨索里尼的「向羅馬進軍」最明顯。19 世紀到 20 世紀初，西班牙大部分地區幾無法治[3]，故人們難理解刻意守法的英式示威概念。

了解示威怎樣傳揚到歐洲後，我們再回顧維多利亞及愛德華時代，示威在英國的長足發展。

1　1890 年，美國以外的首次「五一」遊行在這些國家舉行，當年古巴、智利和秘魯也有舉行。

2　1930 年，魏瑪共和國首次使用水炮控制騷亂，這是此地方性街頭暴力衍生的副產品。

3　19 世紀大部分時間，西班牙農村均由地方豪強（caciques）管控。他們對所控制的地區幾乎擁有絕對權力。

第9章

示威與婦女投票權

維多利亞時代中期，示威作為一種國民常態在英國已堅不可摧，1842-1880 年各冊《年鑒》中，有關示威的條目就不止五十條。

除憲章運動外，還有眾多支持國會改革的示威，支持或反對自由貿易的示威。1848 年的反自貿示威很新穎，出動插著示威橫額的船隊，沿泰晤士河駛向國會呈交請願書。1850 年的篝火節之夜有反教宗示威。1869 年、1874 年均有愛爾蘭共和兄弟會示威。1871 年有火柴生產商抗議火柴稅示威。1872 年抗議貴價肉示威。1876 年則有贊同銀行假期的示威。1875 年甚至有示威聲援蒂奇伯恩的冒牌繼承人，要求當局將該名自封「羅傑爵士」者釋放出獄。

《啤酒法案》

1855 年 6-7 月的週日也發生連串浩大示威，抗議羅伯特‧格羅維諾勳爵提出週日禁售啤酒的《啤酒法案》。馬克思亦有參與，並生動記敘了 6 月 25 日的示威，他估計約二十萬人參加。示威由憲章運動「老兵」發起，抗議這種禁止勞動者在休息日飲酒的虛偽做法。警方企圖以海德公園為私人物業為由驅散示威。但來聽憲章派講者芬倫的群眾多得水洩不通，警員只好眼睜睜看他演講，因根本無法接近他。週日下午乘馬車在海德公園兜風的有錢人，此時卻被示威者包圍譏笑。《晨報》形容「此刻真是顏面掃地，險象環生」。

起初兩場反《啤酒法案》示威和平收場，但第三場則蛻變為一輪舊式騷亂，西區數百幅窗玻璃被鬧事者砸碎。羅伯特‧格羅維諾勳爵見狀撤回提案。勞工、市民及釀酒業堅決反對《啤酒法案》，但格羅維諾顯然是迫於一系列示威才退讓，他意識到反對民意遠超預期。

在 1855 年，憲章運動的支持度雖已大減，但二十萬民眾仍願在當年 6 月一個週日下午齊聚海德公園。這顯示在維多利亞時代的倫敦，發起大示威相對容易。禁止人們週日飲酒確實令人憤慨，但「在倫敦便於召聚龐大人群」的優勢，也有助於針對其他訴求舉辦大示威。格羅維諾隨後撤回《啤酒法案》也顯示，此類示威只須凝聚充足支持度，就可能實現目標。

啤酒法案騷亂數年後，擴大選舉權範圍再受公眾關注。此時，大示威再次成為這場訴求運動的特色。

改革聯合會

1860 年，約翰・羅素勳爵的政府曾嘗試擴大選舉權範圍但遭否決。五年後，或許受聯邦軍贏得美國內戰的刺激，英國改革壓力再度匯聚。民間成立兩大團體推動改革——改革聯盟（主體為自由黨黨員）和改革聯合會（聯合會），後者基礎更廣泛，並明確準備藉群眾示威施壓，重演 1832 年的成功。前憲章派及詩人約翰・貝德福特・萊諾，是聯合會骨幹之一。

海德公園的圍欄、改革樹

1866 年 6 月 29 日，聯合會發起首場示威，從克勒肯維爾綠地遊行至特拉法加廣場並演講。1866 年 7 月 2 日舉行第二場示威，並計劃於 7 月 23 日在海德公園舉行大集會。保守黨內政大臣斯賓塞・瓦爾波爾宣佈集會非法並予取締。許多人懷疑瓦爾波爾釋法的準確性，認為他無權取締。聯合會遂決定如常集會。

示威以遊行領軍，約翰·萊諾率眾從毗鄰河畔街的聯合會總部出發。前鋒到達大理石拱門時，發現海德公園大門被鎖，合共一千六百名巡警及騎警封鎖入口。萊諾等要求放行並威脅闖入，警員報以哄笑。爭論之際，有人發現公園圍欄很鬆曠，搖撼幾次後就崩塌，大量示威者遂湧入，警員根本無法攔阻。萊諾率眾從大理石拱門突入時，其他人則從公園街和騎士橋突入，領頭的查爾斯·布拉德勞是著名無神論者及激進分子，十一年前也曾示威反啤酒法案。有人形容，警員此刻如同「侍者餐巾下的蒼蠅」般四散，約二十萬人湧入公園。警方向軍隊求援，近衛騎兵趕到後卻在遠處調動拒絕入園。現今，公園內的鑲嵌畫「改革樹」即為緬懷這此事，並取代了長期張貼政治集會告示的一株樹椿[1]。

改革聯合會的策略

海德公園圍欄崩塌、集會成功，使聯合會聲威大振，分會數目大增。它在全國各地舉行示威，在伯明罕、曼徹斯特、利茲、格拉斯哥及都柏林舉辦大型集會。

師承 1832 年政治同盟的前輩，聯合會也認識到「避免暴力」對維護其公信力至關重要。這意味著，要避免任何合法性存疑的行動（如推倒海德公園圍欄）。聯合會的集會為此採取「嚴密糾察」杜絕暴力，即配備許多正式糾察，及時制止示威者的任何異動，極大減少擅自行動。

同理，因大型集會場地有限，1866 年底，聯合會停止在倫敦市中心集會。僅海德公園能容納極多會眾，但再在此集會或給政府藉口取締，後果可能比 1866 年 7 月 23 日更嚴重。海德公園集會尚有其它風險，例如可能像 1855 年第三場反啤酒法案示威那樣，蛻變為砸窗玻璃的鬧劇。

第二場海德公園大會

1866 年 12 月 3 日，聯合會舉行遊行（而非再在海德公園集會），冒滂沱大雨，從倫敦市中心前往奇司威克的博福特大樓集會。但到 1867 年 4 月，聯合會於全國已有逾一百間分會，在倫敦市中心再次集會的壓力驟增。為免疏遠信教民眾，聯合會將原定於耶穌受難日的集會，順延至 1867 年 5 月 6 日於海德公園舉行。時任內政大臣仍為瓦爾波爾，他仍宣佈將如前一年那樣取締。聯合會反擊，派發海報稱取締非法，呼籲民眾參加。政府擬定武力鎮壓計劃，但最後一刻讓步，允集會舉行。約二十萬人再度集會，講者們從十個講台發表演說。

《改革法令》（1867 年）

斯賓塞・瓦爾波爾對混淆海德公園集會合法性一事擔責，辭任內政大臣。德比－迪斯雷利政府迅速通過《改革法令》（1867 年），使絕大多數城鎮工人獲得選舉權，選民範圍增加一倍。聯合會實現主要目標後仍在運作，但轉向爭取無記名投票制，並於 1872 年實現。

關鍵制勝因素

聯合會由此躋身藉示威而大獲成功的組織之列。一如 1832 年的前賢，持守法治和非暴力，是聯合會成功的要因，支持者的守紀自律也有目共睹。雖有人不準確地稱海德公園集會為「海德公園騷亂」，但可稱為騷亂場景並可能違法的，僅是首場集會被禁後，民眾仍推倒圍欄湧入公園的行為。集會的其它任何環節顯然都和平守序。這些集會，尤其是海德公園第二場大會，極大推動了這場眾望所歸的運動。這項事業傳統

上由自由黨推動，示威展現了其強大民意。或正因如此，前一年剛否決自由黨相同提案的迪斯雷利及其領導的保守黨，才得以「偷走自由黨的外衣」——順勢通過法案，滿足了示威者及大部分民眾的願望。

1832 年、1867 年兩場改革運動成功；1872 年無記名投票運動成功。希望改革英國投票制度的人，都受這些範例啟發走上示威路。在此背景下，爭取婦女投票權的示威姍姍來遲，確有些令人意外。

爭取婦女參政權的示威

示威活動萌芽之初，就有女性身影。文獻顯示：女性曾參加倫敦通信協會於 1795 年舉行首次公眾集會，參與 1830 年代推動首次《改革法案》示威，參加 1866 年海德公園集會；人數雖不多。1819 年彼得盧集會就有婦女罹難。還有女性憲章派 [2]。然而，1867 年第二次《改革法令》通過近四十年後，爭取婦女投票權的示威才正式登台。

推動投票制度改革的每場動盪，都觸動婦女參政權（女權）議題。1832 年改革法案危機中，約克郡的瑪莉‧史密斯向國會請願，認為她這類符合投票對財產要求的婦女應有投票權。亨利‧亨特代表她在國會提出此項訴求。1866 年 6 月，聯合會運動高潮時，伊麗莎白‧加勒特‧安德森（英國首位女醫生）連同艾米莉‧戴維斯向國會提交一份由一千四百九十九名婦女聯署的請願書，要求賦予婦女投票權。但對於大多數婦女，1866 年最緊迫的政治議題並非投票權，而是法律規定已婚婦女不得擁有財產。

直至 19 世紀末，英國婦女擁有的財產，婚後都自動歸丈夫。經過漫長爭取，直到 1882 年《已婚婦女財產法》出台，才終結這不公義且

歧視性的慣例。有關已婚婦女財產的問題解決後，「婦女無投票權」才成為更緊迫的政治議題。1882年後，女權團體數目增長，並日趨活躍。

　　直到19世紀末，爭取女性參政權仍是傳統中產階級政治活動，如室內集會、會見政要、投書報紙、演講等。毫無成效後，女權分子才逐步轉向示威等更大膽戰術。1896年，民眾向國會提交一份由近二十五萬人聯署的女性參政權請願書，仍未獲回應。此後參與者就更偏向更大膽的戰術。可是，很多人仍抗拒以街頭示威推動婦運，認為有損淑女形象，有失體面且可能有危險。1897年後，由早前兩個團體合併成的全國婦女參政協會聯盟（全婦盟）成為骨幹。其最重要領袖是米利森特·加勒特·福西特，即伊麗莎白·加勒特·安德森的妹妹。全婦盟竭力以演講會、國會提案等方式實現改革。米利森特·福西特曾形容組織風格「像一條冰川，緩慢卻不可抗」。

艾米琳·潘克斯特、婦女社會政治聯盟（婦政盟）

　　1903年，一些人無法容忍「冰川般的步調」而出走，由艾米琳·潘克斯特夫人指揮成立婦女社會政治聯盟（婦政盟）。她的背景就幾乎決定了在其領導下，街頭示威將成為女權運動的重要策略。

　　艾米琳·潘克斯特是曼徹斯特人，祖父曾參與彼得盧集會，並逃過一死。她對這樣的家族承傳頗自豪。她丈夫、曾參與起草《已婚婦女財產法》（1882年）的自由派律師理查德·潘克斯特於1898年早逝，她靠微薄收入養育四名孩子。那時潘克斯特夫人已參與多項議題，包括爭取言論自由和在公共場所集會自由的兩次行動，即爭取於倫敦特拉法加廣場和於曼徹斯特博格特荷克拉夫集會的權利。

警察暴力

1887 年特拉法加廣場運動，緣起 1886 年 2 月 8 日廣場的一場失控示威。示威由一個早期社會主義團體——社會民主同盟（社民盟）發起，主腦是亨利·邁爾斯·海德門。社民盟講者呼籲對財富進行極端再分配，譴責懶惰貴族枉顧窮苦大眾。會眾隨後移師附近的蓓爾美爾街，卻遭一些花花公子嘲笑，眾人盛怒下砸爛倫敦大多數夜總會的窗玻璃。

海德門等因集會轉為騷亂而受審，但被判無罪釋放。但因這次騷亂，倫敦警務處長查爾斯·華倫決定：自 1887 年 11 月 7 日起永久禁止於特拉法加廣場舉行任何公眾集會。華倫禁令頗具爭議，因為倫敦市中心可用作大型公眾會場的，除了海德公園就是特拉法加廣場。禁令的合法性也存疑，因為這只是警察廳總監的行政指令而非法律。輿論對禁令的益處也有分歧。《泰晤士報》形容此舉是為保障公共秩序而對集會權的「輕微約束」，自由派《蓓爾美爾公報》則稱實施禁令是一場危機，呼籲民眾抵制這宗侵犯大眾自由的行徑。

民眾遂定於 1887 年 11 月 13 日，星期日，在特拉法加廣場大示威抗議禁令。發起人稱是「測試禁令合法性的和平集會」，數千名人如期集會。大批騎警在持刺刀的擲彈兵衛隊增援下，極殘暴地襲擊、驅散示威者。二百名傷者被送院，其中兩人康納及哈里森傷重死亡。

除潘克斯特一家外，參加這場示威的名人還有威廉·莫里斯（早期社會主義者和作家）、安妮·貝贊特（印度國民大會黨創始人之一）、W.T. 斯蒂亞德（《蓓爾美爾公報》編輯）。警方當眾毒打示威領導者羅伯特·康寧漢－格林漢[3]與約翰·伯恩斯[4]，指控兩人策動騷亂。兩人受審後被判無罪，但較輕的非法集會罪名成立，獲刑六週。庭審披露的警察暴力、及警方稱「遭康寧漢－格林漢和伯恩斯襲擊」被揭是謊

言，均令這場審訊格外引人矚目。11 月 20 日，群眾舉行「聲討大會」控訴警方暴行，卻仍遭騎警殘酷鎮壓，示威者艾弗烈‧林內爾受傷死亡。

「血腥星期日」

1887 年 11 月 13 日，特拉法加廣場一帶發生的事件，被稱為「血腥星期日」。此後，多起對示威者的屠戮亦得名「血腥星期日」——加邦神父在聖彼得堡領導的示威（見第 8 章）；1920 年 11 月，都柏林輔警「黑棕部隊」[5] 屠殺足球賽觀眾；1972 年士兵在倫敦德里槍擊徒手示威者（見第 17 章）。各派政治勢力對 1887 年「血腥星期日」各執一詞。在野自由黨譴責警方行徑是暴行；執政保守黨則從公共秩序角度為之辯護。政府在下議院表決獲勝，實施《特拉法加廣場管理法》（1888 年），為早前華倫總監[6] 那條合法性存疑的禁令提供了法律依據。1892 年自由黨重新上台後，新任內政大臣亨利‧阿斯奎斯極大放寬了根據《特拉法加廣場管理法》制定的廣場集會管理條例。經阿斯奎斯修訂的條例規定：公眾只需提前通知警方，即可於週六下午、週日及銀行假期在廣場示威。這項修訂使爭議降溫並確保 1892 年後，絕大多數示威可在組織者希望的時段內，於特拉法加廣場舉行。

潘克斯特夫人的策略

位於曼徹斯特北邊的博格特荷克拉夫，是傳統的露天集會地。為阻止新成立的獨立工黨[7] 在此集會，1895 年曼徹斯特市議會買下這塊地，並修例禁止於此集會。1896 年，獨立工黨領袖凱爾‧哈迪在此向約五萬人演講時被捕，稍後在內政大臣干預下獲釋。但市議會仍起訴其他

很多在克拉夫集會的人，指控其違例。潘克斯特夫婦也遭起訴，獨立工黨剛成立他們便建立曼徹斯特支部。當地負責此案的檢察官恰巧姓科貝特，是彼得盧時期（見第 4 章）激進派記者威廉‧科貝特的孫子。潘克斯特夫人得知後，決定招致拘捕。她在博格特荷克拉夫以「威廉‧科貝特的一生」為題舉行演講會，鬧大事情。最後，內政大臣勸說曼徹斯特市議會停止起訴，並公開承諾：禁會條例雖仍收錄於《法令全書》內，但不予執行。

因此，潘克斯特夫人成立婦政盟時，已然是經驗豐富的組織者。她的對策是製造轟動效應，迫使當局關注女權訴求。因路線分歧，婦政盟和米利森特‧福西特的全婦盟不到一年就分道揚鑣。全婦盟仍固守其傳統活動，但也逐漸被迫更激進，與婦政盟的女鬥士爭奪支持者。

要了解潘克斯特夫人的策略，就要了解 20 世紀初英國社會怎樣看待婦女的社會角色。社會上多數人都想當然認為，婦女若非迫於生計外出工作就應待在家。理想的女性應親切、溫柔，一心持家。雖然狄更斯小說已出版五十年，但他筆下女角依然是愛德華時代許多人的理想。因此，婦女反對參政權全國聯合會會長、小說家漢弗理‧沃德夫人[8]等女性，就積極反對賦予婦女投票權，認為女不應與男爭，而應固守家中屬於自己那塊小天地，不然就有損矜持和女人味。

在這種社風下，潘克斯特夫人與倫敦通信協會以及 19 世紀早期國會改革者，就面對的問題而言，幾乎剛好對調。早期運動人士要證明自己是值得擁有投票權的體面人，而非烏合之眾。相反，潘克斯特夫人面對的問題是——許多人認為婦女應遠離政治，不應在污穢對抗中貶低自我。

潘克斯特夫人很明白——若要當權者重視女權運動，就必須（至少部分）打破婦女這些舊俗。這便要證明婦女爭參政權時猶如男人般果

敢。為此，婦女上街示威在所難免，雖許多婦女對此仍有保留[9]。婦政盟也要以其它措施宣傳其理念和決心，某些作法將震撼傳統人士。按現代標準，婦政盟震懾時人的「鬥性」僅算溫和。初期，婦政盟以組織良好的和平方式爭投票權，但失敗而歸，且責任不在組織者。此後，婦政盟才踢開法治，訴諸嚴重暴力。這成為運動後期的特徵。

初時，婦政盟的鬥性很溫和，但卻遭重創。1905 年 10 月，潘克斯特夫人的兩名女兒，婦政盟成員克麗斯特貝爾和安妮·肯尼出席曼徹斯特自由貿易廳的自由黨政治會議，主講者是後來任該黨外相的愛德華·格雷。安妮·肯尼抓住「提問時間」詰問他「自由黨政府（當時是保守黨執政）會否給婦女投票權」；克麗斯特貝爾則展開「婦女要投票」橫額。安妮·肯尼反復發問卻未獲回答。此時會議被打斷，她再次起身咆哮：「自由黨政府會給婦女投票權嗎？」

會眾將她們毆至血流披面，趕出會議室。她們拒絕離去，克麗斯特貝爾與一名疑似自由黨支持者的男子爭執並打了他，不料被打者是便衣督察。兩姐妹因襲擊和妨礙司法被捕，稍後因拒繳罰款而入獄。此事為婦政盟持續升級的偏激行動，設立了一個模式。在 1905 年這僅是在會議上要挾、質問政客，現在看小事一樁，當時卻很震撼，因這種行為與人們心目中的「淑女形象」反差實在太大！

1906 年 10 月 23 日，婦政盟的鬥性稍升級。當日十名婦女在國會下議院前廳示威被捕並獲刑兩個月。這類「鬥性」吸引了支持者。1906 年初婦政盟僅有三個分會，年底已有四十七個。

1907 年 2 月，婦政盟在西敏寺的卡克斯頓樓成立「婦女國會」，隨後潘克斯特夫人率四百名婦女企圖闖入國會。警方擋道並武力驅散。據《泰晤士報》記述，「（女權分子）遠撤至院長院子。警察尾隨，再混戰再拘捕。騎警策馬衝入遊行隊伍，幾名婦女被撞倒受傷。但女人們

反覆集結，手挽手遵令拼命前衝。稍後分為逾十二個分隊，試圖突破警方防線。警方發起衝鋒，在員警和騎警夾擊下，女人們又跑回院長院子。這類戰術持續約一小時，警方不時拘捕肇事者。」

入夜後，共兩男五十二女被捕，被控行為不檢。大部分人被定罪且因循例拒繳罰款被改判短期入獄。一個月後，婦政盟又策劃一場類似的國會遊行，結果也相似。

就烈度而言，「企圖闖入國會」比「在會上質問」要強得多。從民主而言，行為難說合理，因為阻礙立法機關即妨礙其合法職能。1780年喬治‧高登勳爵率眾向國會請願。當雙方就事宜辯論時，他仗人多勢眾恫嚇國會，探出國會大廳窗外告訴暴民，發言議員中「誰是我們的朋友，誰是我們的敵人」。暴民隨後掀起 18 世紀最惡劣的一場騷亂。婦政盟顯然效仿了高登這種為人詬病的傳統。向國會請願合法，但大肆闖入則非法，因此這次遊行跨越了「合法」與「法外」的界線。

「泥濘行軍」

但行動可能實現了主要目標──凝聚公眾對女權議題的關注。《泰晤士報》報導的婦女抵抗警方衝擊的場景，展現了她們的決心。警方過度施暴也為婦政盟贏得同情。婦政盟暴力抗爭後，全婦盟為了回應，才終於 1907 年 2 月首次上街示威。遊行從海德公園演講者之角出發，邁向河畔街附近的艾克希特大樓，三千至四千名婦女高舉橫額，樂隊助興，全程平靜大致成功，惟天公不作美。因沿途街道路況很差，遊行得名「泥濘行軍」。這名稱源自美國內戰[10]。全婦盟後又舉行類似大型和平示威，包括 1908 年夏，由堤岸到阿爾伯特音樂廳的兩哩遊行，約一萬人參加。

「世界史上最大政治集會」

1908 年 6 月 21 日，夏至，海德公園，婦政盟超級示威，使上述溫和遊行相形見絀。某種意義上，婦政盟示威是受赫伯特‧格萊斯頓言論啟發。1908 年 2 月 28 日，面對「為何政府仍不給婦女投票權」的質詢，內政大臣、自由黨的赫伯特‧格萊斯頓於國會發聲明稱「如今，政治變革動力遠比政治爭拗重要……當我們回顧上世紀 30、60 年代的重大政治危機……會發現全國各地動輒爆發數萬人集會……當然，誰都別指望女人能搞這種大會，但權利屬於群眾，有這權利推動，政府才能有作為，就目前狀態而言，政府無能為力」。

1908 年 6 月 21 日示威，就是女權分子[11]對赫伯特‧格萊斯頓的反擊。這場示威絕對是當時英國史上最大示威。二十五萬至五十萬人參加，時評為「世界史上最大政治集會」。象徵婦女參政的白綠紫三色旗[12]超過七百面。三十趟專列滿載示威者，從英格蘭各地駛向倫敦。三萬名遊行者由合共四十支樂隊帶領，高舉橫額，揮舞數千面旗幟，從火車站起步巡遊。海德公園完全被人海湮沒。

潘克斯特夫人在自傳中寫道：「6 月 21 日，禮拜天，晴空萬里，陽光普照……倫敦人彷彿傾巢而出，許多也加入遊行見證我們的示威。當我在海德公園登台環視等候集會的人海，和從大街小巷繼續湧入的無盡人潮，滿心驚歎敬畏。我想不到竟這麼多人願參與這樣一次政治示威！蒼天古樹襯托下，女士們的白禮服、花邊帽顯得那麼美艷歡愉令人敬仰，整個公園變身一泓浩瀚花海！」

園內設二十個演講台，會議在下午通過決議，呼籲政府賦予婦女選舉權。婦政盟派出一艘小艇，召喚在下議院臨河露台閒坐的國會議員來參與。來示威的文人有蕭伯納、托馬斯‧哈代、伊斯瑞爾‧桑維爾和

H.G. 威爾斯。決議通過後，號角響起，會眾高呼「一、二、三——婦女要投票！」後解散。集會空前成功，全國各地競相效仿。

婦政盟分裂

超級示威很大程度上歸功於潘克斯特夫人個人。她既是傑出組織者，也是婦政盟內不容挑戰的舵手，組織內並不民主。潘克斯特夫人自認是一名「部隊統帥」。在同樣專斷的女兒克麗斯特貝爾的密切配合下，她這專斷風格締造了 1908 年 6 月 21 日示威那樣舉國矚目的成果，也自然招致許多反對。早在 1907 年，婦政盟就陷入分裂——夏洛特·德帕德 [13] 和特蕾莎·布林頓－葛利格不滿缺乏內部民主，帶領約七十名成員出走，成立婦女自由聯合會（婦自聯）。特蕾莎·布林頓－葛利格曾為婦政盟起草章程，但被潘克斯特夫人在會上高調撕毀，稱婦政盟是「有軍規的軍隊」。此事引發分裂。婦自聯的策略與婦政盟近似，但重視建立內部民主程序，惟不太成功。夏洛特·德帕德的個性支配了婦自聯，連組織電報掛號都是「Despard. London」。但婦自聯仍比婦政盟民主。

1908 年 6 月 21 日示威，規模已超越 1830 年代或 1860 年代的任何示威。因此女權運動已完勝赫伯特·格萊斯頓要求展現民意的挑戰。她們自然期待當局一定程度上響應其要求。可超級示威竟未贏得任何即時成效。這猝不及防的失敗，對女權運動方向造成深遠影響。運動遂加速脫離示威等和平抗議軌道，轉向蓄意及持續升級的暴力策略。示威無成果以及隨後的暴力潮，均可歸咎於一名男士——時任首相、自由黨的亨利·阿斯奎斯。

阿斯奎斯對女權運動強硬且具殺傷力的抗拒，令史學家頗困惑。阿斯奎斯衷心擁護自由黨的寬容理性原則。1892 年，他處理特拉法加廣場集會問題時，就有所體現；經他修訂的條例允許民眾在廣場集會。但他任首相時，雖大多數自由黨國會議員都支持婦女參政，但他仍不妥協。

有人將阿斯奎斯的敵意歸咎於他與老婆瑪歌的遭遇，有人則相信瑪歌在背後慫恿他抗拒。一名女權代表團成員記述，大家在唐寧街首相官邸前廳等阿斯奎斯接見時，瑪歌從一扇門後冷眼逼視。為何阿斯奎斯堅持敵意？最可能的原因是「政治盤算」──賦予婦女投票權對保守黨有利。初時若僅實行有限選舉權，讓富裕婦女有投票權就更有利保守黨。若他確實如此算計，那真是咎由自取！阿斯奎斯任首相年代，其他國家已有婦女選舉權。他堅拒這項顯然合理的改革，是導致自由黨衰落，其地位於 1920 年代被工黨取代的主因。此後，工黨成為英國進步政治的主要推手。

誠如米利森特‧福西特於 1911 年指出：「首相若想激怒每個女權者，他如願了！」

1908 年示威後，阿斯奎斯甚至拒絕接見女權代表團，藉此宣示其反對立場。和平努力完敗，令婦政盟拋棄幻想，逐步轉向持續升級的暴力抗議。

「女權分子騷亂」

婦政盟最初升級激進行動的典型個案之一，是成員於 1908 年 12 月在阿爾伯特音樂廳的會議上詰問財政大臣勞合‧喬治，使他半小時完全

無法發言，有些成員更攜皮鞭，鞭打驅逐者；此法很有效，無成員被逐。政府震驚之餘，專門針對這一新戰術實施一項新的《國會法》即《公眾集會法》（1908 年），特別將擾亂會議並中斷議程的行為不檢刑事化。眾多女權分子因此被捕入獄。

1909 年 6 月 29 日，潘克斯特夫人與八名婦女去國會向首相提交請願書。阿斯奎斯指示當值高級督察通知代表團他不接見。潘克斯特夫人從督察手裡接過阿斯奎斯的信擲於地，又打了督察兩記耳光。大群支持者衝上與警員扭打，當局派出三千警力才擊退這幫女人。她們向附近窗戶擲石；包石塊的紙寫著「給納稅的英國婦女投票權！」、「納稅無投票權就是暴政！」等口號。當日共一百零七女及八男被捕。此事被稱為「女權分子騷亂」。

潘克斯特夫人因「阻差辦公」受審，她自辯依據 1688 年《權利法案》有權向國會請願。但法庭裁定她不僅請願，還企圖責令首相接見代表團，但她並無權要求首相這樣做。

怎樣推動運動？依法爭取，還是違法抗爭？上述事件，是婦政盟最後幾次依法爭取之一。此後，其政策以「行勝於言！」為口號，轉向暴力對抗和蓄意違法，包括大肆破壞財產 14。她們最愛的戰術是向郵筒灌石蠟，焚毀郵件。此外是砸窗，包括砸爛唐寧街十號首相官邸的窗。「製造轟動」是目的，隨著較溫和的暴力行動轟動不再，婦政盟須持續升級暴力才能達目的。1907、1908 年那種大型和平集會逐步淡去，雖然 1911 年 6 月 17 日，女權分子仍於倫敦組織逾四萬人遊行，慶祝喬治五世加冕。

「貓捉老鼠法案」

1909 年，為抗議當局拒承認被囚女權分子屬政治犯，婦政盟還採取獄中絕食戰術。獄方遂強迫灌食；而法庭則藉女權分子瑪莉·雷伊案例宣佈監獄作法合法。強迫灌食時，獄卒用膠管強行替女囚插喉，既痛苦又羞辱。遭強迫灌食後，許多女權分子卻仍繼續絕食。當局最後想到立法允許暫釋那些因絕食而羸弱的女囚，待體力恢復後再送獄服刑。該法即《囚犯（因健康欠佳而暫釋）法案》（1913 年），俗稱「貓捉老鼠法案」。

1909 年 9 月，阿斯奎斯兩度遭女權分子襲擊。1910 年，當他與上議院陷入《國會法案》危機時，激進女權分子與自由黨政府達成「休戰」，嘗試達成一項「調解法案」，依據財產資格賦予部分婦女投票權。阿斯奎斯卻似乎藉《男性選舉權法案》故意羞辱女權分子。該法案給所有在職男性投票權，卻隻字不提女性投票權。這應不是故意侮辱，而是短視的政治算盤。給婦女有限投票權或有利於保守黨。給予最窮困男性投票權，則或有利於自由黨。

再次挫敗，女權運動暴力抗爭更趨激烈。勞合·喬治的家被女權分子炸毀，內政大臣溫斯頓·丘吉爾當眾遭馬鞭鞭笞。教堂禮拜被打斷，房屋被縱火，博物館藏畫被劃破。1912 年內閣大臣查爾斯·霍布豪斯在布里斯托的反婦女參政集會上，發表了一通莫名其妙且被廣傳的講話，更令女權運動激烈抗爭加碼。霍布豪斯豪言「女權運動的民意，尚未高漲到如 1832 年焚毀諾丁漢城堡，或 1866 年推倒海德公園圍欄的程度！」潘克斯特夫人形容講話如「火柴碰到引信」[15]，婦政盟的艾米琳·佩克·勞倫斯認為霍布豪斯「於煽動婦女激烈暴力抗爭一事上，負有重大責任。相比之下，潘克斯特夫人對他們的教訓，實在太溫和了」。1912 年 7 月，事後幾週，曾在獄中絕食的瑪莉·雷伊率領一隊女權分子，試圖焚毀都柏林的皇家戲院；阿斯奎斯等觀眾正在戲院內。瑪莉·

雷伊還向阿斯奎斯投擲小斧頭，未擊中他卻砍傷了作陪的愛爾蘭領導人約翰·雷德蒙德。

婦自聯通常不如婦政盟般暴力，這反映了夏洛特·德帕德偏愛消極或「精神」反抗。為抗議阿斯奎斯拒絕回應女權示威，婦自聯於 1909年夏到 11 月間，在國會外舉行全天候、不間斷的女權「大守望」燭光抗議，據說參與者共守望了一萬四千小時。但婦自聯為抗議婦女無投票權而採取了「毀票」戰術，將化學品倒入伯蒙德一間票站的票箱銷毀選票。這本應是一宗非暴力示威，卻致一名欲搶救選票的官員受傷。肇事者艾麗森·奈蘭斯和一位查賓夫人被判刑數月。

1908 年後，激烈行動的直接後果是損害女權運動。原本與大眾相安無事的女權分子和女權集會，得由警方保護免受敵視群眾襲擊。1912年潘克斯特夫人決定升級暴力活動後情況更甚。艾米琳·佩克·勞倫斯等其他骨幹反對該決定，潘克斯特夫人就將其踢走。女權運動最著名的激烈行動，卻未惹來公眾敵視——1913 年葉森打吡大賽上，艾米莉·戴維森衝向國王的馬被撞死。

艾米莉·戴維森是婦政盟最堅定的女鬥士。1912 年她曾因向一名反女權者的信箱「投毒」而入獄六個月。估計她並非想在打吡賽上自殺，但行動無疑極危險。戴維森獻身理想的事跡，深深震撼了那些一直不把女權問題當回事的人。後出任工黨首相的拉姆齊·麥克唐納等許多人，曾視女權分子「輕佻」，但戴維森之死改變了他們的看法。全過程被攝錄並作為新聞片在全國各影院播放，事件影響驟增。戴維森出殯時，大批群眾肅立倫敦街頭為她送葬。

1914 年，女權運動仍沿用持續升級的暴力戰術，包括炸毀火車站[16]、割裂國家美術館內名畫維拉斯奎茲的《鏡前的維納斯》[17]。但一戰爆發使運動戛然而止。潘克斯特夫人意識到，戰時男人為國捐軀，繼續

搞女權運動將造成災難性後果。因此她暫停婦政盟的運動，並「精明愛國」——爭取讓婦女走上傳統上的男性崗位以增加兵源。運動成功，加上 1916 年阿斯奎斯辭任首相，由非常同情女權運動的勞合·喬治接任，終於 1917 年迎來姍姍來遲的戰果——賦予三十歲以上婦女投票權。同時廢除投票權的十鎊房產稅規限，使佔當時男性三分之一的無投票權的男人也首次獲得投票權。1918 年，在戰後首次選舉中，婦女首次投票，其中包括在 1866 年與伊莉莎白·加勒特·安德森一道提交首份婦女參政權請願書的艾米莉·戴維斯，當時她已是八旬老人。

唯一驚訝

人們一直激辯：婦政盟的激烈戰術，對女權運動是促進？還是妨礙？婦政盟初期重視示威（全婦盟則避免示威）成功提升了女權訴求的公眾關注度，並吸收了眾多支持者。婦政盟於 1903 年成立時，幾乎無人相信可舉行 1908 年 6 月 21 日那樣浩大示威。假若首相不是阿斯奎斯，政府可能會給婦女某種形式的投票權，作為對示威的回應。然而，當時雖無民調，但憑常識即可知婦政盟後期的砸窗、燒信箱、馬鞭笞政客、炸毀公物等戰術是適得其反，公眾的厭惡就是明證。

但對「戰術成效」的辯論忽視了一項事實——1908 年 6 月 21 日規模空前的超級和平示威，竟未獲任何回應！暴力抗爭高漲當然無從避免。任何時代的憲政參政權運動中，似乎總伴生著激進的支流。正如 1830 年代，爭取國會改革的和平運動就伴生了較小的暴力運動（諾丁漢、布里斯托等地的騷亂），以及在 1840 年代（伴生 1839 年的紐波特起義）和 1860 年代。然而，正是阿斯奎斯的頑固抗拒，關閉了理性和對話大門，才使暴力抗爭的誘惑力大增。否則即使有暴力抗爭，也難達如此程度。誠如 1911 年 11 月《泰晤士報》的一封讀者來函指出，

「最能激起無名怒火的報導，莫過於阿斯奎斯推出的《男性選舉權法案》！」

　　「公眾和平地宣洩強烈情緒」是示威的一項普遍特徵，本章分析了它的一個重要例證。若當局拒納示威者的任何訴求，堵死宣洩出口，無論理由如何冠冕堂皇，都會將這份挫折感引至更具破壞性的途徑，激起暴力和犯罪。1908-1914 年間的女權運動就是例證。阿斯奎斯錯以為可無視一場強大且得民心的示威運動，奢望示威者最後知難而退。稍聰明的當政者都不會重犯這種錯。面對麻木不仁的當局，民眾反應通常不是「沒問題」，而是訴諸暴力。儘管有人擲炸彈，儘管 1912 年 7 月瑪莉·雷伊在都柏林擲小斧頭，但除了艾米莉·戴維森，似乎無人因暴力抗爭而死。女權運動過激行動中，這或許是唯一令人驚訝的！

　　同時代的美國女權運動，與英國女權運動構成有趣對比。19 世紀末至 20 世紀初美國湧現的新穎示威技巧，成為闡釋美國此類運動的最佳註腳。

1　海德公園騷亂後，建築督察官（Commissioner of Works）於 1872 年指定海德公園東北部為政治集會區。至今仍在使用的「演說者之角」即源於此。

2　伊莉莎白·皮斯（Elizabeth Pease）、簡·斯蜜兒（Jane Smeal）和安妮·奈特（Anne Knight）是重要女性憲章派分子，均為貴格會教徒。伯明罕憲章協會擁有二千多名女性會員。

3 Robert Cunningham-Graham，他是來自拉奈克西北區的自由黨及激進派國會議員。他以自由黨身份當選，但後來自稱社會主義者，因此他是英國國會首名社會主義議員。他是工黨的創黨黨員，並在晚年成立了蘇格蘭民族黨（Scottish National Party）。他是作家，亦為小說家約瑟夫·康拉德之友，並是康拉德小說《諾斯特羅莫》中主角查爾斯·古爾德的原型。

4 John Burns。碼頭工人領袖，獨立工黨創始人之一，後任代表巴特錫的工黨國會議員。

5 'Black and Tan'，指英國當局為重建對愛爾蘭的控制而招募的輔警部隊，這支部隊在 1922 年愛爾蘭獨立之前幾年已經潰散。「黑棕部隊」由其制服顏色而得名，後成為「兇殘」的代名詞。

6 華倫（Charles Warren）為退伍軍人，曾長期於南非服役，在一些圈子內被稱為「貝專納蘭拯救者」。他對英國國內政治所知甚少，這或是他對示威者態度極其僵化殘暴的原因。

7 Independent Labour Party (ILP)，1893 年成立於布拉福，宗旨是在自由黨以外確保工人在國會有代表議員。該黨是勞工代表委員會（Labour Representative Committee）（1903 年成立），及工黨（1906 年成立）的前身。

8 Mrs Humphry Ward。她閨名 Mary Arnold，是詩人馬修·阿諾德（Matthew Arnold）的姪女，小說家阿道司·赫胥黎（Aldous Huxley）的姨媽。

9 1890 年代婦女對婦女示威的保留，與禁酒運動人士初時對示威的保留，頗有相似之處。1839 年都會禁酒大遊行的成功消除了他們的成見。

10 「泥濘行軍」原指 1863 年 1 月由安布羅斯·伯恩賽德（Ambrose Burnside）將軍指揮，針對駐守波托馬克（Potomac）的聯盟軍的一次失敗的冬季攻勢。女性參政權運動從美國的廢奴運動獲取靈感。1907 年 2 月，潘克斯特夫人的追隨者們試圖闖入國會時，高唱重新填詞的《約翰·布朗之軀》（John Brown's Body）：「奮起，女人，鬥爭艱苦且漫長；千萬女人奮起，戰歌聲高揚；奮起添力量，力量使我們剛強。奮鬥目標必趕上！」

11 Suffragette 一詞，本是敵對的《每日郵報》（Daily Mail）為嘲諷女性參政權運動而杜撰的「嘲語」，後來成為通用語。又譯作「婦女參政論者」。

12 婦政盟示威以其顏色和設計的獨創性著稱。這很大程度上歸功於艾米琳·佩克·勞倫斯（Emmeline Pethick-Lawrence）。直到 1912 年她都是潘克斯特夫人的得力助手。

13 Charlotte Despard。她的亡夫是 1803 年因叛國罪被絞死的愛德華·德帕德上校（Colonel Edward Despard，見第 3 章）的曾侄。她閨名為夏洛特·弗倫奇，是約翰·弗倫奇伯爵（Sir John French）的姐姐及政敵。一戰大部分時間，約翰·弗倫奇負責指揮英國遠征軍。

14 1912 年 3 月，針對倫敦西區的一次有組織砸窗行動，就造成約五千英鎊損失。

15 為回應這挑戰，克麗斯特貝爾令妹妹西爾維婭，縱火燒毀重建的諾丁漢城堡。西爾維婭拒絕從命，致姐妹關係破裂。

16 位於薩里郡的奧斯達特（Oxted）。女權分子還焚毀了桑德頓（Saunderton）、克諾斯萊綠地（Croxley Green）及盧赫斯（Leuchars）的火車站。

17 兩件事都是瑪莉·理查森（Mary Richardson）所為。她後來背棄女權運動，成為奧斯華·莫斯利（Oswald Mosley）創立的「英國法西斯同盟」（British Union of Fascists）婦女部的頭目。

本章描述現今街頭示威發展過程的兩項相關特徵。第一項,於 19
世紀被列為示威禁區的美國首都(這點不同於倫敦),怎樣變成一個尋
常及傳統的示威地點?第二項,邁向首都的長途進軍,是怎樣藉各路示
威運動的連場「向華府進軍」而成傳統,並成為一種被各國示威者效仿
的有效示威方式?該傳統的創始,約與麻薩諸塞州訴戴維斯案同時。該
案裁定,民眾於美國任何地區都無權舉行公眾集會(詳見第 7 章)。

「科西大軍」

1894 年,由一眾失業者組成,向華府進軍的「科西大軍」開創了
這項傳統。1913-1919 年,美國的女權分子充分發揮之,成為主流示威
形式。1930 年代的酬恤金進軍大規模運用,從此成為一種既定的示威
形式。1940 年代,非裔美國人將進軍意圖作為負面報導的威脅靈活運
用,實際並未舉行進軍。示威權深入民心後,美國最高法院對麻薩諸塞
州訴戴維斯案的限制性判決終被推翻。

向首都和平抗議進軍,以喚起朝野關注訴求。構想之顯見,難說由
誰首創。首次被記載的刻意和平的這類進軍,似是未成功的「毯子工人
遊行」(見第 4 章)。1817 年,該遊行從曼徹斯特起步邁向倫敦,途
中遭暴力驅散。19 世紀英國的其他示威者似未曾發起向倫敦的長途進
軍,故這種示威形式傳到美國後,才變得重要。

從組織者角度看,向首都長途進軍的巨大優點,是它可能廣獲報導
宣傳。與單日原地活動不同,隨著遊行逼近首都,有關報導可持續數日
至數週。遊行抵達時營造的高漲氛圍,也能增加當局讓步的機會。

1894 年 5 月,雅各·科西和卡爾·布朗恩發起首次向華府進軍,
卻無果而終。「科西大軍」絕大多數是苦等工作的失業者,目標是要推

動一項以公共工程創造就業崗位的方案。科西和布朗恩都是欠吸引力的自吹自擂者，但許多跟從者則真心想改善失業者的處境；運動失敗粉碎了許多人的理想，但遊行總算舉行，並大致和平收場。這便打破了常規，證明向華府進軍未必是反美武裝叛亂或叛國。1877 年大選後，落敗的薩繆爾‧蒂爾登的支持者亨利‧沃特森就曾建議向華府進軍，而蒂爾登竟公開斥此舉為叛國（見第 7 章）。

科西從俄亥俄州馬西隆的家鄉出發，帶著老婆和初生子乘馬車「行軍」，約五百名遊行者則徒步。新聞界對進軍頗敵視，稱之為「流浪漢大軍」，遊行者因此盡量守紀及體面。進軍本身合法和平，儘管很多來自西部（蕭條對當地打擊最大）的「遊」行者逃票搭火車。蒙大拿州的進軍者甚至劫持整列火車，上演了美國史上最誇張的列車追逐戰。一列載著警長的火車，沿北太平洋鐵路飛馳數百哩，從比尤特經比靈斯到福賽斯，才截停被劫的「狂野火車」。

科西與威廉‧F‧戴維斯都認為：憲法保障其舉行戶外公共集會的權利。他相信，雖 1882 年一項法律禁止於國會大廈區域進行政治活動，但他仍有權在華府的國會外集會。但他與布朗恩試圖在此對集會演講時，卻因違反國會大廈區域的相關法律而被捕入獄二十日。跟從者在華府附近宿營了幾週，受當局逮捕威脅後便撤離了，訴求未獲滿足。總統格羅弗‧克利夫蘭拒絕接見這些進軍者，或提供任何協助或認可。首次向華府進軍便這樣偃旗息鼓。

艾麗斯‧保羅創新示威

十九年後，第二次向華府進軍才登場，但風格、目標和方法均迥異。發起人艾麗斯‧保羅是爭取美國婦女選舉權的活動家，曾在潘克斯特

夫人的婦政盟工作，於 1909 年作為女權分子在英國服刑，期間因絕食而遭強迫灌食。蘇珊‧布勞內爾‧安東尼被譽為美國 19 世紀婦女運動的奠基人，其形象出現在鑄幣上。艾麗斯‧保羅雖未像安東尼那樣受緬懷，卻為美國婦女贏得選舉權起了關鍵作用。她的專注及精明使運動廣獲宣傳。她策劃的一些運動，創新了示威形式。

　　1913 年，保羅被任命為全美婦女選舉權協會（婦選會）駐國會代表，並立刻將該職位轉化為她個人的組織——婦女投票權國會聯盟（國會聯盟）。為給女權運動造勢，她決定於 1913 年 3 月 4 日新總統伍德羅‧威爾遜就職典禮時，在華府為女權分子辦一場盛大遊行並納入慶典巡遊。她計劃在總統就職典禮喚起朝野關注女權議題，使新總統正視該訴求。這一思路意味著遊行並非對當局、或甫上台的威爾遜政府有任何敵意。相反，遊行計劃也要盡量安撫當局並使其相信：這場有成效的遊行是就職慶典的合法及體面的環節。為此，保羅充分運用她在政府內的關係，確保遊行獲批准。

　　保羅的技巧是，放大遊行的正面影響並克服人們對婦女上街遊行的保留。她的方法，是塑造一種令人尊重的形象，並使觀望者相信婦女獲得投票權無損其女人味。這與英國女權分子在 1909 年之前的想法相似。因此，遊行主題是美貌與尊嚴，且組織嚴謹如閱兵式。保羅請專業慶典籌辦商設計製作遊行彩車，遊行者著裝多姿多彩。商界女性及圖書管理員方陣著藍色，藝術家及音樂家方陣著粉色。巡遊包括二十六輛彩車、六輛金色馬車、十支樂隊、四十五名隊長、二百名領隊、六名騎馬傳令官及六支騎馬編隊。「美貌」是遊行總領隊人選的首要條件。擔任者伊內‧米爾霍蘭德白衣白馬，身披鑲著金馬耳他十字架的藍色斗篷以「聖女貞德」的形象出場。示威橫額的口號是「我們要求修憲賦予全國婦女選舉權」。可惜艾麗斯‧保羅是種族主義者，覺得黑人婦女不體面，限制她們參加並淡化其存在。

華盛頓特區警察局長有意禁止遊行，理由是在賓州大道巡遊須依法批准，但在即將卸任的總統威廉‧霍華德‧塔夫脫要求下，他放手讓遊行舉行。

當日賓州大道幾乎水洩不通，多數是來觀禮的遊客，他們聽說會欣賞一場遊行。人群中也有些心懷敵意的男人，遊行起步時幾乎被他們沖散。警力不足使路面不暢，保羅只好致電塔夫脫總統的一名助理，請來騎兵清道。遊行這才出發，雖遲緩但仍到達終點。

然而，事後艾麗斯‧保羅故意歪曲事實。她聲稱警方故意不作為使遊行受阻，遊行婦女遭路人侮辱和動粗。她卻掩飾騎兵及時協助，遊行走完全程的事實。事後「粗男欺弱女，警員袖手觀」等報導熱賣，為女權運動贏得大量額外宣傳。

這是場「在路上」的運動：當時美國西部九州（包括加州）已賦予婦女投票權，而支持女權遊行及所帶來的宣傳，使運動平添動力。

三個月後，重要的伊利諾斯州（包括芝加哥市）成為密西西比河以東首個立法賦予婦女選舉權的州份。

遊行後的 1913 年 7 月 25 日，由二十五萬人聯署的婦女選舉權請願書被提交國會。婦選會卻覺得艾麗斯‧保羅思路太激進，將她開除。

人們常將艾麗斯‧保羅與潘克斯特母女對比。確實，保羅自創的國會聯盟從婦選會的分裂，與英國的婦政盟從全婦盟的分裂，既神似又迥異。保羅是嚴格的貴格會教徒，堅守非暴力原則。和平示威在英倫諸島演進中，湧現的要角如亨特或阿特伍德均恪守法紀，但保羅不惜違法推進女權事業。保羅又有別於潘克斯特母女，她不願製造或鼓勵暴力，絕不容忍鞭笞政客或埋伏炸彈等行徑。

她也面對一位對手——威爾遜總統。但與阿斯奎斯不同，威爾遜其實並不反對婦女選舉權，只是不想主動推動，除非此舉不會讓他得罪黨內那些保守的南部民主黨大佬。1913 年及 1914 年，艾麗斯‧保羅藉和平合法手段幾乎爭到婦女選舉權，僅當這些努力都失敗後，才採用更具爭議的行動，以獲得持續宣傳並保持公眾對女權的關注，但行動仍屬非暴力。故此，艾麗斯‧保羅等可被視為運用「消極抵抗」技巧的先驅；下一章將深入分析這種技巧。

1914 年 5 月 2 日，國會聯盟悉心策劃了全美多個城市的示威，包括五千名婦女參加的芝加哥示威。5 月 4 日聯盟又在華府示威，規模雖遜於上年的大示威，但這次警力充沛毫無爭議。這事實說明前一年的示威確實打破常規，變成朝野眼中的常態。但「爭議消失」顯示公眾已習以為常，示威作為運動武器的成效開始減退。

一票之差

不久後，國會就美國憲法「婦女選舉權修正案」進行表決，以一票之差未達所需三分之二多數。假如再多一票，大多數美國婦女（即那些尚未賦予婦女投票權的州份）將提早六年獲得投票權，艾麗斯‧保羅將被視為大型合法示威的卓越組織者而名垂青史。

「沉默衛兵」

保羅未氣餒，而是構想一系列創意「吸睛」行動，誓要保持公眾對女權訴求的關注度。她先舉辦「女權駕車跨美國」並在華府組織巡遊歡迎從西岸驅車抵達首都的婦女。又發起極具爭議性的運動——於 1914

年中期選舉抵制民主黨候選人，報復威爾遜總統對女權議題的無為。保羅過往採取兩黨路線，團結兩黨人士共同爭取女權。抵制形同背棄該路線，惹惱許多親民主黨的女權分子。據說運動使西部州份的一些民主黨候選人敗選。1914 年再有兩州（蒙大拿、內華達）賦予婦女投票權，但僅是小勝，未必是全國性運動成果。1916 年再有對民主黨人的選舉抵制但成效不彰，且威爾遜總統宣佈拒見任何爭取婦女選舉權的代表團。艾麗斯・保羅遂決意更新戰術——派小隊婦女於白宮外全天候接力沉默示威，得名「沉默衛兵」。威爾遜曾請首支示威小隊進白宮享用茶點，但遭拒。

國際因素產生影響

「沉默衛兵」運動開始時，恰逢美、德開戰在即。一些公眾認為：開戰前仍與總統糾纏女權問題是不負責任。1917 年 4 月戰爭爆發後，艾麗斯・保羅卻未仿效英國的潘克斯特夫人中止運動。這決定飽受爭議，約一萬名成員離去，但「沉默衛兵」示威仍累月堅持。威爾遜稱戰爭是「民主之戰」，於是「衛兵」將他論民主的講辭寫成橫額，樹立示威現場。1917 年俄國二月革命後，這種做法達到高潮。「衛兵」在白宮外向傳媒展示致克倫斯基政府的橫額——「我們美國婦女告訴你們：美國並非民主國家。兩千萬美國婦女被剝奪投票權。威爾遜總統是反對賦予全國婦女投票權的罪魁。請幫我們解放這國家。告訴我們政府：它必須先解放自己的人民，才配稱自由俄國的盟友。」

展示此橫額後，「衛兵」待遇急劇惡化。當局認為這類標語，有損美國戰時國際形象。政府頒令禁止於白宮外聚眾，許多「衛兵」被捕。女權分子於獨立日及巴士底日再大規模聚眾，更多人被捕，很多被判處六十日於囚犯工廠勞改。艾麗斯・保羅不愧有宣傳天賦，即將囚犯工廠

苦況繪成新聞插圖，傳遍全世界。威爾遜極為尷尬，遂頒總統特赦令赦免絕大多數在囚示威者。1917 年 7 月 23 日「沉默衛兵」反撲後，當局再拘捕示威者，一些因重犯而遭重判（通常為入獄六個月）。女犯們效法英國女權分子，絕食抗爭；美國政府亦取法英國政府，強迫灌食。

「拉布」

因犯工廠的女權犯要求獲得政治犯身份時，遭獄卒虐打。此事曝光後，當局突於 1917 年 11 月釋放絕大多數女權犯。適逢紐約州經全體男性選民投票後，賦予本州婦女投票權。1917 年 12 月 9 日，眾議院宣佈擇日對婦女選舉權修正案進行表決。議案於 1918 年 1 月獲眾議院通過，但在參議院卻遭「拉布」阻擾。

艾麗斯‧保羅已於白宮外集結一批任職軍工廠的「衛兵」。她屢撲屢起，再嘗試新示威技巧。這次是在華府拉法葉廣場拉法葉雕像下「常規」示威。美國獨立戰爭期間，拉法葉將軍曾給予華盛頓關鍵支持，他既是美國民主的象徵，也是理想主義犧牲精神的代表。當時美軍正在法國鏖戰，選擇於此示威更意味深長。

事已至此，威爾遜遂於國會開腔支持婦女選舉權，但 1918 年 9 月 30 日，議案在參議院仍差二票未達三分之二多數。拉法葉廣場的示威者遂焚燒反女權參議員的講章。12 月保羅重啟對威爾遜的挑戰，宣佈在拉法葉廣場燃點「永恆之焰」，以威爾遜論民主的講稿作燃料，一直燒到婦女選舉權修正案獲通過。隨後又決定 1919 年 2 月 9 日於拉法葉廣場焚燒威爾遜的模擬像。廿名女權分子因點火而短期入獄。1919 年 2 月 24 日威爾遜在大都會歌劇院致辭時，女權示威者在外焚燒他的講稿。1919 年 5 月 21 日參議院終於以所需三分之二多數通過婦女選舉權修正

案；爭取運動也告一段落。1920 年 8 月 18 日修正案經三十六個州批准正式成為美國法律。

美國女權運動的成功，因而晚英國兩年。況且英國的運動在英德戰爭期間曾經中斷。落後或歸咎於美國憲法修正案程序繁複，英國的國會議案程序就相對較簡捷。戰時，潘克斯特夫人決定暫停運動，而艾麗斯·保羅決定堅持，考慮到兩國國情，兩人決定或均屬上策。若保羅暫停運動，女權議題就難被納入龐雜的美國政治議程，遑論實行。她的冷酷與專注，或使婦女選舉權提早了幾年實現。

保羅那種百花齊放式的運動手法，又幾乎「順便」永久改變了國民對「向華府進軍」或「在華府遊行」的看法。1913 年女權遊行後，五花八門的團體都在首都示威遊行。首場女權遊行後數月，禁酒運動者就在首都遊行並被廣泛報導。1922 年非裔美國人舉行小規模靜默遊行，抗議南部仍用私刑處決黑人。1917 年紐約曾有較大的類似主題遊行。1925、1926 年，強大的種族主義秘密團夥三 K 黨也獲許沿賓州大道巡遊，警方僅規定三 K 黨徒不得戴尖頂頭罩但可著白袍。兩場遊行各有約二萬五千名黨徒參加且過程順利。

共黨、法西斯、催淚彈、傳媒

女權遊行後，於華府遊行並再惹爭議的並非三 K 黨，而是 1932 年參加「酬恤金遊行」的失業退伍兵。1920 年女權運動成功，到 1932 年酬恤金遊行之間，美國與世界都經歷巨變，並直接影響到示威。

首先，「恐共」已成為美國政治生活的一項長久特徵。布爾什維克對世界革命的支持，俄國革命在美國吸引的眾多支持者，沙皇尼古拉斯二世被滅門引起的憎惡，以及共黨對美國民主制度的公然藐視，都在美

國政商界廣泛激起對共產主義的強烈憎恨與恐懼。1920 年代初，調查局新任局長約翰‧埃德加‧胡佛主導大舉逮捕涉嫌同情共產主義的人，期間有大量濫用警權及違法行為，如濫用臥底。1920 年代末，共產主義尚未被視為嚴重威脅，但大蕭條致經濟崩潰後，總統赫伯特‧胡佛和總參謀長道格拉斯‧麥克阿瑟[1]將軍等問責官員，都信共產革命威脅迫近。1929 年共產國際號召西方民主國家的共產分子上街示威奪權，使這威脅格外現實。當局因而極擔心共產示威者鬧革命，這嚴重干擾了其對酬恤金進軍者的取態，儘管絕大多數參與者與共產主義毫無瓜葛，並與政府一樣反對之。

其二，歐洲法西斯主義勃興。1922 年墨索里尼向羅馬進軍、納粹黨在德國崛起，民主意識強烈的美國人開始警惕。在美國，法西斯主義或比共產主義更有市場，亦同樣威脅民主。因擔心街頭成為法西斯式施壓的源頭，一些政客也原則上反對酬恤金遊行。

1920 年代的第三項轉變，是發明催淚瓦斯並被警方用於人群控制。「催淚瓦斯」泛指各種催淚氣體。1913 年巴黎警方藉此趕出一名反鎖室內的罪犯。這似乎是警用催淚瓦斯的首次記錄。一戰初法軍也曾小規模施放催淚瓦斯，德軍隨後研發出致命軍用毒氣。1919 年美國化學兵研發了用於控制騷亂的催淚彈，並可能率先想到用於人群控制。阿莫斯‧福萊斯中衛提議在美國殖民地（菲律賓、巴拿馬運河區）施用，但亦稱「國內時有亡命之徒，撒野後佔據房屋或農場，持械叫囂，連續數日對抗世界。這種氣體也可對付他們」。

剛開始，美國戰爭部禁止催淚瓦斯用於控制騷亂。這意味著，若美軍壟斷催淚彈供應，其他部門就得不到。但 1921 年 7 月費城的一次模擬示威，使警方對催淚彈產生濃厚興趣。模擬中，一支警察分遣隊竟無法制服六名男子。分遣隊員均為壯碩男警，六男則配備一百五十枚催淚彈。分遣隊衝鋒三次，均敗於催淚彈。一名曾為軍方研發催淚彈的

軍官隨後自組私人公司，此後催淚彈便可商業化購買了。1921 年 12 月
16 日警方於肯塔基州的傑克遜首次投擲催淚彈。至 1923 年底，美國逾
六百個城市的警隊配備了催淚瓦斯。

催淚瓦斯的運用，徹底變革了騷亂控制手法。一定程度上這是進
步，因可有效驅散鬧事者，其代價僅是暫時呼吸困難和眼部不適，無須
挨警棍或遭槍殺。藉此控制騷亂或許減少了傷亡，但也使軍警打擊力
猛增。軍警發射催淚彈驅散和平示威群眾時，其被濫用的機會也劇增。
1932 年政府對付酬恤金示威者時動用催淚瓦斯，這似是當局為瓦解一
場和平大示威，而首次大規模施放催淚瓦斯。

最後，1920 年代另一劇變是新型大眾媒體的湧現。1930 年代，無
線廣播步入鼎盛時期，作為新聞及信息渠道，其地位首次與報刊比肩。
另一重要媒體是新聞短片，它於一戰前問世，直到電視於二戰後興起之
前都是重要媒體。1932 年美國影院每週售出六千萬到七千五百萬張電
影票，正片前先放映新聞短片。幾乎所有美國人每天都聽收音機。這意
味著，任何公共運動（採用示威與否）若想產生實效，就須設法讓新聞
短片、廣播電台及報刊都播報其消息。

「酬恤金遠征軍」

1929 年股災後，1931-1932 年美國大蕭條陷入谷底。工業產出下跌
25%，失業率飆升至 25%。俄亥俄州的克里夫蘭市失業率達 50%，托雷
多市失業率竟達 80%。三千四百萬國民的家庭無穩定收入。全國二萬
五千間銀行倒閉一萬一千間，儲戶本息無歸。一百萬戶農業家庭失去農
場。那些年，移居國外的人口首次超過外來移民，為美國史上僅見。數
百萬人流徙各地，尋棲身之所，果腹之糧。約翰·斯坦貝爾名著《憤怒

的葡萄》刻畫了這些悲慘遷徙。城市被赤貧者藏身的窩棚村包圍，如同第三世界國家的一些貧窮城市。人們稱之為「胡佛村」，嘲諷對經濟崩潰束手無策的倒霉總統胡佛。

酬恤金遊行的背景頗複雜。美國政府曾向一戰退伍兵發放「酬恤金證明」，承諾支付部分參戰薪酬。這類似某種保單，據 1924 年生效的規定，將於這些老兵身故時或於 1945 年支付（以較早者為準）。隨著大蕭條席捲美國，許多老兵失業貧困，遂發起運動要求政府馬上兌現證明（統稱「酬恤金」）救急，而非要等到 1945 年才給錢。

共和黨胡佛當局正大砍政府開支，應付庫房緊絀，故反對這場運動。部分在野民主黨人也反對，理由是失業老兵僅佔總失業人口少數（13%），其他人同樣亟待救濟。因此國會內知名進步派如參議員羅伯特‧拉‧福萊泰、眾議員菲奧雷洛‧拉瓜迪亞也反對立即兌現。支持兌現的，則是一些認為應優待老兵的保守政客，及不少擔心流失老兵選舉人票的兩黨議員。官方的退伍軍人協會已於 1924 年與政府達成 1945 年兌現的協議，因此強烈要求立即兌現的是數千缺錢的老兵。

1931 年 1 月 21 日，首次酬恤金遊行於華府登場，一千名老兵參加。他們提交一份有數百萬個簽名的請願書，要求立即全額兌現酬恤金。巡遊及請願順利，但國會不為所動。

1931 年 12 月及 1932 年 1 月，因大蕭條失業或失去儲蓄的民眾，在華府發起兩場飢餓遊行，分別由共產分子和天主教考克斯神父組織。兩場遊行雖在大蕭條的絕望氣氛中舉行，卻也大致順暢。共產分子可能巴望當局暴力鎮壓，以便趁機大肆宣傳，但政府並未中計。雖然兩場遊行平靜收場，1932 年中發生的第二場酬恤金進軍卻演變為一場重大的國家危機。

第二場進軍規模大很多，旨在聲援德州民主黨籍眾議員萊特・帕曼提出，要求提前全額兌現酬恤金的國會議案。俄勒岡州波特蘭約三百名男人決定進軍華府聲援帕曼議案，這或許是進軍行動的由來。

　　眾人橫穿美國途中，領頭者捲款潛逃，來自波特蘭的失業漢、退伍陸軍中士華德・瓦特斯成為領袖。瓦特斯成功迫使鐵路官員允許眾人搭火車，從伊利諾斯的東聖路易斯前往華府。此事被廣為報導，遂激發多支爭取酬恤金的老兵分隊，從各城市向華府集結，有些更早於波特蘭分隊抵達。雖然西部州份的很多進軍者乘搭火車，但有些距華府較近的進軍者，確實徒步走完全程。

　　1932 年 6 月，波特蘭分隊抵華府後，瓦特斯被大部分進軍者擁為領袖。他給眾人一個準軍事名銜──「酬恤金遠征軍」。瓦特斯熱愛美國，遵紀守法。他要求所有新加入的進軍者宣誓遵守美國憲法，且不容共產分子混入。親共的酬恤金進軍者在伊曼紐爾・萊文和約翰・佩斯領導下另組團隊。

　　到達華府的進軍者最終突破二萬人，很多在安娜科斯提亞營地扎營。這是他們在安娜科斯提亞河南岸搭建的一個窩棚村，與市中心隔著一座吊橋。

　　有別於科西大軍或女權運動，酬恤金進軍者一開始就很合法。老兵曾為國征戰，深受尊重。胡佛總統對待他們的態度就流露出這種尊重；他不願打壓他們。1895 年克利夫蘭拒絕向「科西大軍」示威者提供任何協助。胡佛總統卻謹慎地透過各類退伍軍人機構，向進軍者提供了食宿、醫療[2] 等可觀的聯邦援助。他叫停華府一項大型聯邦建築工程，好讓他們在工地的待拆建築內棲身。華盛頓警察局長、前準將佩勒姆・格拉斯福德也幫了進軍者不少忙。他公開同情他們，甚至受邀暫任他們的正式司庫，保護和管理所收捐款。

藉著民眾對退伍兵的仰慕，進軍者趁勢於 1932 年 6 月 7 日沿賓州大道列隊遊行，約七千至八千名老兵參加。大家步伐整齊但著便裝——刻意強調他們是熱愛民主的普通美國公民而非法西斯分子。隊伍前列十四名佩戴勳章的一戰英雄，最為搶眼。載著傷殘老兵的卡車散佈於大隊老兵之間，提醒人們，戰爭仍影響著戰士的生活。

酬恤金進軍者亦強調多元和包容，以示代表全體美國人。與艾麗斯·保羅不同，瓦特斯及助手是堅定的非種族主義者，白人與黑人進軍者同住、同遊行、同抗爭，與華府的種族隔離涇渭分明。1930 年代，這類種族融合並不尋常，此舉本身或已使進軍者受排斥，並造成「他們是共產分子或受其控制」的錯覺。事實上，誠如瓦特斯在其傳記《酬恤金遠征軍》中所述，絕大多數退伍兵極反共，他甚至要想方設法防止他們弄死那些共產分子。

6 月 7 日遊行的即時影響，是為帕曼的酬恤金議案贏得更多支持，兩黨都有支持者。因國會仍在考慮議案，酬恤金軍領導層便決定滯留華府，並繼續遊說議員。

遊說起初有效果。議案獲國會排期辯論，6 月 15 日眾議院通過，但 6 月 17 日參議院以 62:18 票遭否決。進軍者失望之極，也終結了循立法途徑解決的初心。

議案遭否決後，瓦特斯須立即安撫憤怒絕望的追隨者。面對他的失望，人群怨憤交集。瓦特斯警告說「你們若騷亂，就是授人以柄，為對手開脫」。他要求大家列隊歸營以示「對國家的信心」。進軍者遂除帽唱國歌，列隊離去。

目睹這種理智愛國情操，擔心進軍者藉騷亂宣洩不滿的人放下心。但下一步怎麼走？大家困惑不已。按理說，帕曼議案遭否決後，進軍目

標已不存在，滯留華府已無意義。但有些領導者想拓寬目標，從單一爭取酬恤金轉向貧窮問題，有人則認為雖議案被否，但仍想繼續爭取酬恤金。在瓦特斯帶領下，大多人決定留守爭取。瓦特斯甚至偏激地說，必要時他將一直待在華府，直到 1945 年酬恤金兌現。從此，酬恤金進軍就從一場就事論事的示威，轉為一場無限期抗議露營。

酬恤金進軍似乎是首次運用「無限期抗議露營」的重大現代示威。此後，這種示威形式就被廣為採用。在英國，格林漢姆核基地外的反核示威、反全球暖化示威，以及為抗議戰爭而在國會廣場持續露營十年的布萊恩 · 霍，都採用此法。

律師們通常不認為這類在公共場所的無限期露營，符合集會自由或示威權利，這與他們對有限期示威的看法不同。1932 年人們對此有異議，至今仍如此。歐洲人權法院審理一樁涉及在挪威國會外露營抗議的案件時，就明確裁定——集會自由的權利並不包括在國會外無限期露營的行為[3]。

到 1932 年 7 月，一些令人不安的跡象顯示瓦特斯想獨裁。他先辭去酬恤金進軍者的領導職務，再明確開出條件——「若想他復職，就要賦予他獨裁者的權力」。進軍者同意並再次推舉他。作為一名前中士，瓦特斯早已習慣被服從，抵華府不久他便組建「憲兵」維持「軍紀」，配備私人保鏢，更設立「袋鼠法庭」。一名滲透營地的共產分子遭「袋鼠法庭」「判處」十五下鞭刑。瓦特斯設法把進軍者改編為準軍事團體，他稱之為「卡其衫」。進軍者於 1932 年 7 月印發的通訊中，有文章稱「德國『希勒特』、意大利墨索里尼，起初都是無業漢，現今都是國家強人」。

在此情況下，當局最終決心將酬恤金大軍攆出華府，也就可以理解。諷刺的是，當局遲遲不清場，其實就體現了胡佛總統對示威的極大

寬容、對老兵及失業者的憐憫。可是，清場的方式，卻將胡佛總統的聲譽毀於一旦。

7月4日仍有示威呼籲紓困，儘管此時國會休會，議員不在華府。一些進軍者離去，但因陸續有人抵達，所以期間總人數並未減少。

7月下旬開始，當局逐步收緊嚴禁在國會大廈區域示威的禁令；進軍者到達之初禁令並未執行。瓦特斯反常違背警方命令，並因擅闖國會大廈區域被捕，但很快獲釋。警方明白若他不在，進軍者會很快亂套。同時，共產分子也努力在進軍者中擴大影響。其行動雖收效甚微，但當局提高了警覺。

7月28日，在戰爭部長派屈克·赫爾利和麥克阿瑟將軍施壓下，胡佛總統最終同意調軍驅離市內的進軍者。胡佛要求麥克阿瑟不得將他們趕出安娜科斯提亞河對岸的主營地，但麥克阿瑟罔顧命令，當夜提前一小時通知後，就將營地搗毀。

促使胡佛總統派軍清場的是幾場小騷亂。警方試圖將進軍者趕出市中心一座營地（殘存的舊軍械庫）時發生騷亂。警員槍殺兩名進軍者，具體起因仍有爭議。當時一些進軍者從建築廢墟拆磚擲警員。警員辛諾爾特（他事後稱當時感到生命受威脅）拔出左輪手槍擊斃進軍者威廉·胡思卡（傑出服役十字勳章獲得者）和埃里克·卡爾森，遂又引發騷亂。槍擊事件報告使胡佛總統決心採取行動。

麥克阿瑟清理營地的手段令舉國憤慨！他動用催淚彈、持刺刀步兵、持馬刀騎兵（騎兵頭戴防毒面具，格外猙獰）和一隊坦克。他的部隊不分進軍者、圍觀者、記者，一律攻擊，被趕出營地的包括數百名婦孺。許多家庭在混亂中失散，幾日無法團聚。各大報披露重傷送院人數——《紐約先驅論壇報》（五十三名），《時代》雜誌（五十五名），《華盛頓郵報》（六十名）。

胡佛總統和麥克阿瑟向媒體作了簡報，大意是進軍者被驅逐，是因其已遭共產分子控制，後者想策動暴力革命。並稱調查局正全面調查這宗共產分子陰謀。輿論嘩然，初時民眾相信這套說辭，進軍者慘況未受同情，酬恤金進軍似乎失敗了。但局勢峰迴路轉，顯示「共產分子陰謀」是虛構，陰謀論純屬造謠，是對失業老兵的侮辱。行動的首份報告由司法部長威廉‧米切爾寫給胡佛總統。華府警察局長格拉斯福德針對報告指控，作了嚴謹的逐點批駁，這令政府誠信掃地。格拉斯福德證明，米切爾對進軍者的絕大多數指控是假的。國民對清場行動的看法逆轉，並成為胡佛在 1932 年大選中敗給富蘭克林‧羅斯福的關鍵因素。

　　幾代人都以為胡佛總統故意哄騙進軍者，伺機武力鎮壓。但 1970 年代的研究卻得出不同結論。當時胡佛已逝世，他的個人文件公開。這些文件確證，他本人都被麥克阿瑟和赫爾利欺騙誤導。須對武力清場暴行擔責的，不是胡佛總統，而是麥克阿瑟[4]。

　　對酬恤金進軍者而言，羅斯福勝選，是一場間接卻實惠的「遲來勝利」。羅斯福也不贊同立即兌現酬恤金，但與胡佛不同，他力推可創造就業的復甦型經濟政策。他的「新政」——基於公共建設的經濟政策，逆轉了胡佛的削減開支的緊縮政策，而那正是胡佛反對兌現酬恤金的因由。受惠於羅斯福經濟政策，1933、1934 年失業率顯著回落（數字雖仍高企）。羅斯福還特別發佈行政令，將他新設的平民保育團工作機會，優先提供予酬恤金進軍者。

　　對於在華府的抗議示威，羅斯福展現了寬容甚至支持。1933 年 1 月三千名酬恤金進軍者再到華府請願要求兌現酬恤金時，羅斯福雖仍反對，卻向進軍者提供露營設施（雖然故意安置於市外，使其難以集結），甚至提供車輛方便他們到白宮提交請願書。他接見代表團，闡明他反對

立即兌現的理由；第一夫人埃莉諾‧羅斯福則訪問營地，這些都被新聞短片報導。1930 年代後，因各類訴求在華府示威已成常態，這一定程度上歸功於羅斯福政府的寬容態度。

1936 年，國會通過兌現酬恤金議案。羅斯福否決議案，但國會駁回否決。議案隨之成為法律，至 1936 年 7 月 31 日羅斯福政府已向老兵支付一百一十萬美元酬恤金。這筆巨款以及對 1932 年 7 月 28 日老兵遭遇的平反，或促成了 1936 年秋羅斯福成功連任。

「市霸」法蘭克‧哈格

1939 年，美國最高法院終於徹底改變對公共集會權的態度；以往取態乃根據 1894 年麻薩諸塞州訴戴維斯案。在美國以抗議進軍及集會的示威傳統在 1939 年已堅立。最高法院 1939 年的裁決，涉及新澤西州澤西市的一條城市法例；該法禁止任何未經許可的公眾集會。澤西市與紐約僅隔一條哈德遜河。

從 1917 年至 1947 年，澤西市都在市長法蘭克‧哈格及其政治機器控制下。哈格是個無恥專斷持強凌弱，最終不自量力的「市霸」——是 20 世紀初美國這類人的典型。哈格吹噓在他的市內搞工業很安全，因他禁止工業組織委員會（工組會）等「非美國」勞團在市內集會、聚眾或派傳單。哈格認為：根據麻薩諸塞州訴戴維斯案制定的法例，只要他反對，任何團體均不得於市內集會。有人提醒他此舉或侵犯憲政權利，他輕蔑地說：「憲政權利、言論自由、新聞自由，我們都聽過。每次我聽人講這些，就告訴自己『那人是紅底，那人是共黨』，真美國人從不講這些。」

1937 年 11 月，工組會決定與哈格「幹一仗」──在澤西市搞一場會員招募會。哈格聞訊下令警隊守在工組會總部，將到場組織者一概推上卡車，扔到市外。稍後美國公民自由聯盟試圖向澤西市公安主任申請許可，主辦題為「公民自由」的公開集會。當局拒發許可，此事便一路鬧到最高法院，成為哈格訴工組會案。

最高法院所獲證據顯示，澤西市處理許可時存嚴重偏見。最高法院因此判決：與小奧利弗・溫德爾・霍姆斯對麻薩諸塞州訴戴維斯案的裁決相反──市政當局對街道及公園之持有，其性質絕不同於私人業主對私有物業之持有，其實質乃公眾信託市議會持有作集會用途。此類用途可依據公眾利益加以管理，卻不得全然剝奪。

任何人若懷疑市議會發放遊行或集會許可時涉嫌不公，無論種族或其它原因，都可援引這個新的、里程碑式的案例作為判例。此案例亦為 1950、1960 年代的「民權時代」抗議進軍和集會提供了一定法律基礎。其案情雖未涉及重大種族議題，卻仍使官方對民權示威者的態度和行為，有所收斂。

菲力普・蘭多夫

兩年後的 1941 年，「向華府進軍」模式被成功運用於反映非裔美國人的訴求。其先驅是工會領袖、臥車搬運工兄弟會的阿薩・菲力普・蘭多夫。他也是全國黑人大會的創始人。

蘭多夫意識到：二戰爆發雖給黑人工人造成新的苦難，但也為終結種族歧視提供了新機遇。美國重整軍備，軍工業擴張增聘勞工。經濟雖復甦但黑人獲益最少。軍隊仍實行種族隔離，許多軍事領域、國防工業都拒聘黑人。當局試圖改善，如 1939 年國會資助培訓黑人飛行員；

1940 年《兵役法》禁止歧視士兵等，但成效不彰。一些州立法禁止軍方承包商歧視，但執法不嚴。充斥歧視的社會環境並未改觀。

羅斯福總統「理論上」堅決反歧視，現實中卻極不願做任何得罪眾多白人選民的事。正因如此，1940 年 9 月，他就歧視問題與蘭多夫以及全國有色人種協進會的瓦特·懷特進行的會晤很誠摯，但未帶來絲毫改觀。

在此背景下，1941 年 1 月 16 日，蘭多夫發表新聞稿，呼籲「一萬黑人向首都華府進軍。口號：我們這群忠誠的美國公民要求有權工作和為國而戰」。

蘭多夫認為特大遊行將震撼美國白人和華府。他堅信「一場反吉姆·克勞的大示威，勝過社論百萬篇」。進軍時機是成功關鍵。羅斯福領導的美國正醞釀與納粹德國開戰。羅斯福尤為關注美國的國際形象，認為美國社會要展現自由公平，反襯納粹集權、殘暴和種族仇恨。此時若千萬美國黑人雲集華府，憤怒聲討歧視和隔離問題，將重創羅斯福以及美國的國際威望。這就為蘭多夫提供了某種槓桿效應：以威脅進軍來迫使羅斯福落實反歧視。羅斯福深知這威脅，1941 年春，情況顯示進軍可能聲勢浩大，他就更急於阻止。

蘭多夫和羅斯福都明白：若以武力阻止進軍，敵方將大肆渲染，其惡劣影響勢超進軍本身，特別是羅斯福個人很善待華府的其它示威。

進軍定於 1941 年 7 月 1 日起步。到 5 月，情況顯示人數將遠超蘭多夫所號召的一萬人，組委會在至少十九個城市運作。組織者包括蘭多夫領導的臥車搬運工，他們利用普爾曼列車傳遞訊息；會員達二萬六千人的黑人兄弟會：世界駝鹿仁愛保護協進會；以及眾多有影響力的知名非裔美國人，如羅斯福政府內的瑪莉·麥克裡歐德·貝頌。5 月組織者預計進軍者人數將達五萬，6 月增至十萬。

羅斯福遂邀請進軍領袖到白宮，他們開出禁止種族歧視六措施，作為取消進軍的最低條件。雙方談判繼續。1941 年 6 月 25 日，羅斯福簽署第 8802 號行政令滿足了部分要求，這時距進軍日期不到一週。行政令禁止職業培訓中的歧視，並禁止將聯邦合約授予任何有種族歧視的承包商。行政令還設立公平僱用委員會來監察及執行相關規定。作為回報，蘭多夫取消了進軍。

蘭多夫被不少積極分子批評，認為他取消進軍前，其實還可迫使羅斯福作更多讓步。蘭多夫事後也有同感。但當時拿捏分寸確實不易，尤其是面對羅斯福這樣一個以狡點和耍手腕出名的總統。

菲力普・蘭多夫深信進軍的威力，與人聯袂發起「向華府進軍運動」，繼續藉進軍反歧視。1946 年 8 月，面對又一場大規模美國黑人向華府進軍，杜魯門總統簽署行政令禁止美軍內部歧視。這是 1941 年的進軍領袖提出但未獲滿足的主要訴求之一。總統令簽署後，進軍領導者又取消了行動。蘭多夫的這類運動成效顯著，成為 1950 年代到 1960 年代美國民權運動的靈感來源（詳見第 12 章）。

因此，到 20 世紀中期，作為一種政治活動，抗議進軍等形式的示威在華盛頓已普及和廣受認同，1939 年後甚至獲得一定程度的憲法保障，而這在半世紀前仍聞所未聞。二戰後，伴隨美國無遠弗屆的全球影響力，這項美國傳統也成為許多國家示威者的旗幟。

我們研究這項美國傳統在 20 世紀下半葉的發展之前，先探討美國女權運動後期，艾麗斯・保羅運用的一種頗獨到的新示威技巧——消極抵抗。

1　他就是後來在二戰中，指揮太平洋戰區美軍的那位道格拉斯·麥克阿瑟。（作者註）

　　Douglas MacArthur（1880-1964），1930 年代任美國陸軍參謀長，太平洋戰爭中盟軍主要指揮官之一。1944 年授銜五星上將，1950 年 6 月朝鮮戰爭爆發，任聯合國軍總司令。1951年 4 月因「未能全力支持美國和聯合國的政策」被撤職。（譯者註）

2　一戰期間，胡佛負責在比利時的美國救濟行動（American Relief Operation）並因此出名。救濟行動曾賑濟逾一千萬人。因此他比大多數人更能體會大量赤貧者的需要，以及如何滿足這些需要。1920 年代，胡佛充滿活力，有效率，共和民主兩黨都認為他是好的總統人選。他後來被罵作「惡魔」乃完全歸咎於酬恤金進軍事件。

3　「……於公共交通匯集處搭設帳篷數日，肯定會造成混亂」（X v 挪威（1984）6 歐洲人權報告 357）。

4　當時麥克阿瑟騎著白馬監督行動，助手是喬治·巴頓上校，即後來在二戰中出名的那個「血膽將軍」（'Blood and Guts'）。一戰中，這兩人（包括被他倆趕出華府的許多老兵）都曾在阿戈訥森林（Argonne）為美國而戰。巴頓曾負傷，被戰友喬·安吉洛（Joe Angelo）冒死背到安全地帶。安吉洛是從新澤西全程走到華府，也是 7 月 28 日被趕走的進軍者之一。

第11章

示威與公民抗命
——甘地

如前幾章所述，街頭示威在英倫諸島興起，與法制及和平非暴力抗議權的觀念息息相關。這種關聯可追溯至約翰・威爾克斯，他被判監後，堅持要釋放他的支持者們將他送回監獄服刑（見第 2 章）。倫敦通信協會捍衛法制，亨利・亨特、托瑪斯・阿特伍德及 1830 年代的改革運動者亦然。1866 年發生海德公園圍欄事件，是因人們無法肯定取締公園內改革集會的禁令是否合法。婦女參政論者亦以和平示威爭取合理要求，政府不予理會後才訴諸暴力。在美國，許多早期示威組織者，尤其是領導酬恤金進軍的華德・瓦特斯，都恪守憲法所展現的法制。

然而，塑造現代示威的要素中，包涵一項另類傳統。這就是和平公民抗命——故意觸犯那些引起公憤的法律。聖雄甘地是和平公民抗命傳統的卓越代表，但並非其發明人。對於現今很多示威者，「合法方式還是公民抗命？」依然是艱難抉擇。

亨利・大衛・梭羅

1845 年，年輕的哈佛畢業生亨利・大衛・梭羅，決心在麻薩諸塞州康科德鎮自家旁林中木屋內簡約過活，自耕自足盡量不用錢。住了兩年木屋後，他將體驗寫成《湖濱散記》，嘲諷世人對物質的過度依賴，頌揚自然生活的美好。

「盡量不用錢過活」尤為納稅造成問題。無收入者自不必擔心所得稅，但 1845 年的麻州仍有其他稅項梭羅躲不開，特別是每個公民均須繳的九美元人頭稅，梭羅依自己的原則拒繳，堅稱政府未為他作什麼，他的人頭稅是白繳，且政府收人頭稅等於強迫他過他不想過的生活。他認為向麻州立法機關爭取廢除人頭稅是徒勞，因無人像他這般生活。梭羅乾脆拒繳，最後被判入獄。他繫獄一晚便獲釋，因有人代他繳了人頭稅。梭羅事後將經歷及理由寫成隨筆，題為《公民抗命》。

「州政府未為我做什麼，所以我無須納稅」，梭羅的立場顯然有明顯漏洞。州政府維持司法機構，確與木屋內的梭羅無關？抑或該機構的存在，曾為他阻嚇劫匪？梭羅年輕健康時無需州政府幫助，年邁或生病時是否需要？或其他長者或病患是否需要？

然而，雖然梭羅抗稅之舉頗荒誕，隨筆語氣亦傲慢輕浮，但其觀點十分嚴肅。

人頭稅向來令人非議，正因它「數人頭」而不管人們是否付得起。英國史上，苛刻的人頭稅曾引發 1831 年農民起義。1990 年代，英國重徵人頭稅（美其名曰「社區收費」），騷亂四起。此外，在英屬非洲殖民地，當局正是利用飽受痛恨的人頭稅來調控當地民眾——他們原本自食其力甚少用錢，開徵人頭稅就迫使人們去礦山、種植園或政府作工賺錢納稅。

「少數公民反對一項多數人根本無意改變的法律」——就此而言梭羅並不孤獨。一項運動若廣受支持，有時可循正常的民主辯論程序獲得足夠支持來改變法律。然而，常有些問題對少數群體很重要，但多數人毫無興趣或積極反對之，故藉民主程序解決是遙不可及。這類問題有時令少數群體無法承受，故必須找出對策。梭羅的公民抗命概念，並非要更迭政權，而是針對具體法律發起抗爭，這或能有效地糾正立法缺陷引致的積怨。若違抗的政府不是像麻薩諸塞州那樣由民選產生，而是未經選舉產生且不負責任的，則這一切均為合理。

甘地

梭羅在世時其政治觀點乏人問津，死後他（尤其是《公民抗命》的觀點）的影響力卻日增。艾麗斯‧保羅和俄國小說家托爾斯泰都承認受

其影響。聖雄甘地湊巧讀了此書，這成為梭羅觀點改變世界的契機。

甘地於 1906 年讀梭羅的《湖濱散記》之時，已在南非代表印度族群參與社運。1908 年，他於約翰內斯堡福爾克斯勒斯特監獄服刑時，讀了《公民抗命》。

20 世紀初，在南非的印度人受到白種南非人和政府日益嚴重的種族歧視。當時甘地是一名來自英屬印度、由倫敦培養的年輕律師，投身印度人的運動幾乎純屬偶然。甘地為一單案子從德班搭火車往約翰內斯堡，因拒絕離開白人專用的頭等車廂，在彼得馬里茨堡被趕下車，於候車室過夜。此事使他體會到納塔爾省和德蘭士瓦印度族群的苦難，遂成為同胞公認的發言人和組織者，率眾反對政府不公義。剛開始，甘地想使殖民當局相信這些印裔族群都是忠於大英帝國的臣民。為此，在波耳戰爭和 1906 年祖魯叛亂中，甘地均組織印裔野戰救護隊；第二次他還擔任準尉。但大多數白人對印裔的嚴重歧視毫未改善。

首場公民抗命

1906 年，祖魯叛亂剛平息，德蘭士瓦即宣佈擬實行一項法案，要求所有八歲以上的印度人都要打指模，並隨身攜帶登記證以備隨時出示。未能或拒絕登記的印度人將自動喪失在德蘭士瓦的居留權，可能遭罰款、監禁或驅逐出境。警員可拘捕未能出示登記證的印度人，警方無須搜查令就可闖入任何印裔住宅並要求查看登記證。接洽任何官員（甚至辦單車執照時）都要出示登記證。

1906 年 9 月 11 日，一場抗議惡法的大會在約翰內斯堡帝國戲院舉行。組織者預計一千人出席，但三千人到場。召集會議的富商阿布都‧干尼宣佈他不會依新法登記，並呼籲群眾效仿。幕後策劃這項戰術的甘

地也響應號召。他提醒會眾準備為此受苦。他說：「我們或要坐牢受辱，或要挨餓或挨凍受熱，或遭獄卒鞭笞。若反抗者少，我們或遭重罰，財產或被沒收拍賣。我們今仍富足，明日或即赤貧，或遭驅逐出境。我們坐牢挨餓時，有人或病或死。簡言之，我們或要承受非人的苦難，但我們誓將勝過一切苦難。」

甘地講完，全體會眾起誓：寧入獄也不服從新法——這便是首場現代公民抗命的序幕。這概念太新穎，甘地等人也想不出合適名稱，甘地便透過他主編的《印度輿論》徵名。甘地遴選「真理堅固」（非暴力不合作）以名之，奉行者為「真理堅固者」。這場運動的處境，傳統政治手法無濟於事，因為佔壓倒優勢的歐洲人決意壓迫印度人。這亦非旨在更迭政權的社運。帝國戲院集會結束時，會眾起誓公民抗命，並向英王及印度皇帝愛德華七世三呼萬歲高唱《天佑吾王》。

甘地前往倫敦遊說，登記法的首輪方案被擱置，欲推行強制登記的德蘭士瓦法案未獲御准。

倫敦之旅，甘地會晤了潘克斯特夫人，但事後澄清他不贊同她暴力爭取婦女選舉權。甘地承認潘克斯特夫人並不想殺人，但也承認她確想毒打某些人，他堅持非暴力，對此絕不認同。甘地亦會晤了婦自聯的夏洛特・德帕德，覺得她「好棒！」並甚羨慕她的「精神反抗」。

數月後的1907年1月，英國政府授予德蘭士瓦「責任政府」地位（類似內部自治政府），意味著其政策無須再經倫敦批准。德蘭士瓦政府立即實施之前遭否決的登記法，1907年7月1日生效。政府宣佈，1907年7月31日前未登記的印度人，將提前四十八小時通知後驅逐出境。面對威脅，德蘭士瓦的一萬三千名印度人中僅約五百人於截止期前登記。抗議海報貼遍約翰內斯堡及比勒陀利亞，寫著「抵制！抵制許可證

辦事處！寧坐牢不抵抗，為共善自尊受苦。效忠英王須效忠萬王之王。解放印度人」。甘地稱對此負全責。

為控制事態，德蘭士瓦政府多次推遲登記截止期，期望抗議熱潮冷卻。到 1907 年 11 月 30 日，推遲三次後登記人數亦僅有五百一十一人。政府決定執法。

甘地是最早受審者之一。1908 年 1 月 10 日，他獲刑兩個月無須服苦役，雖然他要求地方法官判處最重量刑（入獄六個月）及服苦役。

服刑約一個月後，甘地被帶去密會德蘭士瓦總理史末資將軍。史末資提出妥協——非強制性登記，反對打指模者可不打。政府將廢止登記法並重新立法。

甘地起初同意史末資建議。隨即獲釋的他，嘗試勸說印裔族群接納建議。但政府建議籠統且無法服眾，不少印度人認定甘地向史末資出賣同胞。這不屬實，但甘地太輕信史末資而被他利用。甘地「自願」去登記時，被憤怒的印度人襲擊，若非朋友及時救助，他或已被打死。甘地傷愈便去德班對一場集會演講，卻又險被暗殺。兩次行動都是普什圖人所為，他們斷定甘地是叛徒。

甘地逐漸看穿史末資並無意履諾，便構思新戰術重燃公民抗命運動。他叫有文化的印度人上街扮無牌小販招惹逮捕，還收集於自願登記期內辦理的登記卡「隆重」焚毀。1908 年 8 月 16 日，三千人出席甘地發起的「焚卡」儀式，他事前已通知政府。約一千三百張登記卡被放入講台上的大鍋內，淋上煤油燒毀。第二場焚卡大會後，被焚登記卡達二千三百張。政府依然強硬執行登記證法。

1908 年 10 月 7 日，甘地再度被捕，罪名是未攜帶登記卡並拒絕打指模。他被判服苦役兩個月。就在這次惡劣的刑期，甘地讀了梭羅的《公民抗命》。1909 年初，他第三度入獄服刑三個月。出獄後，他代表南非的印裔族群去倫敦參與討論南非的未來。這次是大英帝國政府與南非領導人史末資及博塔談判一項條約，將西開普省、納塔爾省、德蘭士瓦及奧蘭治自由邦合併為南非聯邦。回南非前，甘地和支持者們就印裔族群的地位問題與英國政府作了冗長談判，惜未成功。

就在此時，甘地意外收到來自印度的巨額捐助。捐贈者是些受甘地非暴力不合作運動感動的印度富人。實業家塔塔捐了二萬五千盧比，邁索爾大君、比卡內大君和海得拉巴土邦帝王尼扎姆都大筆捐助。大約同時，還有人捐了一座農場，甘地將其命名為「托爾斯泰農場」。甘地極仰慕托爾斯泰，並有書信往來。農場和資助成為非暴力不合作運動的後盾。非暴力不合作成員因拒絕依法登記而入獄後，甘地便將他們的妻兒暫時安置在農場。

儘管有這些便利，反對登記運動仍無突破。1912 年，印度民族主義政治領袖之一的戈帕爾・克裡希納・戈卡爾協同甘地到南非各地推動運動。史末資和博塔在比勒陀利亞會晤戈卡爾，承諾改善印度人處境。戈卡爾走後南非政府又食言。且政府似乎想在印裔族群中挑起更大民怨，來掩蓋登記證風波。德蘭士瓦最高法院裁定，當地僅承認基督教婚禮。這似乎是政府授意。政府對其在印裔族群中招致的憤怒與恐慌依然麻木。

甘地遂決定將公民抗命推升到更危險的新層次。他決定背城借一，與政府對抗。方法是讓多隊印度人從納塔爾—德蘭士瓦邊境，無證相向遊行過境，藉無證旅行招致被捕並甘願遭邊防毒打。一批人從靠近約翰內斯堡的托爾斯泰農場出發南下。一批人從甘地經營的靠近德班的鳳凰農場出發北上。

前往德蘭士瓦的遊行者，抵達納塔爾北部紐卡素時，當地礦工許多是印裔，他們罷工加入非暴力不合作運動。1913 年 11 月 6 日，甘地親自領導成人及兒童共逾二千人和大隊紐卡素礦工越境闖入德蘭士瓦。甘地與邊防商談過境通道，分散其注意力。其他成員趁機從就近通道蜂擁越境。混亂中甘地也越境了。接下幾日，他們在德蘭士瓦遊行時許多人被捕。甘地三次被捕，前兩次獲保釋。第三次是被德蘭士瓦移民局長親自拘捕，並獲刑三個月。

此時，甘地策略始見成效。印度本土對甘地支持之強烈，讓孟買總督威靈東勳爵和印度總督哈丁勳爵均憂心忡忡。威靈東稱南非印度人的處境已成為「帝國的問題」。哈丁則說，他和全印度都對南非印勞的苦況「心急如焚」。哈丁向南非派出特使。戈卡爾則派兩名深諳印度的英籍宣教士（查爾斯·安德魯斯、威廉·皮爾遜）協助甘地鞏固運動。安德魯斯主要憑他與南非總督赫伯特·格萊斯頓的私交才爭取到這安排。格萊斯頓曾任內政大臣，那位針對婦女投票權發表挑釁演講，及對女權分子採取強迫灌食的，就是此公（見第 9 章）。

一開始，史末資對干預南非內政頗反感，要求撤換哈丁。英國政府不願撤換他，就想例牌來個調查委員會化解僵局。甘地卻拒與委員會合作。

有了印度的雄厚支援，甘地立場轉強，史末資總算軟化。當局廢除了印度人的三鎊人頭稅，承認其一夫一妻制婚姻，印度人持戶籍證明即可入境南非，受過教育的還可進入西開普省（該省以前禁止印度人入境）。這些讓步大致滿足了甘地的要求，他遂叫停非暴力不合作運動。就此而言，世界首場公民抗命運動大致獲勝（雖不全面）。

這場勝利震撼世界。甘地在南非開創的戰術，被印度的民族主義運動所借重，只是時間問題了。

1915 年甘地返回印度。此前數月,他在倫敦又組織一支野戰救護隊,這次是協助英國應付一戰。急於伸冤的人們又向他求助,但他未急於搞抗命。他接手北部比哈爾邦染料工人的欠薪問題,並為此採集詳盡證據。甘地的私人調查委員會取得成效,甚至印度政府都被迫開啟正式調查。受虐工人終獲大筆補償金。

甘地首次在印度發動公民抗命,是三年後的 1918 年。他藉此支援古吉拉特邦凱拉區歉收農戶的減稅運動。甘地組織農戶發起大型拒繳土地稅運動。相持四個月後達成一項不太圓滿的妥協——富農足額納稅,貧困農戶免繳。甘地認為運動失敗了。

凱拉運動期間,甘地仍忠於大英帝國。他與很多同輩印度人都認為「若印度人證明,自己值得享有與帝國內白種歐洲人同等的待遇,他們就會如願」。直到那年,他對帝國制度也相當尊敬。1919 年的連串事件,最終釀成阿姆利則慘案。事後甘地的取態,與數百萬印度人一樣,發生了根本轉變。

羅拉特法案

一戰時,約 250 萬印度人在海外為英軍服役,並於 1918-1919 年回印度。民眾(尤其是印度的政治階層)當時普遍期待,這批人為帝國的犧牲,會換來當局善待本土的印度人。可惜駐印英國當局,漠視這種情結的力度和正當性,只關注俄國革命而擔心布爾什維克策動叛亂顛覆。政府也擔心 1909 年那場因劃分孟加拉邦而引發的加爾各答恐襲重演。恐襲亦迫使英屬印度首都於 1911 年從加爾各答遷至新德里。

一戰時,帝國政府設立委員會調查印度的叛亂問題,大法官羅拉特任主席。1918 年 7 月,羅拉特委員會提交報告,建議用極端措施鎮壓

政治暴力事件。任何參與或涉嫌恐怖活動的人，都由一個特別非公開法庭審訊，並剝奪上訴權。訴訟報告不公開。持有煽動性文件即為重罪，刑期為兩年監禁。出獄兩年內只可從事政府許可的活動，不得作破壞安寧的演講或寫作，並限制居住。

總罷工

1919 年，印度政府宣佈將根據羅拉特建議立法，卻不宣佈任何措施回應政治改革訴求。這如一記組合拳，擊碎了印度人的期盼。更何況印度事務大臣在戰時曾說，戰後印度可能獲得帝國內「自治領地位」（類似澳大利亞、加拿大及紐西蘭）。

1919 年 4 月，甘地在羅拉特法案獲通過成為法律時，組織了一場非暴力抗議運動——總罷工，欲癱瘓所有政府職能。罷工未能阻止法律實施，也未能保持非暴力。多處發生暴力事件，尤其當民眾聽說甘地從孟買乘火車往德里途中被捕後，群情震怒。甘地曾在阿麥達巴生活並備受擁戴，當地暴力事件最嚴重。政府建築遭焚毀，歐洲人被殘殺。甘地叫停罷工，承認運動是「喜馬拉雅般的錯」。

阿姆利則慘案

一週後，便發生阿姆利則慘案，事件與甘地領導的罷工並無直接關係。旁遮普邦的阿姆利則是錫克教聖城。剛接管要塞的雷金納德・戴爾準將禁止所有公眾集會，但命令未公告周知。因此，擬於札連瓦拉園舉辦錫克教傳統光明節的組織者不知禁令。札連瓦拉園開闊但四面被圍。約 6,000 平民靜聽演講時，戴爾趕到，令士兵不預警即向人群開槍。人

們爭相逃離這塊封閉園地時，士兵仍不停開槍。官方稱三百七十九人被槍殺，更多人受傷。真實數字或永遠成謎，但可能更高。士兵共發射一千六百五十發子彈，因近距開槍，絕大多數子彈至少擊斃或擊傷一人。

戴爾施暴後仍恫嚇侮辱阿姆利則人。戴爾到達阿姆利則之前一天，歐洲女子舍伍德在市內被人暴打後扔下等死。戴爾命令印度人途經事發地點時均要以雙手雙膝爬過。

獨立成必然

戴爾的辯解自相矛盾，但屠殺顯然有預謀。若實在要尋找「合理動機」，他似乎是想對舍伍德遇襲一事以儆效尤。可想而知，屠殺粉碎了英國人與廣大印度人之間的互信，他們曾經信賴英國人。戴爾施暴卻不受懲處，這使得印度的最終獨立成為必然。

在此背景下，我們有理由認為，此後甘地領導、聞名世界的非暴力不合作運動，其主要成就並非贏得印度獨立——因為獨立在所難免，而這種方式相對減少了獨立進程（而非獨立本身）的血腥和暴力。此方式用於印尼、阿爾及利亞、越南等歐洲帝國屬地時，也減少了流血和暴力。其原因有二：

首先，甘地的非暴力說教吸引了極多印度人，包括傾向獨立的國大黨領導層，並確保了國大黨策劃的獨立策略是和平的。其次，甘地行為的道德感召力和象徵意義，感化許多英國人成為他的同情者，包括駐印英國當局很多人。最終，很多英國輿論站到甘地一邊。因此，1945 年工黨政府上台後，承諾讓印度獨立。

公民抗命的局限、甘地的對策

阿姆利則慘案後，甘地不敢再搞罷工，以免再引發大型暴力事件。實際上，1919 年總罷工失敗及衍生暴力事件，促使甘地審視他在南非摸索出的公民抗命策略的局限。

大型和平公民抗命運動，難免有暴力傾向者加入。他們一段時間後或無法保持克制（可能經不起挑釁）。規模越大、議題越情緒化，運動就越難保持和平。

1922 年甘地入獄後，可長時間深思這問題。他入獄是因組織罷工，尤其是捲入聯合省（今北方邦）戈勒克布爾附近查理查拉的事件。他在當地的一批支持者遭警方攻擊後，包圍警局殺害警員。甘地未參與也無直接責任，但他懇求法庭判罪。他在被告席上發表了著名演講，揭開了英治印度的終結篇。他獲刑六年，但實際服刑不到兩年。

甘地出獄幾年後，終於重啟非暴力不合作運動。他為避免重演查理查拉事件，刻意放棄大型運動，轉而摸索由他親自領導的、小規模、組織良好的公民抗命。

此法奏效須兩項前提。首先，抗命者必須擁有道德聲望。其次，行動要廣獲報導。掀起這波運動時，甘地的成就、清苦和謙卑風範，已使他擁有崇高道德威信。至於宣傳，他知名度之高，發起任何活動都會廣獲報導。因此，甘地發起畢生最著名的一次示威——丹地食鹽進軍時，他對勝算已有一定把握。

食鹽進軍

英屬印度法律規定，當地所有食鹽均須納稅。甘地擬從阿麥達巴附近的靜修處走到丹地海邊，再象徵性從煮鹽鍋中取鹽分給眾人，但不納稅。反過來，這舉動又是一個訊號，開啟一場更廣泛的公民抗命運動。

1930 年 3 月 12 日，甘地在七十九名信徒陪同下起步。他當時已六十一歲，僅穿一條卷到腿上的裹裙（纏腰布）——這已成他的招牌。他拄著棍，像個朝聖者。

甘地途經阿麥達巴時，越來越多人沿途加入，遊行隊伍長達兩哩。人們夾道相迎，把綠葉灑在前方的窄路上。進軍者們每晚在不同村莊落腳，甘地會就最關心的主題教化大家，例如織土布的好處（使印度自立，不再靠英國布）、關愛賤民、改善村落衛生、禁酒、打破政府對食鹽的壟斷、參加非暴力不合作運動等。甘地頂著烈日每天跋涉十至十五哩，有牛車供他代步，但他堅持走完全程。他不時停下小憩，有時遊行隊伍會休憩一整日。

進軍途中，甘地說他時常想到死。這念頭正常，因這場遊行極大威脅政權穩定。假若他前方是下令軍隊轟擊加邦神父的沙俄政權（見第 8 章），他就很難活著到丹地。假若地方軍頭是「戴爾第二」也會如此。但在阿麥達巴到丹地途中並無戴爾，而英屬印度政府或對甘地此舉的重要性後知後覺，或在對策上猶疑不定。總督艾文勳爵下令不得阻礙甘地，並靜觀事態發展。

1930 年 4 月 5 日，經過二十四日跋涉二百四十一哩，甘地一行終於走到丹地，非暴力不合作者徹夜禱告。翌日清晨，甘地在信徒簇擁下，在海邊舉行沐浴潔淨儀式。上午 8 時 30 分，他莊重屈身拿起一小塊天然鹽。依照法律，不繳稅就不能從海灘帶走這塊鹽。現場沒有警察，無人被捕。

隨後卻很敗興——一週後，此事廣為人知，印度陷入自行造鹽狂潮。想獨立的人都設法違反《食鹽法》。人潮湧到海邊圍觀取鹽，拼命阻止警察接近那些取鹽的人。兩日後的 4 月 8 日，在靠近丹地的小村阿特，甘地再次象徵性違反《食鹽法》。

幾日間，食鹽進軍引發的這場運動似將無果而終，因為英國當局並未鎮壓。然而，事態發展迫使政府出手。

在孟加拉，一夥恐怖分子搶劫吉大港市軍火庫，殺害六人後逃入叢林。恐襲由「印度共和協會」發動，與甘地無關。在印度另一端，汗‧阿卜杜勒‧加法爾‧汗在白沙瓦被捕，他是頗有影響的普什圖人領袖、甘地信徒，被稱為「前線甘地」。此事激起的示威迫使警察撤出白沙瓦，加法爾‧汗的追隨者——「紅衫軍」佔領市區並放他出獄。當局派皇家噶瓦里來福槍第十八團兩個排前往恢復秩序，但士兵拒絕向人群開槍並潰逃。這是一宗極嚴重的嘩變，因絕大多數白沙瓦人是穆斯林，而該團官兵都是印度教徒。事後當局派出啹喀兵，在空中支援下重奪白沙瓦。1930 年 4 月 27 日，當局在全印度實施新聞審查，印發任何涉及公民抗命的內容均屬重罪。

奈都夫人

甘地故意挑動政府加強鎮壓。他致信總督，稱他和信徒將衝擊並以人民名義接管達拉撒納鹽廠。當局搶先拘捕他，但民眾仍在沙拉金尼‧奈都帶領下，於 1930 年 5 月展開行動。

衝擊是非暴力的。方案是：衝擊者均自願被捕，但以龐大人數全面壓倒警力。約二千五百名著裏裙戴「甘地帽」的國大黨員參加。政府收到甘地預警後，在鹽廠內部署四百名警察，配備鋼頭長棍。鹽廠位於海

邊開闊地，以水溝和帶刺鐵絲網阻隔。非暴力不合作者跨過水溝即遭毒打，極少能接近鐵絲網。和平示威者被警棍打得遍體鱗傷。更多人前仆後繼，警察打紅了眼，把示威者打到昏迷，用鋼刺劃，踩睪丸，捅肛門，踢小腹。英籍警官嚴禁示威者進入鹽廠，一隊來福槍手也就位，隨時開槍。

衝擊持續了兩小時。目擊者在臨時搭建的醫院中見到三百二十名傷者。最後警方發起衝鋒，逮捕了奈都夫人和甘地的二兒子馬尼拉勒。兩名示威者傷重死亡。

公民抗命運動又持續八個月，直到 1931 年 2 月，政府才答應在倫敦開圓桌會議討論印度的未來。甘地直接從獄中前去倫敦談判，並暢遊英倫。雖然會議未化解任何問題，但開會一事本身，就是非暴力不合作運動澎湃力量的明證。就此而言運動成功了。運動也利用當局鎮壓，特別是達拉撒納鹽廠的警暴，沉重打擊了英國在印度和全球的威信，從而推動了印度獨立進程。

甘地也許很幸運——丹地及達拉撒納事件發生時，印度總督艾文勳爵是個和事佬，憎惡鎮壓。他對和平的執著後來拖累他名譽掃地。1938年，他以哈利法克斯子爵身份任張伯倫政府外相，與希特勒達成聲名狼藉、肢解捷克斯洛伐克的《慕尼黑協定》。但在 1931 年的印度，他的綏靖傾向使其急於與甘地對話、了解他、從英國務實政治的立場迎合國大黨的崛起，並極力避免暴力。強迫艾文鎮壓有違其個性。假若總督果斷一點，甘地可能到不了丹地，他 1930 年代的公民抗命運動也可能瓦解了。

甘地的戰術及性格，極適合挑戰某類政權——這類政權傾向依據公認的準則運作，且政府上下有許多秉持自由主義觀點的人。英國駐印人

員中，雖很多人的觀點接近戴爾將軍，而非艾文勳爵，但從來無人認為戴爾的行為是政府政策。

其他國家的實踐證明，對手若是戴爾那種嗜血獨夫，甘地的戰術通常無法取勝，至少短期內如此。

甘地本人似乎都未意識到這點。他根本不懂納粹德國的本質，還建議受納粹迫害的猶太人採取「非暴力不合作」。1938 年，他善意地寫信給捷克斯洛伐克總統愛德華‧貝奈斯，建議他以非暴力不合作對抗希特勒，還描述一名捷克非暴力不合作者對德軍應有的行為。直到二戰尾聲他才承認，與英國的壓迫相比，希特勒的作為是另一種性質。直到 1946 年印度教徒—穆斯林騷亂中，他才勉強承認「出於自衛的暴力可算合理」，而且這轉變從未貫徹到他思想中。

賤民

就算在英屬印度境內，除了難以貫徹和平（見上文），非暴力不合作運動仍有其他弱點。1932、1933 年，甘地開始關注對賤民的歧視問題，想藉非暴力不合作運動迫使寺廟對賤民開放，並廢止對賤民的其他歧視。反英運動頗得民心，這場運動卻得罪了印度教大部分的「較高等種姓」。其中有人也發起非暴力不合作運動對抗甘地。印度教教士拉爾納斯的信徒尾隨甘地到各地。他們揮舞黑旗，威脅橫臥在廟門攔阻賤民進入（甘地希望這些寺廟對賤民開放）。拉爾納斯精研甘地戰術，決心「以其道治其身」，包括鼓勵信徒為理想受苦。這隊非暴力抗爭者有時將另一隊逼到失措。拉爾納斯曾對甘地說：「我們想被警察或你的信眾傷害。」

拉爾納斯一直讓甘地頗感棘手。其信徒若躺在甘地的汽車前，他可下車步行。他們若在寺廟前組成人牆不許他進入，他就無策了。

有些賤民覺得甘地未盡力幫他們，也對他採取非暴力不合作。甘地對此也沒辦法。1938 年 8 月，當甘地住在印度中部沃爾塔附近，由他建立的村莊賽瓦格拉姆時，一小隊賤民闖入村，宣稱不滿足要求就不走。

此時，印度政府已是由印人組閣的有限內部自治政府（1936 年）。政府計劃將賤民階層另劃選區單獨選舉，這將形成某種隔離制度。甘地稱將「絕食至死」抗議新制度。這新戰術空前成功，政府撤銷計劃。然而，闖入賽瓦格拉姆村的賤民要求甘地讓一名賤民入閣。賤民們還照搬甘地戰術，稱若甘地不滿足其要求將「絕食至死」。

闖入村的賤民，還要求甘地在村內為其預留房間（賤民已選定房間，住戶被迫搬走）並配備待應。甘地只得答應。這班人嘲諷地模仿甘地高談闊論不停要求。這樣住了幾日才走。這遭遇使甘地深受打擊。幸好沒第二次。

當對手以公民抗命，對付公民抗命時，運動就「撞南牆」。印度教教士拉爾納斯和闖入賽瓦格拉姆村的賤民就是例證。就此而言，當一場公民抗命遭另一場對等的公民抗命抵制時，就易失敗了。

「智」勝秘笈

或許甘地的制勝秘笈，並非公民抗命本身，而是運用新奇的抗爭戰術來激發公眾想像力。他本人就是一個新奇、另類的人物。他在南非開創的公民抗命運動，當時就是一個新主意。但在 1930 年的印度，「新

奇」的不再是公民抗命，而是一個形象——一位羸弱老者，藉著在海灘彎腰拾鹽的簡單姿態，來對抗大英帝國強權的形象。這幅震懾的形象勝過一切。這戰術隨之風行世界，被實踐於各種局面，較他的示威更打動人心。

1947 年 8 月印度贏得獨立。僅僅五個月後，1948 年 1 月 30 日，甘地在德里被印度教沙文主義激進分子南度藍姆・高德西刺殺。他悲壯的死或益發提升了他在世界的形象。他悲壯的死也激勵歷代人（包括示威運動組織者）步武前賢。

以下幾章，我將探討甘地死後，基於公民抗命戰術的社運，在全球各地（尤其是南非、美國、北愛爾蘭以及公海）實踐的成與敗。

第12章

甘地的遺產

玫瑰街、白玫瑰

甘地曾建議捷克斯洛伐克總統愛德華・貝奈斯，以非暴力不合作運動抵抗納粹軍。一些甘地研究者至今不相信甘地是誤判。他們認為，當時若這樣做並且參與者眾，就可制止納粹。

我們若接受這謬論，就可能誤讀二戰中期柏林的一次成功的反納粹示威。但這場示威根本無關甘地或其教導。了解 1943 年初柏林的玫瑰街事件，有助我們研究那些刻意效仿甘地的人。

玫瑰街示威地點，竟是蓋世太保總部外！示威者大多為非猶太裔婦女，其猶太丈夫即將遭遣送納粹死亡營。

1941 年 12 月，納粹萬湖會議確立滅猶政策，並於 1942 年大規模執行，納粹佔領下歐洲各地（包括柏林）的猶太人被遣送滅絕營。柏林雖為首都，但對納粹的擁護程度卻常低於外地，柏林的猶太與非猶太人關係也好於外地，通婚也多。

1943 年初，一些柏林人，多數是猶太人的非猶太妻子，聚集玫瑰街抗議遣送其猶太裔家人。示威日以繼夜，有示威者間或加入或離開做其它事。有時多達六百人聚集，結束前總計約六千人參與。

蓋世太保當然屢次威脅示威者散去，否則開槍。但一週後，納粹黨柏林地區領導戈培爾下令釋放一千七百至二千名與非猶太裔通婚的猶太人。他們恢復工作，再未被遣送，多數熬過了二戰。

玫瑰街示威者並非政治人士，也未受某類思想激勵。研究者內森・斯托茲弗斯稱其為「良心抗爭者」，意指她們並非政治中人，若非親人受威脅，多數情況下甚至不反納粹。她們示威不是反納粹政權，甚至不反對遣送猶太人，而僅僅反對遣送其丈夫。這並非貶低她們的彌天大

勇——在第三帝國絕大多數時期,示威的下場是就地處決。但要承認,該示威對於納粹政權的挑戰極有限。

示威獲勝,示威者未遭「秋後算賬」式大批處決,原因是時機湊巧。玫瑰街示威發生前,德軍剛在斯大林格勒慘敗。德軍於 1943 年 1 月底 2 月初在斯大林格勒投降,消息幾乎同步傳到柏林,納粹悉心營造的「戰無不勝」神話破滅。因此 1943 年 2 月是納粹政權的難捱時刻。玫瑰街示威廣獲報導,甚至倫敦 BBC 都有播報。納粹滅猶方案關鍵是保密,柏林中心這場持續公開抗議,對保密工作是很大隱憂。戈培爾或正因擔心這點,才決定推遲幾週遣送,望示威平息後再啟動會較順利,但事後就再未下達遣送令。

故此,玫瑰街示威的時機極關鍵,極有利。對於反抗者,納粹向來格殺勿論。稍早或稍遲,示威者都或遇害。「白玫瑰」就是納粹魔爪下示威者命運的寫照。他們是慕尼黑一些天主教學生,印發傳單呼籲反納粹暴政。事敗後遭迅速處決。

若多幾次「玫瑰街示威」,或能拯救更多猶太人等面臨遣送或處死的人。但納粹或會濫殺示威者製造寒蟬效應,這種結局更有可能。玫瑰街示威,根本不能用以證明「甘地的消極抵抗能抵擋納粹」。

蘇巴克威、《通行證法》

我們從非政治性的玫瑰街示威,轉向那些實踐甘地理論的示威時,會發現戰績並不樂觀,尤其在南非。作為非暴力不合作運動的策源地,20 世紀的南非見證了當地民權人士對甘地理念的持續實踐。

羅伯特‧蘇巴克威，現在最熟悉這名字的，是研究 20 世紀中期南非的史學家。若他成功實踐了甘地理念，那麼我們緬懷的自由南非國父、推倒種族隔離的勇士都會是蘇巴克威，而非納爾遜‧曼德拉。甘地在南非信徒頗多，實踐中最有雄心、最富遠見的就是蘇巴克威。

　　甘地曾指導南非印度族群，其教誨和成就，佔人口多數的黑人族群也耳濡目染。南非土著人國民大會（後改稱非洲人國民大會，簡稱「非國大」）於 1919 年首份憲章第 13 條所列明的、組織擬採取活動中就有「消極行動」。1919 年，為抵制當局強迫黑人攜帶通行證的法規，霍雷肖‧恩貝爾、J.W. 鄧華和 P.J. 馬祖發起抗議，即運用甘地的消極抵抗戰術。發起者稱：消極抵抗既非挑戰政府亦非背叛，仍效忠英王及英國憲法。示威者將一麻袋通行證和豁免文件扛到證照署，宣示抵制《通行證法》之決心，因其無異於奴隸制。和平抗議者遭警隊和白人民團圍剿。政府特設的調查委員會建議放寬通行證法，但當局並未落實。

　　1931 年 6 月，非國大呼籲發起消極抵抗運動，但響應者寥寥。1935 年，非國大及盟友想盡辦法也無力抵制一項打壓性立法。該法終止西開普省黑人與白人共享選民名冊，只許黑人按照一份特別選民名冊，選舉少量白人議員，藉此限制黑人參與國家公共生活。

　　二戰後的 1946 年，南非印度人重拾甘地開創的消極抵抗。這次是抵制史末資政府的《亞洲人土地佔有和印度代表法案》，惜未成功。當時印度族群勢弱，受到白人壓迫與黑人敵視夾擊。1949 年 1 月德班的祖魯人騷亂排印，一百四十二名印度人遇害。甘地已離世，一些印裔領袖仍持守他的非暴力公民抗命原則，卻不知如何實踐取勝。多年後，南非印度人大會檢討其非暴力政策時，領導人 J.D. 辛格說：「非暴力未辜負我們。我們辜負了非暴力。」但在白人高壓統治下，這話更多是自責。

「不服從運動」

1948 年，史末資的聯合黨落敗，馬蘭博士領導強勢南非國民黨上台。馬蘭堅決捍衛黨的種族隔離政策——全面隔離各種族，實行白人集權。這次權力更迭，恰與非國大的新老交替同時。更熱衷直接行動的奧利弗・坦博等新人，換下擅長代議制的煦馬博士等前輩。

1952 年，非國大發起「不服從運動」。這場精心策劃的消極抵抗，由曼德拉和坦博領導，入獄者達八千五百人。行動引起國際社會對南非黑人遭遇的廣泛同情，卻未拖慢種族隔離步伐。1953 年，馬蘭政府通過更嚴厲的《刑法修正案》，禁止十名以上非洲人擅自集會；規定任何因「抗議或支持任何抗法運動」而違法的非洲人，可判鞭笞十次、罰款三百鎊、監禁三年或其中任意兩項。蓄意唆使他人違法者，最高可增加罰款二百鎊或延長監禁兩年。

泛非大會、再戰《通行證法》

許多南非黑人認為不服從運動失敗。兩年內非國大聲勢告急，規模大幅萎縮，對策分歧加劇。有人認為運動失誤，因其背棄「在建制內爭取」的傳統。有人則認為失敗，乃因其半途而廢。雖然第二種觀點漸獲接納，但非國大再未發起類似運動。1958 年，蘇巴克威難忍非國大不作為而出走，並自建組織——泛非主義者大會（泛非大會）。

蘇巴克威決心發揮甘地戰術，對抗種族隔離。當局控制黑人的主要手段——通行證，成為他的突破口。

20 世紀上半葉，黑人離開戶籍地時均須攜帶通行證。但種族隔離下的通行證制度變得更凌辱，黑人稍違反就被捕。通行證法還關聯《種

族分區法》等法律，後者禁止黑人擅自住到「原住民區」以外。故這些法規乃整個種族隔離社會的頂樑柱，飽受黑人痛恨，成為群眾抗議的箭靶，示威勢獲廣泛支持。

蘇巴克威的構想很簡單：黑人收到信號後湧入警局，當著警員撕毀或損壞通行證。損壞行為本身即屬違法，在警局內損壞會立即被捕。蘇巴克威預計被捕者之多，當局將無法應付。警局和監獄將爆倉，大量關鍵崗位的工人將因被捕而流失。強勢當局會被迫談判妥協。這很像非國大 1952 年發起，但功虧一簣的「不服從運動」，但蘇巴克威寄望他的運動規模空前，以規模保成功。運動要成功，被捕人數就要遠超 1952 年。

構想很振奮，但蘇巴克威是「小刀鋸大樹」。種族隔離政府毫不手軟，泛非大會在黑人中也不算主流，無廣泛支持。組織雖在增長，但有政治意識的黑人大多支持其對手非國大。可惜非國大擔心重演 1952 年的失敗，也不想與它合作。蘇巴克威因而要單幹。1959 年底，他決定行動時，國內廣大地區會員稀少，且無法參與運動。鑑於這些因素，行動之前或就已註定失敗。

1959 年 12 月，泛非大會決定於「D 日」大示威反《通行證法》，並密定該日為 1960 年 3 月 21 日。1960 年初，組織印發三份小冊子呼籲示威，但未透露日期，以免警方預防。警方偵騎四出，但行動保密工作似乎還算成功。

3 月 21 日是星期一。蘇巴克威設想：除了反《通行證法》抗議，還會出現大規模曠工及示威。他提前三日宣佈行動日期。但到 3 月 21 日，預期的全國運動並未實現。在約翰內斯堡，蘇巴克威與一群支持者去「投案」，但當地人大多未理睬這個行動日。重要工業中心伊麗莎伯港亦然。開普敦約一千五百人未帶通行證，從蘭佳鎮遊行到腓立比警

局，要求拘捕。警員卻並未當場逮捕，而是記下姓名，叫眾人「遲點再來」。糾纏幾小時後，警方祭出警棍打死兩人。隨後發生騷亂，一名旁觀者喪生。就公民抗命和非暴力而言，開普敦的事件都是敗筆。

沙佩維爾屠殺

瓦爾三角區的城鎮（約翰內斯堡以南的重工業區），是運動在蘭佳以外唯一廣獲響應的地區。星期日晚，大批居民包圍警局，鄰近弗里尼欣的沙佩維爾爆發嚴重危機。

泛非大會戰術頗佳——成員反復包圍沙佩維爾警局，使警員精疲力盡，無力應付翌日大示威。此時警員又累又怕，警局唯一電話線偏偏又出故障，警員更加恐懼。星期一晨，沙利臣裝甲車趕到增援，令對峙更緊繃，警局外人山人海。警員根本無法和平驅散群眾，甚至無力拘捕其中一小撮人，因為警局只能關幾名囚犯。下午 1 點，警局內外二百九十四名警員遭上萬人圍困。警方估計有一萬五千人，具體人數不詳，可能略低，但多到可癱瘓任何人群控制手段。被人潮嚇壞的警員，對有計劃公民抗命運動的性質懵然無知，斷定人群將發動攻擊。示威者的體重壓彎了警局外的防護網。警員缺乏人群控制裝備或訓練，卻不缺彈藥。事後調查證實他們持有約四千發子彈，配備左輪手槍、步槍、輕機槍（斯登衝鋒槍）、自動手槍和裝甲車載重機槍。

卡托莊園事件加劇了沙佩維爾的緊張。南非政府剛剛趕走德班的黑人聚居區、卡托莊園的居民。此舉是種族隔離政策的一環，旨在把黑人從市區趕回其所謂「家鄉」。非武裝示威者於月前抗議強拆時，遭警方槍擊。人群還擊，暴民襲警殺死九名警察。這是示威者遭警方攻擊後，首次如此大肆反擊。沙佩維爾警方知道此事，人群中也有些人知道，並以此嘲笑警員。

下午1時29分，一名綽號「喬波依」的醉漢來到警局。他是個小偷，與泛非大會無關，族人也瞧不起他。「喬波依」幾月前曾遭警長迪朋暴打，見迪朋恰在警局外當值，便拔槍連開兩槍。這純屬「喬波依」個人行為，完全違背示威組織者初衷，他們也未預見這種情況。

　　警員立即反擊，向人群掃射逾一千發子彈。示威者逃竄時，警員仍繼續朝其背部開火。幾分鐘內人潮潰散，只留下屍體和傷者。

　　沙佩維爾屠殺遇難人數仍存爭議。官方公佈六十九人，但很多人相信警方秘密處置一些屍體以降低公佈數字。受傷人數不詳但不少於二百人。現場記者目擊慘狀，有關報導震驚世界。

　　屠殺發生後，各方態度分化。主流國家開始制裁、孤立南非。南非種族隔離政權則更決意暴力鎮壓黑人。黑人活動家則更肯定：惟武鬥才能奏效。屠殺發生後，非國大主席阿爾伯特‧盧圖利也象徵性焚毀通行證，以示與罹難者同一陣線。但人人都清楚：在當時南非，以「非暴力公民抗命『拆毀』種族隔離」的策略行不通。蘇巴克威因煽動罪入獄三年，單獨囚禁於羅本島，刑滿後當局仍以行政令延長監禁。1969年蘇巴克威才獲釋，之後被禁從政，並於西開普省的金伯利內部流放，1978年死於肺癌。

　　沙佩維爾屠殺是範例，證明「以和平示威對抗專制政權」手法的局限和挫敗。類似事件很多。撇開那些想更迭政權的運動，無數訴求卑微的示威，所獲的都僅是一陣彈雨。非武裝示威者若面對一個武力鎮壓無底線的政權，若無國際支持或政權嚴重分裂等特別因素，則合法示威或甘地式的消極抗命，均無望帶來任何改變。

馬丁・路德・金

因此，繼甘地之後，甘地學說的最大勝利並非在獨裁政權下取得，而由馬丁・路德・金及民權運動在美國獲得。

到 1950 年代，美國已是歷史悠久的民主政體，憲法原則堅實。雖然南部州份非裔美國人面對頑固的制度化歧視，酷似南非種族隔離制度，但歧視並未獲美國政界全面支持。許多北方人民、聯邦政府人士都同情民權運動，美國黑人更競相參與。金的非暴力路線雖受零星暴力行動干擾，但遠未到南非非國大與泛非大會的分裂程度。

此外，金還擁有其它有利條件。他是堅定的甘地主義者，1950 年代曾赴印度鑽研甘地戰術。他常坦承虧欠甘地，並將他對抗命和消極抵抗的持守，歸功於甘地。但金的環境與甘地或蘇巴克威的不同。在美國，金可主張——若按法律本意來釋法，他領導的民權運動並非違法，而是彰顯法律的本意。

金的運動直接違反許多南部市、州一級法令，卻都有個前提——所違反的法律違憲，即有關法律本身違反美國憲法。金在所稱的「法理」基礎上搞運動，使之在觀望者眼中具有道德權威。若非如此，就會缺乏這種道德權威。保持這種道德權威，是金運動策略的關鍵。這樣，金就是在明確捍衛法治，這與甘地或蘇巴克威不同，但與英國 19 世紀國會改革運動者殊途同歸。

有利因素還包括：金掀起運動時，美國也正在轉變。南部州份長達半世紀的種族歧視政策，乃基於 1896 年美國最高法院對普萊西訴弗格森案的判決。判決稱——公共設施實行種族隔離合法，前提是給不同種族的設施須「平等」。這樁涉及紐奧良電車的裁決，成為種族歧視的法

理依據。此後黑人被迫使用隔離設施，包括巴士、餐館、廁所等，但較之白人的同類設施，黑人的毫不平等！不過 1954 年布朗訴托皮卡教育局案，最高法院裁定堪薩斯州托皮卡縣種族隔離學校違憲，因其違反美國內戰後即通過的平等權利憲法修正案。法院這項判決刻意推翻了早前對普萊西案的判決。

布朗案判決顯示——假若最高法院被迫對其他多項種族隔離措施的合法性作裁決，則許多此類措施可能都將被判違憲。對於 1954 年以後的金和民權運動者而言，這是機遇。數年前，菲力普·蘭多夫組織 1940 年代「黑人向華府進軍」時，就無這種機遇。現在，他們有把握推測：那些延續種族隔離的法律、制度其實違憲，因而可挑戰之。

此外，金還是大師級的戰術家、活動家。事後看，民權運動雖掌握多項有利因素，但起步環境並不利。南部三 K 黨以私刑處決黑人的惡行存在多年，黨徒面罩下有法官、警員和其他政府要員。挑戰其勢力，勝算不大。這方面，金的成就很大程度歸功於他的個人素質——他的演講鼓舞人心，他對支持者的動員淋漓盡致。

巴士、午餐櫃檯

抵制蒙哥馬利巴士運動是金的首場凱旋。運動是由民權人士羅莎·帕克斯在巴士上拒絕給白人讓座引起。運動一直堅持到巴士公司因經濟原因取消種族隔離為止。

運動旋即帶起「靜坐」這種新抗議方式。1940 年代，南部黑人即靜坐抗議種族隔離，但從未達到 1960 年 2 月 1 日北卡州格林斯伯勒午餐櫃檯靜坐那樣大的規模。

在美國南方大部分地區，商店的午餐櫃檯僅服務白人。一些參與民權運動的格林斯伯勒黑人學生，坐在一間商店的午餐櫃檯前要求服務，否則不走。學生告訴記者：「我們在店內其他櫃檯買了書籍紙張，所以這個櫃檯也應服侍我們。」當商店打烊，他們必須離開時，櫃檯依然未服侍他們。

靜坐運動隨即風行南部。大體方案是——一隊學生坐到午餐櫃檯前要求服務。若店方照辦，他們就轉去其他午餐櫃檯。否則就坐到店鋪提供服侍或打烊為止。若被捕，另一隊將補上。參加靜坐的學生必須幽默有禮。許多學生在坐等期間做功課。儘管如此，很多地方（尤其是田納西州的納什維爾）的學生仍被控行為不檢及罰款。

至 1961 年 8 月已有逾七十萬人參加靜坐抗議，其中三千人被捕，許多午餐櫃檯被迫取消種族隔離。靜坐戰術也被用來推倒其他公共設施（如影院等）的種族隔離，並因成效顯著，被民權運動繼續運用，直至《民權法案》（1964 年）廢止所有公共設施的種族隔離安排。

靜坐運動高峰時的一場傳統示威，促使最高法院對示威權做出一項重要判決。1961 年 3 月 2 日，南卡州，哥倫比亞市，錫安浸信會教堂。約二百名中學生及大學生在此集合後，以約十五人一組向南卡州議會大廈區進發。那是一塊約兩個街區大的公地。學生們想「向南卡州公眾及立法機關抗議對黑人的種族歧視，表達不滿並希望本州廢止限制黑人權利的法律」。學生們到達後，以單行或雙行在場地內整齊巡行，各小組高舉「身為黑人為榮」、「打倒種族隔離」等標語牌。持續約四十五分鐘，期間有二百至三百名圍觀者聚集，並無暴力事件，圍觀者也是出於好奇。現場並無謾罵或冒犯性手勢。

四十五分鐘後，現場警員要求示威者於十五分鐘內散去，否則拘捕。示威者聽完主持人「宗教般的偉論」後，開始齊唱《星條旗》等「愛

國及宗教歌曲」並拍掌踏地。共一百八十七名學生被捕以「破壞社會安寧」定罪，由此展開長達四年的司法纏訟，一直鬧到最高法院。

哥倫比亞市的示威兩月後，民權運動開始抵制種族隔離公廁。一個名為爭取種族平等大會（族平會）的團體，策劃了從華盛頓特區至紐奧良的「自由行」——成員有白人和黑人，每到達休息站，白人與黑人將使用對方的公廁等區域。自由行計劃於 1961 年 5 月 2 日至 17 日展開。

這項構思並非首創。1947 年就有人嘗試，結果被捕以「鏈鎖群犯」的方式在北卡州勞改。自由行者這次駛到阿拉巴馬，並就地分為兩隊。結果第一隊的巴士遇襲，車胎被劃，勉強開了幾哩後巴士遭燃燒彈焚毀。第二隊在阿拉巴馬伯明罕市遭三 K 黨暴打。巴士站沒警察，事後揭發警方實已掌握暴徒的施襲計劃，卻故意走開任其得逞。巴士公司怕再損失巴士，拒絕讓自由行者再候車。自由行者本想交涉，但兩天後因怕遭害而逃離伯明罕。

這批自由行者放棄後，一批來自納什維爾的民權人士，計劃完成這未盡行程。時任美國司法部長、肯尼迪總統的弟弟羅伯特·肯尼迪向巴士公司施壓，要求接載這批新的自由行者。肯尼迪決心將禁止州際交通種族隔離的現行法律貫徹全國，南部各州不得再置身法外。面對聯邦政府施壓，阿拉巴馬警方承諾派專機在巴士上空伴飛，在伯明罕到蒙哥馬利途中，每隔十五至二十哩部署一輛警車。然而，巴士駛入蒙哥馬利後，警方保護措施便「消失」。自由行者們一下車，就遭另一夥暴徒毒打。羅伯特聞訊向該市派出聯邦法警維安。金飛往蒙哥馬利，在教堂集會聲援自由行者。數千惱怒白人暴徒圍攻教堂，遭聯邦法警阻止。在肯尼迪施壓下，阿拉巴馬州長宣佈戒嚴，並派國民警衛隊驅散暴民，讓教堂內的人離去。

事後，肯尼迪要求自由行者「冷卻一陣」，遭拒。一位自由行者說：「我們已冷卻三百五十年……再冷卻下去，我們會凍僵。」

自由行者再出發，最遠去到密西西比州，在當地悉數被捕入獄六十日。其他想繼續的，剛過密西西比州界就被捕入獄。最後他們都放棄，無人能成功從密西西比進入路易斯安那。

但他們並未失敗。翌年，在透納訴孟菲斯案中，最高法院判決所有交通設施（包括廁所）的種族隔離均屬違法。

1963 年，馬丁‧路德‧金將伯明罕定為一輪大型運動的主場。原因是自由行者在此遭毒打，使該市臭名遠播。此外，當地過往六年就有十八宗針對黑人社區的炸彈懸案，使該市背上「爆命罕」的罵名。

完善示威風格

就是在伯明罕，金完善了示威風格，使其變成民權運動的象徵。他策劃的示威恪守非暴力原則，將示威者的尊嚴及和平，與施襲者的流氓氣作鮮明對比。他們汲取非裔美國人的信仰與詠唱傳統，於許多環節詠唱盼自由的歌謠。除了金曲《我們終將克服難關》，《無人能讓我回頭》也是示威名曲。歌中唱到：「無人能讓我回頭，讓我回頭，讓我回頭。無人能讓我回頭。我將繼續說，繼續走，直到踏上自由國土。」

後來，金在《週六評論》撰文闡述他的示威四原則：「一，非暴力示威者上街行使憲法權利。二，種族主義者施暴洩憤。三，有正義良知的美國人要求聯邦政府介入及立法。四，政府在群眾壓力下，立即干預及作補救性立法。」

人們有時斥金故意置支持者於險境，冒被毆甚至被殺風險，來達到他「挑起暴力」的原則——這批評不公但或很準確。對此，答覆一：民權示威者激怒的，僅是那些決心剝奪其基本權利的狂熱種族主義者。莊重的遊行不會激怒任何不想被激怒的人。遊行者遭襲的誘因是遊行本身，而非遊行者作出的行為。答覆二：民權運動並無可行的替代戰略。金必須維持憤怒黑人對他的擁護，否則他們會受挑唆，投靠鼓吹武力推翻白人社會的對手斯托克利‧卡邁克爾——這項挑戰貫穿金的整個領導生涯。金不但視暴力行動有違原則，更清醒認識到「黑人武裝起義」只會遭白人鎮壓，導致重大傷亡。他要抗衡激進革命者，同時又要化解許多支持者的冷漠；後者的挑戰更大。對於南部那些幾代受壓迫的黑人，金必須證明他的運動有實效，非暴力示威是條出路。在南部，民主機制被封死；大部分地區，白人種族主義者出任選舉主任，阻止黑人作選民登記。金領導的示威，為無權、無聲者發聲，展現了示威的典型功能。

伯明罕「公牛」、「紅海」

一些地方，黑人根本無望獲批遊行許可，伯明罕市更是「佼佼者」。金與當地民權活動家、阿拉巴馬基督教人權運動領袖弗瑞德‧沙特爾斯沃思牧師決定發起擅自示威，挑戰伯明罕的做法，逼市政當局應對。旨在打破伯明罕的種族隔離現狀，尤其是迫使綽號「公牛」的警察局長尤金‧康納下台。須對自由行者遇襲負責的就是康納。對於康納的去留，該市官員已存分歧：支持者想他留，另一派則要他滾。兩派為此爭拗，抗爭時機正好。

伯明罕的民權示威於 1963 年 4 月 6 日登場，抗議該市剝奪黑人民權。示威者從第十六街浸信會教堂往市政廳途中，遭警方拘捕四十五

人。翌日再有示威，更多人被捕。示威者萊羅伊・艾倫遭警犬咬傷。地方法官頒布禁制令，點名金及其他一百三十三名民權活躍分子，禁其組織示威。

1963 年 4 月 12 日耶穌受難節。下午，金等人違抗禁令再度遊行，遊行於禁令頒布前已策劃。就是這場遊行，引發了民權時代第二起重大最高法院訴訟案——沙特爾斯沃思訴伯明罕市案。三名牧師：金、弗瑞德・沙特爾斯沃思和拉爾夫・阿伯內西帶領五十二名示威者步出教堂，以二列縱隊走了約四個街區。遊行者走人行道（除了過馬路）亦未干擾行人。他們未擋車或違反交通規則。尾隨的一群圍觀者不時走到街上，但未阻街或阻車。

遊行者剛走完第四個街區，便遭伯明罕警方拘捕，說他們違反市政條例。該條例規定「禁止任何未經市警察局長書面批准的遊行」。沙特爾斯沃思因組織受難節遊行而被判九十日勞改，並因拖欠七十五美元罰款及二十四美元收費而延長勞改期四十八日。他的案子與南卡州學生案類似，也循上訴法院制度開始「上訴之旅」。金與沙特爾斯沃思等受難節遊行人士均被拘留，直到 4 月 20 日金才出獄，但伯明罕的示威並未停頓。

金繫獄時，助手安德魯・楊繼續領導運動。約五千人響應楊率領的這場復活節遊行，眾人穿著體面，邁向監獄。楊記述了這難忘場景——「我們從新朝聖者浸信會教堂出發，距監獄約兩個街區遭遇警方路障。警員全副武裝，康納發令聲調，如霧號般刺耳。消防車堵街，消防手持水喉……康納咆哮『你們散去！滾回去！』，但我們身後是五千人，兩個街區外，我們的人肯定正從囚窗內凝望這一幕。」

楊及其助手瓦耶特・沃克，於是吩咐整個遊行隊伍跪下禱告。然而，

幾分鐘後，一位示威者喊道：「主與這場運動同在！起身！我們邁向監獄！」

　　楊繼續寫道：「人們站起，邁向路障和那群警察。康納張目結舌大叫『攔住他們！攔住他們！』但警察不動……個個呆若木雞。甚至我們剛到時向我們狂吠的警犬，此刻都靜默不動。消防僵立，手持消防帶。我們徑直經過，康納嚎叫『射水！射水！』但消防仍紋絲不動。我見到一名消防噙著淚，水喉從手中滑落。我們的人徑直從消防車之間穿過……不疾不徐，肅穆挺進。人們一直來到監獄對開的公園，向獄中人放歌……康納站在那裡謾罵、大驚小怪。他手下都辜負了他──他的警員拒絕捉我們，他的消防拒絕射我們，他的狗拒絕咬我們……一位老婦人邁過路障時，喜極而呼『全能上帝啊！你再次分開了紅海！』──這一幕永銘我心。」

孩子們

　　1963 年 4 月 20 日，金獲釋。他出獄後立即改變示威形式──邀請孩子們參加 5 月 2 日的另一場大示威。他的想法是：大人要養家，因抗議而入獄會損失收入。但少年人無顧慮，入獄依然能對市政當局構成壓力，也不會給家庭造成經濟負擔。

　　5 月 2 日，第十六街浸信會教堂對面，凱利英格拉姆公園，聚集了一批六至十八歲的孩子。下午 1 時，約五十名孩子唱著《我們終將克服難關》走向市中心。他們都被捕塞進囚車。同時，第二批孩子重複第一批的路線，也被捕。接著第三批、第四批。囚車很快不敷用，警員就將孩子們塞進校巴。三小時內，入獄孩子多達九百五十九人，監獄爆倉。

翌日，逾一千名學童曠課前往凱利英格拉姆公園。康納決心阻止，卻無法逮捕，因監獄已爆倉。他遂下令消防隊以最大水壓噴射孩子，水壓之大，足以導致骨折或將示威者射到沿街翻滾。康納對付孩子的手段，都被現場電視攝像機錄下，震驚全國——一切如金所料。事後，伯明罕的商界白人要求取消種族隔離，遭市政當局反對。5月10日，市政當局敗陣，同意取消種族隔離。

就是在這場勝利後，民權運動發起新一輪「黑人向華府進軍」，聲援一項擬議中的新《民權法案》，以廢止種族隔離。菲力普‧蘭多夫再度參與組織，這次是與金聯手。與1941、1946年籌劃的黑人進軍不同，這次遊行確於1963年8月28日舉行。肯尼迪政府甚緊張，向組織者施壓要求取消，但遊行依然登場。至少二十五萬人聚集華府，動用逾三十班專列及兩千輛專巴。遊行終點是林肯紀念堂，就在那裡金發表著名演講《我有一個夢》。開篇是「我今天榮幸與大家一起參與示威。這場示威將作為我國史上最大的爭民主示威，垂範後世」。

選民登記

1964年總統大選前夕，民權運動焦點轉向選民登記。三名工作人員在密西西比州組織黑人作選民登記時，遭當地白人謀殺。金連同他在南方基督教領袖會議的盟友，鎖定阿拉巴馬州的塞爾瑪。這城聲名狼藉，因當地黑人基本不可能登記投票。金等人沿用伯明罕的和平示威戰術，引導輿論走向。他們在塞爾瑪舉行了幾次遊行，期間金與二百五十名示威者被捕。事後，荷西‧威廉斯和約翰‧劉易斯帶領六百人，擬從塞爾瑪遊行五十四哩到州府蒙哥馬利。和平遊行僅走出六個街區，在埃德蒙‧佩特斯橋即遭大批州警、騎警襲擊。州長小喬治‧科利‧華萊士

下令阻止遊行。軍警出動棍棒、催淚彈、長鞭以及帶刺膠警棍襲擊遊行者，將其趕回塞爾瑪。約翰‧劉易斯被毆至昏迷，另有十六名示威者傷重住院。警方暴行再次被現場電視攝像機記錄，電視網隨即中斷晚間節目直播襲擊，舉國嘩然！ABC 電視台當晚恰好播放紀錄片《紐倫堡審判》，其中有納粹襲擊猶太人的鏡頭。電視台插播塞爾瑪現場時，有些觀眾起初並未察覺是新聞，還以為是另一段納粹暴行，直到聽見未經剪輯的現場尖叫聲，才發覺正在看現場直播！

金立即策劃第二場從塞爾瑪到蒙哥馬利的遊行。一位常支持民權運動的聯邦法官因擔心暴力事件，這次對遊行發出禁制令。金面臨兩難：頒禁令者並非曖昧的州法院而是聯邦法院。金必須在「守法」與「追隨者失望及運動失利」間做抉擇。民權運動遂改向塞爾瑪市內的埃德蒙‧佩特斯橋獻花圈，但取消前往蒙哥馬利的遊行。許多未獲通知的遊行者，仍以為遊行終點是蒙哥馬利。

參加遊行的白人牧師詹姆斯‧瑞布，遭白人種族主義者謀殺。這使塞爾瑪更亂象紛呈。幾日前黑人吉米‧傑克遜被殺，媒體不理睬。一名白人的死才引發全國媒體報導，實在令人扼腕。或出於舉國對謀殺的憎惡或巧合，另一位聯邦法官裁定：州政府無權禁止從塞爾瑪遊行至蒙哥馬利。1964 年 3 月 21 日，第三場遊行從塞爾瑪起步並抵達蒙哥馬利，逾二萬五千人參加。領導者是金和引發抵制蒙哥馬利巴士運動的羅莎‧帕克斯。

金的策略成功了。1964 年，廢止種族隔離的《民權法案》納入法令全書。1965 年，《投票權法案》經林登‧約翰遜總統簽署成為法律，讓南部黑人更易登記做選民。美國南部的種族隔離和白人至上終被打破。這要歸功於民權運動，否則多年後都無望實現。

法庭也肯定了運動方式合憲。涉及南卡州哥倫比亞示威學生的愛德華斯訴南卡萊羅納州案呈交最高法院後，最高法院認為：對示威者「破壞社會安寧」的定罪過於寬泛，且拘捕侵犯其言論自由和集會自由的憲政權利。同理，沙特爾斯沃思訴伯明罕市案中，最高法院認為：據以拘捕弗瑞德·沙特爾斯沃思的伯明罕城規，乃違憲限制集會自由。對兩案的判決，首次明確肯定——根據美國法律，人人都有權上街示威，此乃行使其言論和集會自由權利的一部分。兩項判決為示威者權利提供了強大保障，並確認金運用合憲主義策略無罪。金將「消極抵抗」與「捍衛法治」共冶一爐，開創了示威運動其中一項最偉大的成就！

金認為「南部州份有關法律和警方行動違憲」，法院證明金立場正確。原因是 1960 年代的最高法院，與 1890 年代審理普萊西訴弗格森案、麻薩諸塞州訴戴維斯案時的高等法院已今是昔非。愛德華斯訴南卡萊羅納州案，和沙特爾斯沃思訴伯明罕市案——民權運動中湧現的這兩宗案例，經受了時間考驗，至今依然是對美國民眾示威權的重要表述。然而，相比法庭的慣常立場，這里程碑式的判例於很多方面都是例外。法庭對示威的取態，常傾向否定，且過分偏袒官方，也不體諒示威者的處境。現在我們審視法庭在示威中的角色。

第13章

示威與法律

我們已看到，英格蘭尊重法律的文化，是如何使朝野尊重向君主的請願權，並間接催生了守法的街頭示威。我們也看到，和平示威的權利，是如何在美國最終被確立為憲法權利。本章研究英國與示威相關法律的角色，因為和平示威於 19 世紀初成為英國國民文化的一部分。英、美有關示威法律的區別，亦是本章重點。

　　對於示威權的擁護者而言，該領域的法律總體令人失望。法庭經常輕視示威權，過往裁決常顯示，示威可否舉行，實際上取決於警方隨意而定、且可任意撤回的「善意」。

　　與美國最高法院的態度相比，英國（英格蘭、蘇格蘭）法庭的角色令人失望。愛德華斯訴南卡萊羅納州案、沙特爾斯沃思訴伯明罕市案即為例證。這部分是因為英國的憲政安排有別於美國。英國並無成文憲法，所以法庭無須考慮某項法令是否合憲，而美國就必須考慮。相反，法庭運用國會主權原則來釋法。根據此原則，國會至上並可視需要立法。若法律條文清晰，法官的唯一職能就是落實法律，無論有關法律怎樣苛刻或不合理，法官都不得降低其影響。向君臨國會請願的權利，受到大憲章和《權利法案》（1688 年）保障。然而，由國會實施的對示威權的任何限制，且該限制並不抵觸那些鮮被引述的歷史文獻，則法庭都須以明確措辭來落實，無論結果怎樣不公。該憲政理論常導致狹隘的法律解釋，完全基於法令及先例，絲毫不保障示威權，而且常否認此權利之存在。此外，法官們常表現得比行政人員更具行政意識，太願意對法律作新的限制性詮釋，從而在政府或警方在與示威者的糾紛中，偏袒政府或警方。

　　過往二十年中，英國法庭的態度有所改善。這或要歸功於《歐洲人權公約》的影響。然而，負責監督公約的歐洲人權法院，其過往涉及示威的裁定，就相當不穩定且不夠完善。因此，在英國及歐洲，對示威權的法律保障，依然片面單薄。

哈里遜訴拉特蘭公爵案（1893 年）

關於人們是否有權在公路行走，哈里遜訴拉特蘭公爵案（1893 年）的裁決，就是影響示威的、狹隘的判例法經典。若此項權利未被確認，示威權就無從談起。

21 世紀反「見紅消遣」運動在英國蓬勃開展，哈里遜似乎是這運動的先驅。拉特蘭公爵擁有一片曠野供他狩獵松雞。一條穿過曠野的路及底土亦屬於他。被法庭（藉主事官埃舍爾勳爵）事後形容為「有干涉狩獵松雞活動的變態觀念」的哈里遜，在那條路上驚擾松雞免其落入公爵槍下。他揮舞手帕開合雨傘，效果頗佳。公爵的僕人要他停止但遭拒。僕人們遂將他強行按在路上，直到狩獵結束才放他走。他起訴公爵襲擊及非法監禁，公爵則反訴他擅進。

審訊發現，公爵僕人所用武力僅是制止哈里遜干擾狩獵所需的武力。法官引導陪審團，稱哈里遜依法並不構成擅進，因他是在一條公路上。陪審團則發現公爵並未干犯襲擊或非法監禁。雙方均上訴至上訴法院。上訴法院裁定哈里遜的確為擅進。因為他通過及再通過公路的有限權利，並不延伸至使用公路來驚擾附近曠野中被獵殺的松雞。法庭並未極端地稱「除通過或再通過，其他對公路的利用均屬擅進」。但法庭確信任何不屬「對公路之合理及慣常使用」即為擅進，而利用公路干擾捕獵松雞並非合理及慣常。法庭因此對「示威是否屬於對公路之合理及慣常使用？」這一問題持開放態度，並藉裁決暗示答案取決於特定案例的具體情況。

哈里遜案之裁決為希克曼訴梅西案（1900 年）沿用。希克曼於威爾特郡丘陵擁有一片土地，一條公路穿過其間。他將土地租給一名練馬師練馬及試騎。梅西是一本賽馬雜誌的出版商。他從公路觀察練馬，

判斷馬匹狀態並在雜誌上報導。練馬師反對梅西此舉，要他停止但被拒絕。

引發訟案那日，梅西在公路上一段約十五碼距離內來回踱步，公路底土屬希克曼。他這樣持續約一個半小時，以望遠鏡觀察並記錄練馬成績。希克曼對擅進作索償，並申請禁制令禁止再犯。於陪審團審判中，法官循哈里遜案引導陪審團根據梅西行為是否屬對公路之合理及慣常使用來斷案。陪審團發現哈里遜行為非屬對公路之合理及慣常使用，並裁定給予希克曼一先令之些許賠償。法官予希克曼禁制令，禁止梅西於練馬期間踏足該公路。上訴法院裁定法官對陪審團之引導正確，並駁回梅西之上訴。

這些典型案例中，法庭對底土擁有人所體現的尊重，顯示法庭或並不同情基於集會或示威權的辯詞，且實際情形正如此。

比提訴吉爾班克斯案（1886年）

多年來，僅有一項英格蘭法庭裁決，藉（雖含蓄）承認市民有權上街遊行和集會，對示威者作出了有限勉勵。這便是著名的比提訴吉爾班克斯案（1886年）。該案亦涉及禁酒運動。而「示威者」便得名自1839年禁酒運動的街頭遊行（見第6章）。

救世軍是1880年代出現的新團體，厲行禁酒。它在許多城鎮街頭遊行，以樂隊、旗幟和橫額領頭。這些遊行招致了一些敵意，而對遊行感到威脅的釀酒業則煽動這敵意。在海濱勝地濱海韋斯頓，這股敵意糾集為一個自稱「骷髏軍」的敵對團體，在救世軍遊行時聚集並攔阻之。根據法庭證實之事實，「骷髏軍」之「喊叫、喧嘩和噪音，對鎮裡和平

居民造成嚴重恐懼、騷擾、煩惱和不便，並威脅公共安寧」。「骷髏軍」還高舉繪有骷髏頭的橫額，雙方不時動武。

1882 年 3 月 23 日，救世軍遊行受到「逾二千名無賴暴徒騷擾」，期間發生打鬥、擲石。警力疲於應付。救世軍勉強又走了幾條街，雙方在鐵路大道開始混戰。威廉·比提是救世軍這次遊行的領隊，但並無證據顯示他或其他隊員有任何暴力行為。警方增援，群眾散去。

翌日兩名地區法官頒布通告，張貼於鎮內當眼處，要求所有人不得在濱海韋斯頓之「公共街道進行擾亂公共安寧之集會」。

3 月 26 日週日，威廉·比提再次率領救世軍遊行。約一百名暴徒很快堵住隊伍，且人數劇增。隊伍推進幾條街後被警員阻止，一名警長問比提是否看到通告，比提確認看到。警長即正告比提遵守通告，終止帶領遊行並立即解散。比提拒絕並繼續前進，前行二十碼即被拘捕。他便呼籲其他遊行者堅持。威廉·穆林斯和托馬斯·鮑登繼續指揮遊行前進，雙雙被捕。

地方法官宣判比提、穆林斯和鮑登犯有破壞社會安寧罪。三名救世軍領隊藉「案件呈述」上訴至王座分庭。王座分庭維持其上訴，裁定事實並不能證實他們有任何破壞社會安寧行為之結論。

檢察官於王座分庭辯稱，因救世軍領隊之行為前幾次均造成騷亂及滋擾，比提及同伴於當日集結時便已知此類結果將再發生，所以他們須對發生之破壞社會安寧負責，因為此乃他們自身行為之可預見後果。但大法官菲爾德認為，滋擾乃由與上訴方對立之其他人士造成，故此論點不適用。他裁定，非法組織「骷髏軍」僭取權利阻擾上訴人及其他人士合法集會，且地方法官之裁定等同認定「採取合法行為，但知其合法行為或會使另一人採取非法行為之人士可被定罪」，這並不恰當。

大法官菲爾德的裁決，為那些面臨暴力反示威者襲擊風險的和平示威提供了法律保護。多年來，他的裁決在其他案件中遭受巨大壓力，法官取態搖擺不定，有時縮減保護，有時則回歸原立場。惟比提訴吉爾班克斯案至今仍為好法律。

愛爾蘭高院較早前對哈弗里斯訴康納案（1864 年）的取態，反映了愛爾蘭史上尖銳的宗派對立，與比提訴吉爾班克斯案大相徑庭。安妮．哈弗里斯是一名新教徒，她經過北愛爾蘭天主教徒聚居區時，執意要在翻領上插一朵火百合。火百合是橙黨和她新教徒身份的標誌。一名警察上前要求她摘掉花。遭她拒絕後，警員輕輕地從她的翻領上拔走這朵火百合，沒有使用武力。警員此舉是擔心若哈弗里斯繼續佩戴火百合巡行或會引發騷亂。哈弗里斯起訴警員襲擊，被愛爾蘭高院駁回。法院裁定警員的行動作為預防破壞社會安寧的一種手段，在法律上屬正當。

比提訴吉爾班克斯案，與哈弗里斯訴康納案難以調和。每單案的裁決都代表一項重要原則：既要保護合法活動的民眾免受暴力襲擊，又要預防暴亂和可能導致傷亡。兩案仍有區別，因為哈弗里斯夫人是蓄意作狀挑釁，而救世軍雖實際構成挑釁，但或非蓄意。然而，英格蘭法庭區分兩案的依據，並非「示威者之意圖」，而是「在示威者附近的通情達理之人士，會否被挑釁而採取暴力」。這便是裁決懷思訴鄧寧案（1902年）之依據。

懷思訴鄧寧案（1902 年）

懷思先生是利物浦的一名新教街頭佈道家，他慣於街頭聚會，有些手勢用語使利物浦眾多天主教徒極感侮辱。他常說歧視語「鄉巴佬」，地方法官陳述案情指此語「蓄意激怒侮辱羅馬天主教徒，蓄意破壞社會

安寧，並確實破壞了社會安寧，因為有人擲石，聚會者打鬥。警方須介入分開雙方」。

地方法官判懷思守行為十二個月，若有違犯則監禁兩個月。懷思在分庭對守行為判決提出反對，為其出庭辯護的是著名大律師 F.E. 史密斯。

史密斯依據比提訴吉爾班克斯案，辯稱其委託人破壞社會安寧罪名不成立，因他本人並未干犯或煽動此類破壞。控方則依據愛爾蘭那宗涉及天主教徒／新教徒挑釁的案例。法庭裁定守行為判決合理，因懷思的言語行為可能破壞社會安寧，因這是在公共大街出言侮辱某一宗教信眾的自然後果。懷思訴鄧寧案確立了英格蘭法庭對涉及於公眾集會和示威中，進行宗教或種族侮辱的案件的審理方法，並沿用多年。此判決本質上為言論自由設立了界限——當言論的挑釁性，被認為足以一名通情達理人士產生暴力反應時，即須限制其言論自由。

昆茲訴紐約市案（1950 年）

對此重要問題，美國法院的取態則不同。美國的關鍵裁決是昆茲訴紐約市案（1950 年）；此案恰是懷思訴鄧寧案的翻版。浸信會牧師昆茲於 1946 年循紐約市條例取得許可，在街頭舉行公開敬拜會。條例規定，未經市警察局長預先批准，而舉行此等集會即屬違法。該條例亦將「聚眾嘲笑或貶斥任何宗教信仰之行為」列為非法。條例對於撤銷許可則未作規定。1946 年 11 月，警察局長舉行聽證會後，昆茲的許可被撤銷。撤銷決定乃基於有證據顯示，他在其集會上曾嘲笑及貶斥其它宗教信仰。昆茲公開貶斥天主教，稱教宗為「敵基督」。他稱猶太人為「殺害基督的兇手」，提及納粹滅猶時稱「所有不信基督者都應送焚屍爐燒

掉。很遺憾他們未被燒光」。他承認在會上發言時曾引起騷動,但說警察在場時就沒事。他稱仍打算這樣發言。

美國最高法院大比數判決,撤銷昆茲街頭敬拜會許可之決定非法。警察局長行動所依據之條例,並未就其如何行使職權提供指引;最高法院之推理即基於該項事實。最高法院裁定,局長於某次具體場合行使警權合理與否並不要緊。條例的措辭方式使官員可隨意詮釋,這樣是不可以的。條例因此違憲。

查普林斯基訴新罕布什維爾州案(1942 年)

美國最高法院確曾承認:言論自由可受約束,以禁止說被稱為「攻擊性字眼」的話。查普林斯基訴新罕布什維爾州案(1942 年)對其定義是「那些說出即可造成傷害,或易於立即引發破壞社會安寧之字眼……」,藉查普林斯基案禁用此類字眼,其基本原理是此類字眼「並非詳細闡述任何見解的必要部分,且對於獲取真實性的社會價值之低,甚至從中所獲的任何益處,都顯然不及秩序及道德觀等社會利益」。

當時,剛歸國的傑克遜大法官對昆茲案提出不同意見。他時任紐倫堡審判美方檢察官。他辯稱昆茲的若干言論,如「天主教是魔鬼的宗教」符合攻擊性字眼定義應予禁止。查普林斯基是耶和華見證人的街頭佈道者,他咒罵威脅拘捕他的法警為「該死的法西斯分子」、「天殺的勒索犯」並因此被捕。將昆茲的言論,與查普林斯基這些溫和許多的攻擊性字眼相比,傑克遜的論點似乎很有力。然而,昆茲案大比數判決以及最高法院其它判決,其長期影響是:美國法律普遍接納種族及宗教侮辱,乃受第一修正案規定的言論自由權所保障。因此,那些禁止學生種族侮辱性言辭的大學行為守則,多次被法院宣佈無效,理由是相關守

則侵犯了這些想出言辱罵的學生所享有的、於第一修正案所規定的權利（案例見多伊訴密芝根大學案（1989 年））。

由於這是有關自由言論或仇恨言論的美國法律，它當然認為：若示威以和平集會的形式，行使第一修正案規定之權利，選擇出言作種族或宗教侮辱的示威者即受憲法保護，無論該等言論是針對示威目標人物或旁觀者。

斯科基事件

美國法律的這一面，導致了 1977、1978 年芝加哥郊區斯科基鎮所發生的怪誕事件。

1970 年代，斯科基人口中，猶太人約佔一半，納粹大屠殺倖存者約佔 10%，該比例或為全球各社區之冠。二戰中他們曾親歷納粹恐怖迫害並目睹家人遇害。新納粹組織「美國納粹黨」卻宣佈將於斯科基社區會堂外示威，並致函斯科基公園部門要求許可。

美國納粹黨穿著制服，其設計仿照希特勒的褐衫黨。頭目法蘭克‧科林是尖酸的反猶者，他生父就是逃脫希特勒的猶太難民。老科林曾被囚於達豪集中營，抵美後改姓「寇恩」為「科林」。法蘭克‧科林宣佈斯科基示威時，對媒體說他要驚嚇大屠殺倖存者。他說「但願他們驚。但願他們怕。因為我們又來捉他們。我才不在乎誰的至親死在毒氣室。遺憾，不是死了那麼多猶太人，而是那麼多猶太人沒死！」。不過，科林小心避免示威觸犯攻擊性字眼禁制令。他稱示威者僅手持「白人自由言論」、「白人言論自由」、「美國白人要言論自由」等標語牌遊行。他抵賴稱無意出言辱罵，並承諾「遵守鎮裡所有規矩」。

當時美國的新納粹分子最多二千名，而科林的遊行從未能招滿五十人。科林根本是性格有問題，為吸睛而胡鬧。但一些斯科基居民並不這樣看，他們記得希特勒就是從社會邊緣的小混混起家。居民組織起來阻止科林示威。斯科基鎮議會立法禁止多類遊行，包括著軍裝遊行；並對這場遊行取得法庭禁制令。1977 年 5 月 1 日，當科林一夥新納粹企圖於斯科基集結時，警方執行禁制令在芝加哥高速公路出口堵了他們的車。

這時，美國主要的民權自由組織——美國公民自由聯盟（美自盟）半道殺出，代表科林的新納粹，要捍衛科林於斯科基的示威權。這令人既驚且憤。美自盟向科林提供法律代表，質疑對其示威的禁制令和斯科基的新示威法。科林的代表律師、美自盟的大衛‧戈爾德貝格是一名猶太人。科林巴望滅絕猶太人，卻欣然接受猶太律師的代理。戈爾德貝格因此遭很多美國猶太人的痛恨。

美自盟捍衛其立場的理據是自由言論是絕對神聖，是其它所有自由的基本保障，須不惜代價維護，即使那些受保護者的觀點廣受憎惡，也要捍衛其言論自由。美自盟也指出近代美國史上對待共產分子及疑似共產分子的偏狹（例如澤西市長法蘭克‧哈格等人的態度，見第 10 章）。它還強調了 17 世紀言論自由的倡導者約翰‧彌爾頓的名言，即「在觀點的自由搏擊中，真理永遠贏」。

美國憲制性法律頗支持此類觀點。最高法院再三宣佈，對自由言論的所有預設限制均屬違憲。尼爾訴明尼蘇達案（1921 年），它宣佈明尼蘇達州對一份反天主教、反猶和歧視黑人的刻毒報紙的打壓屬無效。洛克威爾訴莫里斯案（1961 年），它裁決美國納粹黨時任頭目喬治‧林肯‧洛克威爾有合法權利於紐約公園演說，且不得禁止他這樣作。《紐約時報》訴美國案（1971 年）（「五角大樓密件」案），它駁回

聯邦政府基於國家安全立場，阻止出版國防部有關越戰內部文件的要求。示威既受第一修正案保護，且循愛德華斯訴南卡萊羅納州案，及沙特爾斯沃思訴伯明罕市案之判例，科林於斯科基的示威似乎有權受第一修正案保護。

代表新納粹的美自盟在法庭完勝斯科基所聘請、代表大屠殺倖存者的律師。斯科基示威法因違反第一修正案而被宣佈無效，針對科林示威的禁制令被裁定為對自由言論的非法預設限制。此等裁決由最高法院維持。科林可自由在斯科基示威了。

然而，斯科基的示威並未舉行。科林贏了官司後，決定易地至芝加哥的一個公園。此舉或出於恐懼，因大批猶太人和反納粹人士肯定會舉行反示威，勢必來勢洶洶滿懷敵意。1978 年 3 月 11 日，科林及同夥在密蘇里州聖路易斯的示威，須由大批警員保護，免受眾多反示威者衝擊才得以進行。新納粹分子不僅怕被打傷也怕被捕入獄，其白人至上種族主義論調勢惹來黑人囚犯襲擊。美國納粹黨的兩場示威終於在芝加哥舉行，該市曾申請禁制令但未獲批。一場於 1978 年 6 月 24 日在聯邦廣場舉行，一場於 1978 年 7 月 9 日在馬奎特公園舉行。兩場示威都遭遇大批反示威者，有些甚至從以色列趕來。6 月 24 日那場約有二十名新納粹分子現身，現場戒備警員卻達數百名，各種投擲物紛紛砸來。他們撐了約十分鐘後放棄示威，在警察保護下逃遁。約十二名反示威者被捕。7 月 9 日那場，約二十五名新納粹分子現身，但根本無法出聲，反示威者與之爆發打鬥，七十二人被捕。

兩場示威後，熱潮消退。數月後，科林被控猥褻未成年人，1980年他獲刑五年。他出獄後稱「不再想作新納粹」，轉而成為一個邪教信徒。該邪教相信其在威斯康辛州找到了消失的亞特蘭提斯大陸。美自盟的會員數及捐款額急跌，但年內即回復以往水平。

言論自由與人權並非絕對

　　許多美自盟成員仍視斯科基事件，為言論自由和人權價值觀的勝利。美自盟的傑出成員阿耶‧奈爾這樣概括其立場——「當一群人的自由被蠶食後，這種侵犯行徑又會被用來剝奪其他人的權利。最需要美自盟捍衛三K黨權利的，是黑人；最需要美自盟捍衛納粹權利的，是猶太人。」

　　奈爾身為猶太人，在大屠殺中失去四位祖父母中的三位。這事實增加了他觀點的可信性。但其觀點忽略了一項重要區別——美國南部黑人進軍者及其支持者，是爭取他們不受歧視的基本權利。相反，三K黨的存在則是為藉暴力和壓制他人權利來維持那種歧視。因此，這兩群人並不享有同等合法性，若將其權利等量齊觀就忽略了這點。此外，大多數權利皆非絕對，都受制於某些合理限制。大多數人都贊同，對言論自由的嚴格遵守，到某個程度就必須服從對公共安全及公共秩序的考量，這點與愛爾蘭高院對哈弗里斯訴康納案的取態一致。言論自由權並不包括在並無火災時，於擁擠的戲院內高喊「著火了！」的權利。許多人也贊同，言論自由權不應包括以蓄意挑釁行為挑起種族騷亂的自由。最後，有理由說美國法庭對於第一修正案禁用攻擊性字眼的例外情形，立場太過狹義。法庭早已接受「言論」包括揮舞旗幟等象徵性言論。法庭維護美國人焚燒美國國旗的權利（德克薩斯州訴約翰遜案（1989年）；艾希曼訴美國案（1990年））即依據此基礎。對集中營倖存者揮舞卍不但可視為象徵性言論，更可視為象徵性攻擊言論，會即時引發暴力衝突。然而，斯科基訴訟以及後來美國的各項判決，似乎均未考慮其中任何一個要點，目前美國法律仍認定這類行為受法律保護。

　　英國則相反，懷思訴鄧寧案以後的法律前提是：某些類別的侮辱性口號會導致破壞社會安寧，若其會挑起通情達理人士的暴力反應，則或

須在適當情況下被刑事化或禁止。這種主觀方式自然使各案判決不盡一致，並經常使示威自由被不合理地限制。但這種方法，確為那些可能成為攻擊性或挑釁性遊行（如法蘭克・科林獲法律允許在斯科基舉行的那種遊行）的目標的人們，提供了一定的法律保護。

兩次大戰期間的英國

兩次大戰期間，挑釁性遊行成了讓英國頭痛的問題。深入了解這問題的解決方式前，應先概括了解兩戰期間，英格蘭及蘇格蘭法律應付示威的方式。

1920-1930 年代英國，集會自由受到無數法內、法外限制，街頭示威的傳統頗受蠶食。1939 年哈格訴工組會案的裁決，標誌著美國認可給予公共集會權以特別的憲法保護，但英國卻未認可這種權利。1920年代後，那些未被當局視為「體面的」團體，其組織集會議或遊行的能力就大打折扣。從 19 世紀甚至更早以來，藉艱苦鬥爭確立的權利似正在萎縮，許多人對此或無所知，或無所謂。

要理解 1920 年代英國對示威的心態，就得留意俄國布爾什維克革命的衝擊，而這場革命就是從街頭示威起家（見第 8 章）。沙皇被滅門的慘劇與暴力推翻現行秩序之舉，讓英美及西歐保守派人士驚恐不安。他們深知共產分子致力搞世界革命，故拼命阻止共產分子及其同情者以遊行、集會等傳統政治運動手法爭取支持。

當時，共黨對人權的迫害尚未廣為人知，無數理想主義左派人士都傾向蘇俄或至少憧憬之。對「社會主義在英國的支持度驟增」的憂慮不再是杜撰，尤其是 1918 年列寧親口說「英國已經準備好社會主義革命」之後。這種前景造成恐慌——在美國，埃德加・胡佛拘捕共產同情分子

（見第 10 章），在英屬印度，當局實施羅拉特法案（見第 11 章），在英國也引起同類恐慌。這恐懼反過來造成英國警方等機關，對工人階級政治運動的容忍度遠小於對其他示威團體。19 世紀憲章派運動中，當局就已流露這種態度。針對共產主義，英國作出一場更廣泛反制行動，包括 1924 年《每日郵報》刊登偽造的季諾維也夫[1]信件、1925 年以煽動叛亂罪審判英國共黨領袖，苛待共產示威者僅當中一環。這背景顯示當局對涉及共產分子的遊行集會，其處理手法雖有苦衷，卻無法自圓其說。

當局通常利用地方條例來阻止它所反對的示威，條例要求集會須先經地方法官批准。條例的規定，與 1817 年於全國實施招致強烈敵視的「西德默斯堵嘴令」（見第 4 章），以及 1890 年代引發博格特荷克拉夫紛爭（見第 9 章）的那些規定如出一轍。

蘇格蘭，格拉斯哥綠地。在此集會須先經地方法官批准。1925 年艾爾德里德訴米勒案，曾嘗試質疑對違犯該條例的定罪。其理據是當局未始終如一或公允地執行該條例。設於愛丁堡的高等刑法法院面對證據，譴責條例「實施不穩定」，但仍裁定地方當局可按其認為適當的方式執行。在格拉斯哥的格林諾克，當局公然選擇性執行類似條例，允許童軍、基督少年軍、救世軍遊行，卻禁止共黨遊行。1925 年，共黨在格林諾克集會對抗條例，遭警方驅散，數人被捕。

1920 年 10 月 18 日，二萬名失業者遊行到白廳抗議，期間遭警方襲擊，激起眾怒。組織遊行的是幾個倫敦自治市的市長，包括後來成為工黨領袖的波普勒市長喬治‧蘭斯伯里。這些自治市失業率高企。首相勞合‧喬治在首相官邸接見了遊行代表團。

事前經警方同意的示威方案是：代表團前往唐寧街期間，其餘示威者將留守堤岸，不跟去白廳。但很多示威者可能不知該項安排，前往

白廳靜候代表團會晤結果。此時警方似乎受命以最強武力對白廳清場。《每日先驅報》描述道：「警察銜命在白廳橫衝直撞，棒打男女老幼，兇殘程度只有愛爾蘭的黑棕部隊堪比。」

「全國失業勞工運動」

事後似乎無人從法律上質疑警方行動。但在事件影響下，一個致力於為失業者爭取權益、由共產分子控制的組織於 1921 年成立，並以示威作為主要政治活動形式。這便是「全國失業勞工運動」（失勞運動）。

一戰後，英國湧現許多地方性的失業勞工委員會，失勞運動便是七十至八十個這類委員會的集合體。創立者沃爾‧漢寧頓是失業工程師和畢生的共產分子，他因擔任工會基層幹事而上了黑名單。漢寧頓頗有口才，藉在勞工介紹所外演講，為失勞運動招募了不少成員。失勞運動發起首場全國性的向倫敦飢餓進軍，抗議失業和失業救濟過低。1922年秋，隊伍抵達倫敦時估計達五萬人。事前報刊紛以「曝光共產大陰謀」、「白廳騷亂計劃」、「莫斯科下令，圖謀騷亂」為題臆測，但遊行大致順利。

事後失勞運動的支持度滑落，直到 1920 年代末大蕭條期間失業率上升，組織才復興。1931 年國會泛光燈舉行亮燈儀式，標誌夏天休會期結束，大批群眾到國會廣場圍觀，其中有九百名失勞運動支持者。當他們喊口號反對新上台的政府時，騎警和員警入場將他們攆走。有國會中人抗議警方「動武純屬多餘且極具挑釁」。對此，內政大臣引用《會期令》，稱會期內須保持國會暢通。此回應顯然不夠說服力。

1932 年 2 月 23 日，失勞運動號召「全國鬥爭日」抗議失業，尤其是申領失業救濟所需的資產審查。警方與示威者於數處爆發追逐戰。當

年，卡迪夫、考文垂、諾丁漢、奧爾德姆、波斯考爾、斯托克、威根、普雷斯頓、博爾頓及貝爾法斯特都爆發衝突。貝爾法斯特兩名示威者遭警方槍殺。

1932 年秋，失勞運動再發起向倫敦飢餓進軍。計劃 9 月 26 日從格拉斯哥起步，10 月 26 日，即國會開幕大典前一日抵倫敦，向國會請願反對資產審查。10 月 27 日，進軍達到高潮，約一萬二千人在海德公園集會抗議資產審查。集會和平進行，但一隊從埃奇威爾路趕往會場的示威者與警方追打。示威者指警方無故襲擊。警方則聲稱有人先以鐵枝施擊。

1932 年 11 月 1 日，飢餓進軍者試圖向國會請願，反對失業救濟資產審查。人們擬將這捆有一百萬個簽名的請願書帶到查令十字車站，再由五十名請願者組成代表團轉交國會。警方卻在查令十字車站沒收全部請願書，使其根本無法提交。可遠溯至《大憲章》的請願權，這樣被公然踐踏！但從無人對此提出法律質疑。被此舉激怒的示威者開始襲警。約二萬至三萬人聚集在特拉法加廣場，但被騎警驅散。失勞運動成員、請願組織者希德‧伊利亞斯遭起訴並獲刑兩年，罪名是「企圖……製造社會動亂，破壞社會安寧」。

1934 年，失勞運動再搞大型飢餓進軍並和平收場。1936 年聲勢浩大的賈羅飢餓進軍也和平收場。這場進軍起點是經濟重災區、東北部造船業城鎮賈羅。進軍並非失勞運動發起，並刻意迴避政黨色彩。賈羅進軍者抵倫敦後，代表議員埃倫‧威爾金森向國會提交了有一萬二千個簽名的請願書。賈羅進軍順利進行，行使傳統的向國會請願權，未受警方打壓。賈羅進軍的組織者是主流的工黨活躍分子，與共黨無瓜葛。除了這事實，並無其他理由可解釋當局為何不對賈羅進軍和失勞運動組織的進軍一視同仁。不同於失勞運動進軍，賈羅進軍並未被視為對建制的威脅。

三項限制性判例

失勞運動的許多集會、示威遭打壓，當局出發點是：盡量避免給上一級法院製造標準案例。警方稱「失業遊行者先動手」的供詞總是獲法庭接納。相反，遊行者的記錄和傳記則反復強調是警方先無端施襲。因為警方有時會派臥底假扮暴力示威者，製造鎮壓藉口，因此無法澄清某些暴力場景的真實起因。由於法庭總是接納警方供詞，地方法官便認為可判失勞運動領袖守行為，以維護社會安寧。沃爾‧漢寧頓堅信自己從未破壞社會安寧，拒絕守行為，結果獲刑一個月。

即使警方行徑偶爾上達於上級法院，法院也總偏袒警方。法庭的態度某種程度上嚴重約束了遊行集會的傳統權利，因此對於示威者來說，案件上訴至上級法院甚至會適得其反。下文將研究三項限制性判決。

案例一。1932年失勞運動遊行請願書被沒收後發生。案件主要圍繞搜查令——若警方逮捕某建築內的人，並沒收不屬於此人而屬於他人的文件時，須出示搜查令。人們曾認為，無搜查令就不可沒收。警方在失勞運動總部拘捕希德‧伊利亞斯時，沒收並扣留了許多屬於失勞運動組織的文件。警方事後為扣留行為辯解，稱文件也披露了伊利亞斯的助手沃爾‧漢寧頓的煽動罪行。在文件力證下，漢寧頓遭起訴並獲刑三個月。伊利亞斯起訴警方沒收文件，但高院在伊利亞斯訴帕斯莫爾案（1934年）中裁決：若涉及他人的可能罪行，未取得搜查令即沒收文件屬合法。

案例二。在托馬斯訴索金斯案（1935年）中，高院裁決再度偏離對相關法律的慣常理解。判決稱，若公眾集會於私人場地舉行，且警員有理由相信集會期間可能發生任何罪行，組織者即無權要求在場警員離去。發生此案，是因為警方執意出席在南威爾斯的邁斯泰格的私人場地

舉行、由共產分子弗瑞德‧托馬斯演說的集會,當被告知他們是擅進者時仍拒離去。組織者托馬斯起訴員警擅進。警方辯稱集會可能破壞社會安寧,因為有幾名與會者曾被判犯暴力罪。這顯然缺乏說服力,但說辭被地方法官採納,案子鬧到王座分庭後,英格蘭皇家首席大法官霍特勳爵也採納了這套說辭。

案例三。失勞運動發現,當局不僅干擾其示威,倫敦警察廳總監特倫查德勳爵還下達秘密禁令。勳爵說:「無論會否造成阻塞,失業者等人士均不得於勞工介紹所附近集會,因這類集會或導致破壞社會安寧。」

失勞運動主要藉街頭集會來招募會員,此禁令故意針對這類集會。禁令似無絲毫法律基礎,當事人向高院提出質疑。鄧肯訴瓊斯案(1936年)的霍特勳爵再次主審,並再次維持禁令。

鄧肯訴瓊斯案的判決尤為不公。因為失勞運動發言人凱薩琳‧鄧肯特意在一條囊底路盡頭集會,不可能阻路、且未阻礙任何人也未曾破壞社會安寧,或發表任何會激起破壞社會安寧的言論。但霍特勳爵仍願意接納警方說辭——即警方有理由預計勞工介紹所內將發生破壞社會安寧事件,而依據僅僅是「以往講者在外發言時,勞工介紹所內曾發生滋擾」。因此警方有權根據破壞社會安寧發生的可能性,來終止鄧肯夫人講話。當事人向霍特勳爵指出,在比提訴吉爾班克斯案中,救世軍對於「骷髏軍」破壞社會安寧無須負責,而鄧肯夫人在這種情況下,對其他人破壞社會安寧之舉也無須負責。對此,霍特並不理會比提訴吉爾班克斯案,稱之為「有些不太令人滿意的判例」。

當時的著名憲法律師、E.C.S. 韋德教授,總結鄧肯訴瓊斯案影響時寫道:「對於那些因缺乏資源等原因,而想在公共場地集會的人,羅網

已經收緊。結果便是，除非提前獲警方許可，否則根本無把握可在任何公共場地集會……我們且斗膽假設：若警方向立法機關尋求這一性質的廣泛權力，則 20 世紀的下議院絕不會願意授予這樣的權力。」

警方對失勞運動飢餓進軍者的處置手法，引起溫和左派的高度關注。他們於 1934 年失勞運動飢餓進軍抵倫敦前幾日，成立全國公民自由委員會（全自會），專門監察警方的現場表現。創會會員包括後來拜相的艾德禮、作家維拉·布里坦、A.P. 赫爾伯特及 H.G. 威爾斯。他們的擔心不無道理：他們當時可能猜測但無法肯定——當時倫敦警察廳總監特倫查德勳爵，的確在向白廳爭取在倫敦中心禁絕示威。理由是示威與現代社會「格格不入」。

「卡布爾街之戰」

1932 年，極右派與極左派示威均趁勢興起。曾任工黨國會議員的奧斯華·莫斯利爵士成立英國法西斯同盟，企圖效仿墨索里尼和希特勒的排猶等伎倆，使自己成為英國的獨裁者。莫斯利去羅馬拜見墨索里尼時，獲贈一件黑襯衫，莫斯利黨徒遂穿著黑衫並得名「黑衫軍」，還以軍事編隊遊行。

起初，警方對法西斯分子比對共產分子更寬容，落力保護法西斯分子集會免受政敵破壞。部分原因是，法西斯分子不鼓吹革命，卻扮作警方之友和衛道士。法西斯分子初時的集會總有「駭客」助興，通常是大群來「開會」的共產分子。場內法西斯分子會大打出手。暴打由集會組織者精心策劃——首先挑動「駭客們」發言，藉此分辨這些人並用聚光燈照住。最溫和的「駭客」都難逃毒打。暴徒常用「鐵蓮花」等武器，顯然師從納粹在魏瑪德國的戰術。1934 年 6 月莫斯利在奧林匹亞的集

會，數百人被毆傷。公眾的厭惡令莫斯利的支持度下挫。1936 年 3 月，托馬斯訴索金斯案裁定，法律允許警方進入在私人場地舉行的公眾集會以防止罪行後，莫斯利獲准在阿爾伯特音樂廳舉行示威集會，警方在方圓半哩內禁止其他集會。肯辛頓的瑟洛坊位於半哩半徑內，該處舉行的反法西斯集會遭警方武力驅散，許多示威者受傷。警方厚此薄彼，惹來公眾和政界頗多非議。

1936 年 10 月 4 日，莫斯利打算在猶太人聚居的倫敦東區搞一場遊行。這成為莫斯利運動的巔峰，也是他走下坡的起點。群眾聞訊憤怒，數萬人堵住往東區的街道，不惜一戰也要擋住法西斯分子。警方本想打通道路讓法西斯分子通過，卻捲入與反法西斯分子的系列追逐戰。警方打通了一些街道，但沃平卡布爾街的群眾站穩腳跟，擊退了騎警和員警的衝擊。群眾徵用了一輛卡車，棍棒、石塊如雨點般砸向警隊。此刻，接替特倫查德勳爵任倫敦警察廳總監的菲利普‧蓋姆爵士，要求莫斯利及黨徒散去。反法西斯人士在「卡布爾街之戰」獲勝，在心理及政治上都給莫斯利沉重一擊。

《公共秩序法》（1936 年）

「卡布爾街之戰」使國會取得共識：必須立新法規管示威。1936 年 11 月 9 日，即失勞運動飢餓進軍抵倫敦前日，國會提出法案並旋即在各黨派支持下實施，即《公共秩序法》（1936 年）。保守派想警方擴權應付極左派示威，而工黨及自由黨議員則急於壓制莫斯利的黑衫黨，雙方各取所需，聯手通過法案。

《公共秩序法》（1936）禁止穿軍裝遊行，禁止於公眾集會攜帶攻擊性武器。「為推動任何政治目的，或使公眾有理由擔憂是為此等目的

而進行的」軍訓，被定為刑事罪行。該法賦予警方一項具爭議性的權限：警方若認為示威會在當地造成嚴重紛擾，則有權禁止於某個城鎮或城區舉行任何示威。該法還將「在公眾場合使用威脅、髒話或侮辱性字眼或行為，意在挑撥破壞社會安寧或可能造成破壞社會安寧的行為」列為刑事犯罪。這是該法新增的一條罪名。

《公共秩序法》使莫斯利的英國法西斯同盟遭重創，再未回復卡布爾街之前的聲勢。禁穿軍裝遊行的規定更令其一蹶不振。1937 年他再次企圖闖入猶太人聚居的東區，警方遂禁止有關區域六週內舉行任何遊行，杜絕了對猶太區的挑釁遊行問題。1937 年英國法西斯同盟在東區地方選舉中慘敗，隨後分裂，不再是一股重要政治力量。

學者吉爾蒂及伊榮準確概括了《公共秩序法》（1936）的成效：「不惜代價的言論自由這類意識形態承諾，未影響英國法律。面對質疑其依據的挑戰，英國法律仍應聲而起，雖略顯遲緩。此舉的嚴肅性，在隨後的戰爭年代才被世人充分認識。立法遲緩，最終打破行政機關不作為的，是那些左派而非右派，但這些因素都不應……抹殺法案的整體成效。」

《公共秩序法》（1936 年）中所有針對莫斯利的條款，現今仍是英國法律，並作為該法的部分內容，重新實施，其中就包括涉及以威脅、侮辱或髒話造成破壞社會安寧的罪行。因此，1936 年以降的相關英國法律，是建基於更早的懷思訴鄧寧案判例，即種族或宗教貶抑謾罵可能破壞社會安寧，因此不被允許。

《公共秩序法》（1936 年）的規定經受了時代考驗，示威在英國亦仍為尋常事，因為規定並未過於干擾和平示威。話說回來，警方偶爾也濫用「在某段時間內，禁止在特定地區舉行任何集會」的權限。1977 年，當法西斯分子遊行和反法西斯反遊行再度抬頭時，倫敦警務處長即禁

止大倫敦地區兩個月內的所有示威。有人在歐洲人權法院對禁制令提出法律質疑，但遭駁回（反種族主義及法西斯主義基督徒訴英國案（1984年））。

鄧寧勳爵的不同意見與英國法律的轉向

20 世紀最後 25 年，英國法律極為遲緩地轉向認可「合理使用公路」的確包含使用公路示威。鄧寧勳爵對於霍伯特訴皮特案（1975 年）的不同意見，是邁向此方向的第一步。皮特等被告是一群社工，他們代表倫敦伊斯靈頓區的租戶發起運動，抗議對物業作「高檔化」重建導致的社會問題並阻止更多重建。運動針對的博寶公司是一間參與重建的地產經紀。皮特等人採取的行動，包括在週六上午於博寶辦事處外集會，舉標語派傳單，稱若不滿足示威者要求就持續抗議。他們並未阻礙人行道，且讓路予出入該地產經紀辦事處的人。

地產經紀申請禁制令，以禁止抗議者「困擾」該場地。抗議者自稱根本未犯法，僅在行使抗議權。法官認為，在公路上聚眾若非為解決勞資糾紛（有特別法定條文規定此類情況）就不屬合法使用，故批出禁制令。法官作該判決時，依據了哈里遜訴拉特蘭公爵案所訂立、有關合法使用公路的傳統測試。上訴法院以大比數維持原判，但理由不同且更狹隘——上訴法院不肯定哪方會勝訴，故批出並維持禁制令直至審判前。因總的說來，批出禁制令對示威者造成的損害，要小於不批禁制令對地產經紀造成的損害。

鄧寧勳爵反對。他在不同意見中指出：並無證據顯示有任何破壞社會安寧或阻塞公路行為，且週六上午來數十名抗議者並非不合理使用公路。他又說明，地產經紀主要不滿那些標語牌和傳單。他說：「我們必

須考慮示威權和對公眾關切事件的抗議權。人們須擁有這些權利；這符合公眾利益。且人們確須無礙地行使這些權利，只要無不當行為。示威常是使不滿上達於當權者的唯一途徑──好歹造成一點影響以獲得一點補償。我國歷史充斥打壓這類權利的警號，要以史為鑒。最顯著者，是 1819 年發生於曼徹斯特聖彼得市集爭取普選權的示威。地方法官急於阻止，死傷者數百。事後倫敦政務議事廳肯定了『英國人為慎重討論公眾不滿而集會的毋庸置疑的權利』……集會權如此。聚集、遊行、示威及抗議公眾關切事件之權利亦如此。只要全程和平有序，不威脅挑動暴力或阻塞交通，就不應被禁止（見比提訴吉爾班克斯案）。我強調必須和平、守序，但只要保持良好秩序，示威的權利就必須延續。」

鄧寧勳爵總結：法庭是時候認可就公眾關切議題舉行抗議的自由，只要和平守序進行，就不應以臨時禁制令干預示威及抗議的權利。此外，也不應干預言論自由權。在他看來，伊斯靈頓區的抗議者全然和平守序，法官應拒頒禁制令。

鄧寧勳爵的不同意見獲得遵循，其原則最終於赫斯特及阿古訴西約克郡警察局長案（1987 年）中，成為英國法律的一部分。該判例涉及在巴拉福特兩間皮衣店外示威的兩名動物權益支持者。當時示威者或舉橫額或派傳單。赫斯特及阿古因可能破壞社會安寧而被捕。上前抗議拘捕的其他人，也因同樣罪名及阻路被捕並遭刑事檢控。他們辯護稱並無妨礙，使用公路也無不合理。他們被地方法官定罪，皇室法院維持原判並再引用公路使用的傳統慣例，裁定在公路上派傳單或舉橫額並非對公路之合法使用，故構成妨礙。但被告成功向王座分庭申請對皇室法院裁決作司法覆核。法庭維護赫斯特及阿古之申請時，採納了鄧寧勳爵對霍伯特訴皮特案的聲明，即認可就公眾關切議題舉行示威和抗議的權利之重要性，並裁定正確的標準並非皇室法院所引用者，而是僅取決於在所有情況下，示威者對公路的使用是否合理，而當時情況確實合理。

《歐洲人權公約》的影響

　　《歐洲人權公約》的生效，也影響了示威法律在英國的發展。公約於 1953 年生效時，英國是創始締約國之一，但很久後公約才在英國國內生效。1998 年英國通過《人權法》，公約因此於 2002 年直接成為英國法律的一部分。英國法院各級法官判案時均須遵守，因《人權法》要求所有法律及行政法都符合公約規定。

　　1966 至 2002 年間，儘管公約尚未直接成為英國法律，但英國已循公約第 25 條承認個人申訴權。若不服英國法院的判決，可向位於斯特拉斯堡的歐洲人權法院申訴，理據是英國違反公約義務。1977 年，反種族主義及法西斯主義基督徒組織就曾循此步驟，對當局在整個倫敦實行示威禁令提出申訴，惜未成功。北愛爾蘭各方就北愛前途談判期間，當局曾暫禁於特拉法加廣場舉行涉及北愛問題的集會。人們也曾試圖循此步驟推翻禁令（萊、阿蒙德及「立即談判」訴英國案（1995））亦未成功。此間，公約雖未曾幫助示威者在歐洲人權法院贏得對英國政府的任何直接勝利，但這並不代表公約未影響英國法律發展。

　　《歐洲人權公約》第 11 條規定「每個人都有權利自由和平集會和自由結社，包括為保護自身利益而參加工會的權利。除了由法律規定及在民主社會為國家安全或公眾安全之利益，為防止動亂或犯罪、為保護健康或道德，或為保護其他人的權利及自由而必須之限制外，不得限制行使此類權利。本條款不得妨礙武裝部隊、警察或國家行政人員對此類權利的行使施加合法限制」。

　　第 11 條條款類似《公民權利和政治權利國際公約》第 21 條；後者更為詳盡規定了《國際人權公約》所保障的權利。第 11 條和第 21 條格局相同，即先闡明集會自由這一基本權利的存在，再列明可合法限制該

項權利的情形。合法限制均有兩項關鍵特徵——必須由法律規定，即限制不得隨意或難以預料，且必須是「民主社會所必須」。

公約在諸多方面發揮了影響力。英國將規定推廣至英國殖民地，並將基於公約的權利法案納入大多數殖民地的獨立憲法，因此公約規定被廣泛傳播到全世界。此外，因為規定了個人申訴權，歐洲人權法院的裁決有時會影響到英國國內法：有些是直接透過英國的案件；更常見的是，他國所涉案件成為歐洲人權法院看待主題相同案件的指標。若來自英國的申訴主題相同，亦採用同一指標。

但對於示威而言，《歐洲人權公約》和《公民權利和政治權利國際公約》最重要的影響，是確立了集會自由是一項普世權利的觀念，以及這項權利可依據兩公約所界定之充分理由而受到限制的觀念。

如今，在大多數民主國家，對集會自由的討論常集中於「有無充分理由限制該權利」（美國是例外，因其不重視透過國內法落實國際公約）。原則上，對該權利已存在的事實，通常已不再有爭議。

多年來，公約規定的執行機制由一個初步篩查機構——歐洲人權委員會，以及歐洲人權法院組成，其表現時好時壞。早年，委員會害怕得罪重要成員國而使整部公約被其拒絕。這種心態導致反種族主義及法西斯主義基督徒訴英國案等怯懦的裁決。如今，若在整個倫敦實施長達兩月的示威禁令，就可能被人權法院裁定為違反公約。然而，涉及集會自由時，法院的表現如此反復無常，因此無法加以肯定。

積極方面，藉艾茲林訴法國案（1991 年）的判決，法院對「示威是每個人的權利」作了令人振奮的背書。該案發生於法國海外領土瓜德羅普。羅蘭‧艾茲林是一名律師，曾參加示威抗議刑事損害罪懲處兩個人（僅被稱為「激進分子」）。示威者們吟唱警官的名字：「伯冉德

拉——皮條客——有天你要賠」，有些建築物被塗鴉。艾茲林因參加示威使法律界蒙羞而被禁止執業。但並無跡象顯示艾茲林除示威外還有其他勾當。歐洲人權法院推翻了瓜德羅普法院的判決，並裁定作為公民，艾茲林有權參加示威，無關其律師身份。此案與德弗雷塔斯訴農業部常務秘書案（1999 年）有類似之處。英國樞密院審理這宗來自聖基茨和尼維斯的上訴案時，裁定農業部的公務員有權行使憲法規定的集會自由，參加反政府示威，雖然他是公務員。這類相似並非偶然。在聖基茨，示威的憲法權利衍生自《歐洲人權公約》，聖基茨仍是英國殖民地時，英國便將公約推廣至當地。聖基茨再將其作為權利法案納入獨立憲法。

消極方面，歐洲人權法院在審理澤利伯傑訴摩爾多瓦案（2004 年）時，幾乎未加嚴謹分析就裁定摩爾多瓦當局對一名示威者課以罰金之處罰合法。該示威者參與的示威未提前申請許可，故屬未經批准示威。在較早的侏羅紀會議訴瑞士案中，法院裁決「示威須經預先批准」並未違反《歐洲人權公約》。這兩項裁決忽略了涉及示威權性質的重要問題。

英美有關示威法律之異同

權利通常指人有權做什麼，而非他須獲准去做什麼。「言論自由權」並非別人批准你發言，你才有這項權利。為何集會的權利要區別對待，並要經過批准？這便是威廉·戴維斯的立論基礎。他當年強調有權在波士頓公地發言，無須市政當局批准（見第 7 章）。

美國的法律的確照那樣發展。而今在大多數美國城市遊行或集會仍須經批准。一些太小太偏僻的城市才例外，因為沒人會想在那裡示威。然而，美國法律訂明不得無理扣發示威許可。在美國，有關示威權的最重要判例是哈格訴工組會案，以及沙特爾斯沃思訴伯明罕市案。兩案

中，規定示威須經批准的法律都未獲公正執行，反遭濫用以阻止舉行合法示威。自沙特爾斯沃思案後，在美國簽發示威許可基本上已變成一個法律形式，實際中並未對該國的示威權構成嚴重限制。

美國制度的弊端。因示威須預先批准，一旦當局拒發許可，無論理由充分與否，申請人均須訴諸法庭或考慮違法。訴訟昂貴且費時。若示威由公眾突發情緒所激起，「須申請才合法」的規定，就會使一場完全合理的自發性抗議被刑事化。同樣，在美國這也不太成問題，因為示威組織者知道需要申請許可，而大多數市政官員也明白必須快速處理許可申請，以免侵犯集會自由。然而，若此制度在一國未能穩固確立，其能否發揮作用就值得懷疑。

不同於美國法律，英國法律並不要求示威須經提前批准。《公共秩序法》（1986 年）第 11 節要求大多數遊行（不含靜態集會）提前六日書面通知警方。警方可酌情對示威施加條件，示威者則可上訴。從某種角度看——「需要申請許可，但許可不大可能被拒」與「需要通知並可能被施加某些條件」兩者並無大區別。然而，一項關鍵區別是：通知制度意味著除非警方積極施加條件，否則示威便可自由進行。另一項關鍵區別是：若未遵照通知制度提交通知，示威組織者可能犯罪，但示威並不會因此變非法。示威若未遵守提前通知規定，參加示威的人不會因此構成犯罪。

《公共秩序法》規定，若情況不允許提前六日通知，通知期可予縮短。該項規定為處理突發事件所引致的自發性示威，預留了餘地。

人們普遍認為，英式通知制度行之有效，既未對示威組織者造成不合理的負擔，亦未給警方造成通知不充分，方便他們應付交通阻塞等問題。該制度也推廣到香港，並在當地運作多年，大致順暢。

歐洲人權法院對侏羅紀會議訴瑞士案,以及澤利伯傑訴摩爾多瓦案(2004)的裁決,完全漠視許可與通知相比的問題——既然英國可藉通知制度管理遊行示威,組織者無須申請許可,法庭卻裁定瑞士及摩爾多瓦當局要求許可的做法,是在民主社會對集會自由的一項「必要限制」。為何這樣判?似無合理解釋。

　　儘管判決偶爾失準,但公約總體上仍鼓勵了英國法庭給予示威權更多的肯定。刑事檢控專員訴瓊斯案(1999年)即為一例。

　　1994年通過新法禁止舉行「擅闖式集會」引發此案。該法主要針對在軍事基地等私人土地上的集會,並是政府對裁軍運動人士在格林漢姆公地和莫爾斯沃思的核導彈基地外設立半永久示威營地的回應。1995年6月1日,警方卻引用此法拘捕在公共道路A344幹道旁與巨石陣外圍圍欄之間的集會者。被捕者是反對限制公眾進入巨石陣的團體成員或支持者。有些人舉著「別再這樣」、「巨石陣運動,對抗十年不公」、「解放巨石陣」等橫額。約一小時前,另一團體的成員企圖闖入被關閉的巨石陣區,遭警察阻止並帶走,無人被捕。法庭接納:無理由相信瓊斯的團體於圍欄外被捕時,有從事抗議以外的事情,也無任何攀爬圍欄的意圖。然而,瓊斯與同伴卻被控「在公路上舉行擅闖式集會」,理據是公路是私人財產,他們除了通過及再通過外,並無在公路上為任何目的舉行集會的權利。

　　在此基礎上的逮捕和控罪,是直接依據維多利亞時代法庭對哈里遜訴拉特蘭公爵案、及希克曼訴梅西案的判決。地方法官判處所有被告有罪,但皇室法院維持上訴,理據是被告除合理使用公路外,並未做其他事。控方藉案件呈述上訴至王座分庭,王座分庭恢復原判,理據是可適用的普通法對「合理使用公路」的規定已被新法規廢止。案件纏訟至上議院。上議院以三比二多數裁決:公共公路可作任何合理用途,只要不

對公眾或私人構成妨害，或不合理阻礙公眾通過及再通過權。這項裁定實際上否決了哈里遜訴拉特蘭公爵案、希克曼訴梅西案。埃爾文動爵宣佈多數主要裁決時，明確提到有必要遵守《歐洲人權公約》第 11 條，隨著《人權法》（1998 年）生效，《公約》有關規定也成為英國法律的一部分。

1999 年，比提訴吉爾班克斯案判例，再被用於雷德蒙德—貝特訴刑事檢控專員案。這又是　宗涉及街頭佈道者的案件，地點是約克郡韋克菲爾德座堂的台階。雷德蒙德—貝特夫人及隨行佈道者慷慨激昂地向路人宣講道義、上帝和聖經。可惜案件報告未記載他們用的確切字眼。但這些字眼對路人造成極大攪擾，他們反覆叫嚷「鎖起他們！」，約一百名敵對路人聚集。警察要求雷德蒙德—貝特夫人停止。她拒絕服從後被捕，被控阻差辦公並被判有罪，上訴遭皇室法院駁回。王座分庭卻運用比提訴吉爾班克斯案裁決撤銷了判罪，強調「對其他人暴力行動的擔心，不能構成限制被告言論自由和集會自由權利的理由」。這項裁決與刑事檢控專員訴瓊斯案（1999 年）的裁決一樣，均既依據了普通法，又遵循了《歐洲人權公約》。

2000 年後英國的重要判例

2002 年《公約》被納入英國法律後，英國法院涉及示威權的重要判例有兩宗，並突出了法院處理示威問題時，裁決不穩定、反復無常以及不夠圓滿。第一宗判例似乎增進了對示威者的保障。第二宗判例則顯著蠶食了示威權。

拉波爾特訴告士打郡警察局長案（2006 年）引發的討論是：若警方預計，示威者到達示威現場時將發生破壞社會安寧事件，警方有多大

權限阻止示威者前往示威現場？拉波爾特女士是一百二十名示威者之一，他們乘坐專巴從倫敦前往告士打郡費爾福德美軍空軍基地外，抗議英美聯軍入侵伊拉克。發起示威的組織名為「告士打武器檢查員」，成員均穿著標誌性的白色制服。任何想參與該次示威的公眾都可上車。乘客中有八名屬於暴力安那其組織「白衫運動」的成員，他們也穿著類似的白衫。拉波爾特女士跟這夥人無瓜葛，與車上大多數人一樣，只是想去基地外示威。美國轟炸機從基地起飛奔襲伊拉克，人們曾試圖闖入基地。專巴駛至距費爾福德五哩時被警方截停。警方在車上認出白衫運動分子，並搜出少量可用於暴力抗法的物件，包括頭盔、自製聚碳酸酯盾牌以及面罩。車上三名要對示威演講的乘客獲許下車，繼續前往費爾福德。然後警方命令專巴搭載其餘乘客，在警車護送下返回倫敦，期間乘客不得下車。專車途經沿途服務站時不得停車，乘客不能下車如廁，非常不適且尷尬。

告士打郡警察局長為決定辯護稱：根據白衫運動的往績，當車上的白衫運動成員抵達示威現場時，將會即時造成破壞社會安寧，雖然專巴在萊奇萊德被截停時跡象尚未明朗。而且，雖然專巴可能載有一些和平示威者，但警方無法辨別哪些乘客是想發動暴力直接行動的白衫運動成員。

王座分庭、上訴庭和上議院一致同意：迫使一車乘客返回倫敦屬非法。作為一宗非法拘禁，與任何可能的破壞社會安寧都不成比例。警方禁止專車再開行五哩抵達示威現場的決定是否正當？這是更棘手的問題。

警方截停載人客車，阻止其前往可能發生公共秩序問題的地點。該做法源於 1984 年礦工罷工。當時罷工礦工與上班礦工，在礦井內爆發鬥毆等劇烈衝突。諾丁漢是一個分離出去的礦工工會的大本營，當地衝

突尤為尖銳。在摩斯訴麥克勞克蘭案中，諾丁漢郡警察局長截停一車前往礦井聚眾的罷工礦工，並阻止他們繼續前進，當時距目的地五哩。法庭裁定警方此舉合法。警方因而變本加厲，竟然不允許想去諾丁漢聲援的肯特罷工工人，進入倫敦附近的泰晤士河達爾福特隧道入口！無人質疑這樁對國民在國內旅行權的粗暴干涉。然而，1984 年諾丁漢事件中，警方辯稱兩派工人勢同水火，其採取極端措施防止破壞社會安寧之舉，或能自圓其說。

在拉波爾特案中，上議院依據阿爾伯特訴拉文案（1982 年）；該案涉及逮捕權力，並裁定為防止破壞社會安寧而進行逮捕若須合法，則破壞社會安寧的事件必須即將發生。上議院推翻了摩斯訴麥克勞克蘭案裁決，裁定警察局長已承認客車在抵達費爾福德之前並無破壞社會安寧的任何風險，因此他阻止客車繼續前進屬非法。

拉波爾特案終結了對示威的不合理限制。然而，不久後的奧斯汀訴倫敦警務處長案（2009 年）卻維持了一項極其惡劣的限制。這便是警方近年對示威者的「圍困」戰術，將他們長時間困在警方封鎖線內。這種扣押並不算拘捕，被扣押者亦無須犯法或可能犯法。這是一種人群管控方式，但實際上剝奪了被困警戒線內的民眾的自由，有時長達數小時。

2001 年「五一」，倫敦市中心發生反資本主義示威。警方稱，情報顯示一些人混入示威者中，打算第一時間搶掠牛津街的店鋪，但警方不肯定具體哪些人想打劫。法院接納了警方這項證據。1999、2000 年倫敦的「五一」遊行均曾引發大肆刑事損壞，再早些年其他城市（尤其是西雅圖）的「五一」遊行也造成這類問題。為防止爆發搶掠，警方將多場示威圍困在警戒線內，很多示威者被困街頭數小時。奧斯汀女士是被扣留者之一。她稱即使她要去托兒所接回幼女，警察都不許她走出警戒線，並被困長達六小時，期間還下了雨。當局未向被困者提供食物、

飲水或廁所，其中有些人根本不是示威者，而是恰巧被困在警戒線內。有位布萊克先生就是如此，他與奧斯汀女士一起提出索償。上議院維持高等法院判決，稱因為存在爆發搶掠的風險，將奧斯汀女士扣留於警戒線內屬合法。

此案最引人矚目的是廖柏嘉勳爵的評論。人們常感覺他是一名通情達理的法官，但他這番評論強烈顯示他從未曾參加示威。廖柏嘉勳爵說：被警方「圍困」好比因交通事故造成嚴重堵車，而被困途中數小時。這番言論未認識到：旅客塞車期間，仍可保暖防雨有一定隱私，必要時可去硬路肩方便。發言也未認識到警方手法對行使示威權的「寒蟬效應」——想參加示威的人一想到「為配合警方執勤」而被困街頭數小時，他會作何感想？維持公安方面，常師從倫敦警務處的香港警察，也引入了圍困戰術，並曾將一整隊示威者通宵困在街頭。

然而，推敲奧斯汀案的法庭判決，卻會發覺判例對於示威權的影響並無想像中嚴重。警方證明其警戒線並非一成不變，若有人要求離去，且此人看似不像要去打劫，警員就會讓他離去。奧斯汀女士的律師對此聲明未持異議，僅堅稱有警官親自拒絕她離開警戒線，但她已認不出這名警官。高等法院大法官圖簡達特的判決，對奧斯汀女士是否真被拒離開警戒線流露出一絲懷疑，這懷疑或影響了上議院的取態。上議院強調，劃定圍困警戒線是危機時的被迫措施。但或許幾年後，另一宗案件顯示警方圍困戰術已太越界，其行為已構成違法——但願這是過慮。

歐洲人權法院

奧斯汀案隨後申訴至歐洲人權法院，即奧斯汀訴英國案（2012年）。情況較上議院裁決更令人不安。向歐洲人權法院的申訴，並非基於妨礙集會自由（《公約》第 11 條），而是基於妨礙自由（第 5 條）。

法院多數意見認為：警方警戒示威時的決策，應予以相當尊敬，而且警方決策通常正確；當某場示威發生不尋常情況，突發刑事損壞的風險很高時，警方的措施就屬對自由的合理限制。法院分析不如上議院嚴謹。鑒於本章及其他章節所載警方對示威者歷來的態度，「警方決策通常正確」假設所流露的自負，比起霍特勳爵差勁的判斷，實有過之無不及。

「一個藐視自由的人權法院，留它何用！」——這種想法固然吸引，卻言之過早。歐洲人權法院過往表現反復：初期謹小慎微，到 20 世紀末及本世紀初變得進取，現階段或又回軟。不過，對於那些遭侵權或濫權的人們，歐洲人權法院仍是一條鳴冤路，有時也幫他們主持公道。但法院多年都不願意判倫敦警務處違法，這實在匪夷所思。對於英國那些想行使示威權的人們來說，歐洲人權法院並幫不上忙，雖然它可能確實制止了土耳其之類國家的警方對示威者使用過分武力。

囿於篇幅，本章僅勾勒過往約百年間示威與法律最突出的問題。這些判例顯示：法庭對於示威權常漠然置之，當警方供詞與示威者的相衝突時，總傾向於採納警方的，詮釋適用法律時也相當保守。偶爾，一些判例維護了示威者的權利，這維持了人們對法制的信心，也因其罕見而受到緬懷。大多數情況下，示威得以順利舉行，並非取決於法庭判決，而是視乎警方決定，而後者甚少遭到有效的法律質疑。因此，下章將更詳盡審視示威者與警方的關係。

245

第14章

示威與警察

- 警方「協助」
- 倫敦警務處——江澤民訪英
- 法國防暴警察——巴黎示威
- 意大利防暴警察——八國峰會
- 美國國民警衛隊——肯特州立大學示威
- 臥底——「抗議特別支隊」
- 聯邦調查局
- 阿拉伯之春的「強硬派」
- 警方的正面角色
- 反警方滲透

示威者與警察常是對手。在許多國家，示威者常與防暴警對峙，後者被訓練成只須一個口令、甚至眼神就窮追猛打。法國、意大利的防暴警依舊如此。在英國，由於和平示威傳統久遠，示威方與警方雙方高層合作廣泛。許多和平示威期間，防暴警並不出動。面對不同示威，員警的態度也時而幽默可親、時而厭煩或漫不經心，但通常不會深懷敵意。若涉及公民抗命或高級警官認為示威完全或部分屬非法，情況就截然不同。英國史上，警方對示威者施暴的惡事包括1887年的「血腥星期日」、1920年警方在白廳毆打飢餓進軍者，1984年礦工罷工期間，歐格里夫等地的非法聚眾也遭警察濫權。示威者若有刑事擅進等「越界」行為且太過火，就可能招致警方兇猛還擊。

　　儘管如此，警察與示威方卻不僅是對手。和平示威需要一個防範機制保護示威者，這機制就是警察。警察若不在場，運動的支持者與反對者就很可能鬥毆。1883年，濱海韋斯頓的救世軍與「骷髏軍」就曾爆群毆。現代英國警隊創建於19世紀初、示威開始普及時，它協助營造了一個避免或遏制此類衝突的示威環境。

　　1990-1991年，駐倫敦警務處研究員P.A.J.沃丁頓研究警方與示威者互動後，寫成《自由與秩序：首都的公共秩序治安》一書。手機及網絡時代的示威者與警察也都已改觀。但若問「在一個有示威傳統的城市，警察怎樣看示威？」，則沃丁頓的著述仍屬正解。

　　沃丁頓的研究期內，倫敦共有一百五十起「通知示威」，即組織者遵照《公共秩序法》（1986）提前通知警方。大型示威妨礙交通，通知警方有利公眾安全便利。那段時期，大示威的組織者極少不通知警方。而今「快閃族」示威已改變這種情況。因此他的研究涵蓋了倫敦一年內幾乎所有示威。

沃丁頓發現，警方處理示威者的對策是全力避免麻煩。「麻煩」是指給負責警戒示威的高級警官添煩加壓。警戒太嚴會惹麻煩，示威者會投訴濫捕、無理阻礙或員警粗暴等。警戒太鬆也會惹麻煩，有人會投訴暴力或示威者破壞財產。警戒不當使示威太妨礙交通也會惹麻煩。「麻煩」可以是向倫敦警務處總監投訴或抗議。「麻煩製造者」可能是公眾、媒體、壓力團體或國會議員。總監收投訴後，會責成有關助理總監、高級警官或總警司作簡報或解釋。若示威和平進行，無人被捕極少投訴，負責警官就無麻煩。若警官負責警戒一場大示威未出亂子，甚至有利晉升。相反，若示威被捕者多、負面報導多，負責警官會焦頭爛額，事業受損。

警方「協助」

壓力難免，故倫敦警務處警戒示威的手法極重視「化解麻煩」。警方總是急於提前接觸示威者並承諾「協助」。這協助或是真實，因警方可能比組織者更熟悉示威現場和路線，並更了解可能發生哪些實際問題，但這協助並非無私。警方目標，是示威不引致任何公眾投訴。但就向公眾宣示訊息而言，到頭來這場合法遊行的收效，就未必最佳了。

根據《公共秩序法》（1986），若警方合理預計示威將構成「嚴重混亂或嚴重破壞公眾生活」，就可對示威施加條件。這門檻很高，示威者很可能上庭挑戰這些條件。若預計示威將導致公共秩序嚴重混亂，警方也有權禁止三個月內於某一地區示威。這顯然是項酷法，須慎之又慎。因此「警方禁止在倫敦示威」很罕見，警方也盡量免予施加條件。倫敦警務處的做法是：在示威前廣泛接觸組織者，將可能棘手的示威，不動聲色化解之，從而將麻煩風險降至最低。

這些完全是法外接觸，並無規定要求示威頭目事先見警方。但組織者若想在倫敦中心搞大示威卻不這樣做，就很冒失。問題是組織者（尤其是無經驗者）一旦與警方對話，就很難抗拒警方要求示威按「他們的方法辦」的壓力。

沃丁頓多次觀察到，警方一開始就淡定地擾亂組織者的節奏。會晤總是在警務大樓，而非組織者的場所。組織者到後就與支持者隔絕了（他的研究是在手機普及前，但在手機時代，身處警總密室，與世隔絕的心理壓力也不可小覷）。警員態度和藹，刻意不拘小節，藉此與組織者套交情。有位熱衷運動的高級警官總是在辦公室約見，來客要磕磕碰碰跨過各種運動器材和衣物才能就坐。這種安排旨在打消訪客戒心。在此氛圍下，自信老練的警官很易說服組織者：最佳示威路線真是警方建議那條，而非示威者計劃那條。

警方手段與法律是兩回事。警方極少強調有權取締或限制示威。警隊治安專家認為：與示威搞手談法規是「既笨又業餘」。相反，他們挖空心思誘導，強迫或愚弄搞手，接受正常情況下斷不會接受的條件，例如要求示威不用前導車。這要求令人困惑——一輛載有組織者、擴音器或樂隊的前導彩車會很吸睛，且很多地方都採用。倫敦警方為何拒絕？其實這關乎其警戒方式。警用指揮監控車，會行駛在示威隊伍稍前方，監控示威者活動。示威前導車將遮擋警員視線，若示威變得激烈，前導車可能化身路障或集會點。法庭不大可能禁止向來和平的示威團體使用前導車，而且很多團體都往績良好。然而，沃丁頓留意到：示威搞手們從未強烈反對警方這項要求。警方頻頻得手，弱化了示威的潛在威力——並未動用法律，示威者也渾然不覺。

警方為配合示威搞手，也常忽略一些輕微違法行為，以確保活動整體不亂。暴力對抗是萬不得已，也是警方失敗的標誌。沃丁頓觀察的

八十二場示威中，四十三場無拘捕。僅九場拘捕超過十人，其中兩場無疑已變為騷亂：1990 年反人頭稅騷亂（三百三十九人被捕）以及第二次反人頭稅示威（一百零五人被捕）。

沃丁頓的研究反映的是一種相對文明自由的警戒方式，體現了對民主價值觀的真堅持。他記敘一些偏狹的公眾向警方投訴示威，卻被告知「每個人都有權表達觀點」。這類例子包括警員捍衛示威者的權利（例如同性戀權利人士），雖大多數警員其實並不同情這類人。有些示威會激起其他公眾敵視，警員也盡心保護示威者。例如反法西斯人士在埃爾瑟姆靠近「國民陣線」傳統集會處的遊行。

沃丁頓發現，懷柔式警戒的出發點是「警官想避免當值時遇麻煩」。可一旦問題轉變，這出發點會輕易轉為對示威權的打壓。沃丁頓發現，當警方預計會遭權貴投訴時，其手段會大幅僭越法律允許範圍。涉及儀式、白金漢宮及國會大廈等關鍵場所時，警方就不再尊重示威權。

對於儀式，警方必須確保萬無一失。這目標原則上雖令人欽佩，卻導致法外濫權。例如在國殤紀念日，警員會搜查接近戰爭紀念碑的人，沒收口哨等物，確保一分鐘默哀鴉雀無聲。女王出席國會開幕大典時，這類法外警戒行動有效壓制了所有抗議活動。

國會大廈是警戒的重中之重。1992 年這釀成彼得·塔切爾麾下同性戀人權組織「義憤！」與警方的衝突。「義憤！」專搞一些偏激抗議形式，專注「出櫃」及同性戀權益問題（例如當時規定異性戀和同性戀的合法性行為年齡不同）。「義憤！」宣佈將於國會開幕大典當日在國會大廈外示威。接觸警方時，警方直說不會容忍這場示威——雖然當時並無禁止示威的法律基礎。「義憤！」強調自己向來和平示威並保證不阻礙國會入口（這屬違法）。國會廣場是公共廣場，國會開幕大典當日

公眾也可進入。但警方依然強硬，稱將拘捕闖入國會廣場任何區域的任何示威者。

開幕大典當日，「義憤！」成員喬裝混入廣場，並企圖在皇家馬車駛經時展開橫額。成員悉數被捕卻未被檢控；這不奇怪，因他們根本未犯法。憑「警方不予起訴」這事實，就幾乎可肯定打壓手段違法。因未提告，所以無緣當庭考問警方行為的合法性。

倫敦警務處 —— 江澤民訪英

1999 年，中國國家主席江澤民國事訪問倫敦期間，倫敦警務處濫權問題更嚴重。那是中國元首首次對英國作國事訪問，英國政府全力保障訪問順利。但政府認為江是個極具爭議的人，而中國又是個具爭議的國家。江本人牽涉天安門屠殺（見第 19 章）。他事後接受美國電視台英文採訪，被問及此事時以「無事生非」來搪塞。英國不少人也關注並想抗議中國對西藏的佔領。江極其仇視示威者，覺得英國政府有責任使他避免接觸示威者，包括視覺接觸。江的前一站是日內瓦，當地示威者設法讓他看到聽到抗議內容。江隨即告訴媒體：因為發生這種事情，「瑞士已失去一個好朋友」。

倫敦警務處這次表現既非法又專斷，引起廣泛憤慨。警員搶走街上抗議者的西藏旗，闖入車隊沿途一座民居「命令」屋主撤去窗口的西藏旗。當江去覲見女王時，警方故意靠街停泊大量警車，擋住沿途大批示威者。江訪問劍橋時，警方再施故技。

對於警方這次反常苛刻，人們指責政府政治干預。公眾很快獲悉，原來倫敦警務處與外交部曾就江來訪的警戒工作舉行「規劃會議」。傳

言說，警方內部調查對違規警員概不追究。在自由西藏運動幫助下，示威者起訴警方侵犯言論及集會自由權。警方開出有利於示威者的條件，與其庭外和解。警方公開承認違法並道歉。

此事證明，儘管二百年前倫敦已是示威發祥地，可一旦示威可能對英國政府造成它不欲見到的重大衝擊時，政府就會以非法手段，迅疾剝奪傳統的示威自由。

法國防暴警察 —— 巴黎示威

在另外一些國家（包括某些民主國家）示威者的境遇更惡劣。「對示威者極殘暴」是法國防暴警察的文化。1961 年法國警方處置國內的阿爾及利亞族群時，這種暴虐文化摻雜種族仇視所造成的恐怖，並不比起獨裁政權那些醜行遜色！

1961 年，阿爾及利亞獨立運動升級，佔人口多數的阿拉伯人力爭擺脫法國統治。法國群情洶湧，右翼熱衷支持白人定居者（「移民」）對抗阿拉伯人。1961 年夏，法國政府與領導獨立運動的民族解放陣線（民陣），就獨立問題在日內瓦談判，但對話反復擱淺。

數十萬阿爾及利亞阿拉伯人居住在法國，使局面益發動盪。民陣的法國代表執意嚴控法國的阿爾及利亞族群。雙方大打出手，民陣暗殺警員，警方追殺民陣活躍分子。

1961 年 10 月 17 日，民陣在巴黎發起和平示威，並要求參與者穿著體面，由糾察檢查以防持械。約二萬五千人（這是警方估計人數，而警方傾向少報人數）前往香榭麗舍大道的示威起點集合。

法國內政部長羅傑．弗雷調遣八千警力，決心撲滅大示威。示威並未違法，且無跡象表明應當鎮壓。但示威者聚集後，防暴警就大肆殘殺，至少二百名示威者遇害。許多人逃離現場時，被警員從背後冷血射殺。至少一千五百人受傷。許多屍體被拋入塞納河，幾週後陸續在下游被沖上岸。

巴黎警方還逮捕在場記者並嚴禁發稿。當局禁止法國國家電視台播報示威。大多數法國人因此懵然無知，多年後才得悉真相。

時隔半世紀，這樣慘絕人寰的暴行或許不會重演。但時至今日，法國防暴警擊斃一兩名示威者，仍屬「很正常」。

意大利防暴警察 ── 八國峰會

意大利防暴警對示威者之殘暴也臭名遠播。整個 1950 年代，涉及勞資糾紛的示威在該國頻發，每場示威有一兩名示威者遭擊斃不算新聞。現在這一幕已少見但並未絕跡。2001 年八大工業國首腦在熱那亞開會。三萬名示威者闖入「黃區」（示威禁區）。警方擊斃一名示威者並以警棍毆傷多人。現場的《星期日泰晤士報》記者約翰．埃利奧特遭警棍擊中後腦，渾身遭暴打，事後竟因「暴力拒捕」被捕。

半夜，警隊突襲社會論壇駐地，毆打熟睡的示威者。警方辯稱當時在搜查「滲透分子」。警察暴行震驚世界，當局見狀捉了幾名警員，敷衍審判定罪了事。

美國國民警衛隊 —— 肯特州立大學示威

意大利對施暴警員審判和定罪，至少是對示威權的平反，但美國俄亥俄州卻非如此。1974 年，肯特州立大學學生抗議越戰，州長傳召國民警衛隊入校戒備。據說警衛隊在無法定權限下擅自取締學生示威，並不予警告槍殺四名示威者，槍傷九人，其中一人終身癱瘓。警衛隊有恃無恐，學生申冤無門，費盡周折才起訴到警衛隊員及指揮官。儘管大量證據顯示警衛隊濫殺，但肇事者都被判無罪。

在上述三國，示威自由均獲法律承認並已成社會傳統，卻仍發生慘劇。事實證明這自由是多麼脆弱。政府為了辦事方便而不斷打壓這自由。僅當足夠多人挺身捍衛這項自由時，它才能延續。托馬斯・傑弗遜名言「自由的代價乃恆久的警惕」，形容捍衛示威權恰如其分。捍衛這項權利必須成為一個社會的文化，也只有在這樣的社會中，這權利才能長存。

臥底 ——「抗議特別支隊」

在英國，警方派臥底滲透示威者又成為公眾話題。這種缺德手段與示威的歷史一樣久遠，確切說是更加久遠。本書已敘述 19 世紀初警方臥底卡素和奧利弗，在蘭開夏紡織工和國會改革者中煽動違法暴力（見第 3、4 章）。我們有把握相信，這已成警方慣技。憲章派領袖威廉・洛維特在自傳《我的人生與鬥爭》中稱：警方特務對憲章運動的滲透，與奧利弗和卡素時代對國會改革運動的滲透一樣無孔不入。1930 年代的飢餓進軍期間，警方臥底遭到揭發。近年來，一些秘密警察奉命打入示威團體，冒充活躍分子長達數年。一些人被揭發並承認，其中最轟動的是馬克・甘迺迪，他似乎厭倦了自己的角色。他的暴露令公眾再次關注警方這種手段。

利用告密者，是警方工作的重要環節。告密者的舉報預防了許多重案，這是常識。若某個組織確在籌劃暴力抗法，派密探打入可防範之。因此原則上，警方有理由派遣臥底。難題是：實踐上如何操作？

這些密探（正規警員或編外探子）打入組織後，常表現激進，藉此掩蓋其真實目的。很多情況下，密探若報告所在組織圖謀不法，就對他的飯碗有利。因此密探有動機慫恿所在團體違法，並添油加醋秘報上司。這動機與其工作性質直接相關。最惡劣（卻不罕見）的情況是——密探及其上司都想抹黑並打壓有關團體，他們蓄意煽動團體搞違法活動，以便將成員拘捕、審訊、判監，令團體解散或癱瘓。

甘迺迪的生涯，揭示了一名警方臥底，長期對許多組織造成的破壞令人咋舌。他卻從未受懷疑。甘迺迪捲入的組織及國家之多，顯示利用他這類滲透者的不止英國一家，大多數民主國家警方都採用。甘迺迪的全部活動依然疑雲密佈，但證據顯示除英國外，他還在法、德、意、日、美、丹麥、冰島、愛爾蘭從事臥底。他疑似滲透或捲入白衫運動（見拉波爾特訴告士打郡警察局長案，第 13 章）、極端環團「地球萬歲！」、環團「海洋守護者號」（見第 15 章）、反轉基因作物團體，以及抗議燃煤電站及全球暖化的氣候變化陣線等。他經常以激進分子形象衝鋒陷陣，刑事擅入，衝擊警方防線等。大半臥底生涯（2004-2012 年）中均化名馬克·斯通，並與多名女活躍分子有染。

有環團曾試圖闖入位於東密德蘭的拉特克利夫燃煤發電廠。甘迺迪是籌劃闖入的核心。成員被捕受審時，從這點突破揭發其警察身份。甘迺迪暴露後，其他環團也陸續「挖出」一些告密者，並公佈其真實或假冒身份。甘迺迪隸屬倫敦警務處直轄小組——「抗議特別支隊」。該部門的另一名臥底，冒充動物權益人士，並與組織女成員生下小孩。該臥底完成任務後，就拋棄母子失蹤了。

聯邦調查局

　　無獨有偶，美國警方也曾派臥底滲透反越戰運動。越戰老兵反戰團體被嚴重滲透。1972 年共和黨全國代表大會前夕，聲稱將暴力衝擊大會的八名老兵被捕，史稱「蓋恩斯維爾八君子」。但庭審卻發現，聯邦調查局特務曾極力慫恿策劃所謂襲擊，審訊唯有終止。

　　這宗警方滲透案只是管窺蠡測。當時，聯邦調查局局長胡佛曾主導「聯邦調查局反間計劃」——一項大規模造謠、搗亂、誹謗、勒索和滲透計劃，對象是反越戰等所有不滿美國現狀的團體。胡佛派出數千名臥底，從共黨到民權運動無孔不入。主要反戰學運「學生爭取民主社會」也未倖免。在一系列違法行動中，胡佛曾命令聯邦調查局窺察民權領袖馬丁·路德·金的婚外情，並發匿名信逼他自殺，否則抖出其醜聞。

　　胡佛計劃中，聯邦調查局的大肆違法行動卻意外露餡。1971 年 3 月 8 日，該局位於賓州費城郊區梅迪亞的辦事處一批文件失竊，且此案一直未破。顯然調查局有「內鬼」洩密。竊賊是一批反戰者，他們掠走逾一百份調查局密件，包括上述反間計劃。竊案引發強烈抗議後，胡佛終止了計劃。

　　梅迪亞案失竊文件中，一份發給反戰運動內潛伏臥底的指令格外醒目。指令警告臥底「不要帶槍、不要擲彈、不要搶掠，不要因某些特定舉動而過深捲入……曾發生線人襲擊警員的事件」。

　　這樣一份指令，本身就說明這些臥底在相關團體內，扮演的是何等角色！反越戰老兵憶述，當年反戰運動最激進的一些示威者，事後被揭發是聯邦調查局特務。

阿拉伯之春的「強硬派」

2011 年，埃及，阿拉伯之春示威。再次暴露警方臥底的陰險角色。艾赫達芙・蘇維夫親歷多場示威，她的《開羅，一座驟變都市的傳記》寫道：佔據開羅解放廣場的民主示威者討論妥協方案——若政府大讓步示威者就撤。許多溫和示威者覺得應撤退，繼續留守會給政府鎮壓藉口。強硬派卻反對，堅稱唯一出路是拒絕清場，向政府提更多要求。強硬派佔了優勢，示威因而持續。

翌日，政府軍鎮壓示威。前日那些成功拖延示威的「強硬派」，有些竟又露面，「便裝外罩上軍用背心，頭戴鋼盔與士兵愉快交談」。

警方無孔不入的滲透，是甘地那種非暴力不合作示威的難關，也是托馬斯・阿特伍德等先驅恪守合法示威的主因。在合法示威中，糾察常能確保示威者不違法。公民抗命則很難，甚至不可能防範臥底幹違法勾當，抹黑示威目的，離間支持群眾。

守法示威固然也要面對警方臥底這難題，但能較有效防止被臥底抹黑。2009 年 4 月 1 日，二十國集團峰會於倫敦舉行，自民黨國會議員湯姆・布雷克參與示威。警方再施圍困戰術，布雷克等人被困警戒線後逾五個小時。布雷克表示「當時我在人群中，有兩人對我說『我們認為那邊幾人是警察，他們一直慫恿人群向警員擲物』」。群眾開始質疑兩人是便衣警。兩人遂走近警戒線，向員警出示某種證件後揚長而去。

警方的正面角色

警方雖確有上述陰險活動，但它對許多示威的正面作用也不容低估。如前述，警方有時會保護示威者免受攻擊，或協助組織者維護示威

和平進行，從而有助於和平示威。警方為解決交通等實際難題，提供了大量支援。試想，同樣在倫敦搞一場大示威，一場事先與警方協調，一場沒有，兩者造成的滋擾會相差多大！但警方角色很受示威及其組織者性質的影響。沃丁頓研究發現，若警方確信組織者會守諾，就會更樂於積極協助示威成功。值得留意的是，涉及圍困戰術的柯士甸案，警方證供被法庭接受。證供稱，警方不得已採取圍困戰術，部分原因是警方與示威組織者完全失聯。警方稱無法與任何搞手對話，不知計劃路線，也不知這場反資本主義示威的目的。

當然，只有那些大致守法的示威才能獲得警方協助。假若公民抗命示威者，躺臥於繁忙路段，就別指望警員會幫忙。

反警方滲透

現實無從迴避，問題就變為「示威者如何最有效達到目標？」。有時，示威者對抗惡警的形象，能大收宣傳之效。例如，印度示威者試圖闖入達拉撒納鹽廠，隨後被駐廠警察狂毆的場面就被甘地利用（見第11章）。但絕大多數情況下，尊嚴、和平、守序的形象更令人肅然起敬，比暴力場面更有感染力。這就是倡導守法示威，而非公民抗命的關鍵理據。

倡導守法示威的更深層次理由（如前所述）是：任何有傾向或潛能採取不合法行動的示威運動中，都幾乎肯定有警方臥底。原則上，只要可能涉及嚴重罪行，就很難反對警方利用線人，例如早前某些動物權益示威等。線人喬裝混入抗議者群體時，難以抗拒成為煽動者的誘惑及壓力，因為可藉此增加組織對其信任並強化偽裝。因此，示威者推動和平及克制的公民抗命運動，極可能被臥底劫持，並蛻變為極度冒犯公眾的行動，而公眾正是運動需爭取的群體。

最後需牢記，即使在民主國家，也非所有警察都是支持法治的民主派。一次閒聊中，一位休班警長對本書作者說：「別忘了世上每個警隊中，都有一支小分隊信奉海因里希‧希姆萊的警戒風格。」有些警員厭惡並想痛打示威者。他們自會轉到防暴隊，並渴望大打出手。公民抗命運動，就成為他們發洩的良機。達拉撒納鹽廠衝突導致的傷亡大概值得吧，畢竟是為了印度獨立。但對於一小眾示威者來說，如此代價就未免太高了。

近年來，這些問題常困擾環保示威，以及相關的直接行動抗議。故此，我們應更深入了解環保示威。

開放曠野

英國史上首場環保示威，是為保留水晶宮而進行的「偉大散步」（見第 8 章）。

第二場大型環保示威——1932 年的金德斯考特峰集體擅進事件，則更惹爭議，風格也較另類。

19 世紀，英格蘭北部大片曾敞開的曠野被圍起供人打松雞。大片郊野不再讓公眾通過，遂成為一項政治問題。19 世紀末，徒步活動流行，北部工業城市的人們，週末更喜愛徒步減壓。眼見最宜徒步的鄉野被整片圍起，僅供小撮人一年打幾星期松雞！徒步者當然憎惡。1884 年，詹姆斯·布萊斯在國會提出鄉村通行法案，要求允許公眾進入曠野。直到 1914 年，類似法案年年提，但均遭地主利益代表否決。

德比郡峰區的問題尤為敏感。峰區曠野山脊荒無人煙，大片沼澤不宜耕種，卻位於人煙稠密的大三角區內。西北是曼徹斯特，東北是謝菲爾德，南臨諾丁漢及德比。1920-1930 年代，想暫離塵囂的數千徒步者，被擋在最迷人的曠野之外，變成闖入者。德比郡的金德斯考特曠野，從埃代爾縱貫格洛索普。這片廣袤荒原竟都是德文郡公爵的私人松雞獵場！如今埃代爾是奔寧之路起點，這漫長的公眾通行權步道綿延逾二百英里直入蘇格蘭。如今的徒步者，很少知道他們能涉足金德斯考特是一場「鏖戰」的成果。

1932 年，班尼·羅斯曼帶領蘭開夏郡的一批年輕徒步者，計劃以集體擅進，迫使地主開放金德斯考特。雖無確據顯示青年們是受甘地啟發，但數月前的 1931 年 9 月，甘地曾到訪蘭開夏郡達溫，解釋為何號召抵制蘭開夏棉紡品，並廣獲報導。青年們的構想顯然不是偶然。

班尼・羅斯曼是堅定的共產分子，他透過同受共產主義影響的英國工人運動總會組織這場集體擅進。漫步者協會等更大、更有名的團體不贊同集體擅進，認為這有損與地主的關係，使更多曠野對徒步者關閉，無助開放金德斯考特。羅斯曼等人都廿歲出頭年少氣盛，覺得漫步者協會的老傢伙，早已享受這片曠野，故不關心年輕人的訴求。

　　1932 年 4 月 24 日星期日，侵入行動從海菲爾德村起步。德比郡警察局長親率郡內三成警力攔截。為向羅斯曼頒禁制令禁他踏足金德斯考特，警方連日尋找卻找不到他。當日上午，警員在索爾福德火車站守候羅斯曼，他卻避開警員從家騎車到海菲爾德村。

　　約四百名闖入者於海菲爾德村集結，並故意提早半小時出發避免警方攔阻。下午 1 時 30 分他們已踏上通往曠野的窄路。路面極狹窄，警員無法阻擾。羅斯曼發表演說，眾人高唱《紅旗》、《國際歌》後攀登金德斯考特。攀爬途中，眾人遭遇獵場守衛。守衛受僱於德文郡公爵，人數不足三十，多數見狀乾脆不攔阻。但約四十名攀爬者與八名守衛發生扭打。攀爬者恃人多，奪下守衛的木棍撲打，守衛比弗被打昏。

　　荒原之巔，眾人與謝菲爾德來的另一隊會師祝捷。羅斯曼恭賀大家，但提醒部分人或會因闖入被罰款。

　　此後行程順利，但羅斯曼等五人返抵海菲爾德村後被捕，被控圖謀非法集結。攀爬者安德森被控襲擊比弗。六人交德比巡迴審判庭法官及陪審團審判。一人被判無罪釋放，安德森僅被判普通襲擊罪，卻獲刑六個月。羅斯曼及三名被定罪的共謀獲刑四個月。

　　重判激起的公憤聲援了開放曠野運動。反對侵入的漫步者協會，也強烈反對入獄判決。1932 年 6 月 26 日，卡斯爾頓鎮附近的文納特溜道，漫步者協會在此示威抗議，一萬人參加。1932 年 10 月 16 日，德文特

河谷和石坦奇峭壁再發生集體擅進。騎警和配備阿爾薩斯狼犬的巡警阻止了石坦奇峭壁擅進。阿爾薩斯狼犬是當時英格蘭警隊的新裝備。英格蘭其他地區也發生抗議，薩里郡利斯希爾的抗議有一千人參加。蘇格蘭和威爾士也有集會。工黨前領袖阿瑟·亨德森等更多國會議員，均提出鄉村通行議題。

集體擅進事件，使漫步者協會等傳統團體多了一個與地主談判的籌碼。他們威脅說，若地主不自願締結協定開放曠野，就會遭受羅斯曼及支持者集體擅進的滋擾。

《山脈通行法案》（1939 年）擴大開放，但將擅進刑事化，遭徒步者反對。但《國家公園及郊區通行法案》（1949 年）要求地方當局以協議、命令或贖買來確保加大開放鄉野。峰區的金德斯考特等大片曠野據此向公眾開放。可以說，從民意動員到最終立法達致目標，集體擅進事件應記一功。擅進私地屬非法，故屬一場成功的公民抗命。

多年後，德文郡公爵（1932 年僱守衛阻擋闖入者的那位公爵的孫子），為他祖父抗拒公眾進入曠野的行為公開致歉。

二戰後，公眾對郊野的關注，從通過權轉向環境持續遭破壞問題。工業化國家經常有示威反對興建公路、機場和破壞優美景觀。

多年來，「經濟發展優先」使環保人士的示威難有突破。一些國家的人環保意識高漲，和平示威無效便暴力抗爭。東京修建第三機場時即如此。在此方面，環保示威依循了一個經典模式。典型的是英國的婦女選舉權示威——當局若無視和平示威，就採取暴力行動。但環保示威無論和平或暴力，似乎都在輸掉這場戰役。

反核運動

1950 及 1960 年代的反核武示威也同樣不成功。當時此類示威的關注的是核武的致命威脅，而非核技術對環境的影響。

1957 年，A.J. 馬斯特的非暴力行動委員會，率美國貴格會的和平主義者，違法闖入內華達沙漠的美國核武測試場抗議，被捕入獄。1958 年哲學家伯特蘭·羅素在倫敦集會成立「核裁軍運動」，並每年舉行反核武遊行，從倫敦前往伯克郡奧爾德馬斯頓村附近的原子武器研究所。「奧爾德馬斯頓遊行」很快成為英國政治議程的一環，和平、有序、得體，但未贏取更大支持。

1958 年 5 月 2 日，人們首次嘗試駕船闖入大氣核試禁區，即馬紹爾群島的比堅尼環礁一帶。行動由貴格會策劃，退役美軍艦長阿爾伯特·畢格羅駕駛三十二呎雙桅船「黃金律號」駛入這片即將進行核試的海域。美國海岸警衛隊攔截了雙桅船，畢格羅被控刑事陰謀獲刑六個月。七個美國城市、倫敦及蒙特利爾都有示威聲援畢格羅，但媒體報導不足，行動未獲更廣泛支持。

1960 年，康涅狄格格羅頓，電船公司船塢正建造一艘核潛艇。馬斯特及非暴力行動委員會率眾，從麻州波士頓前來抗議卻未能闖入。一小隊示威者划小艇靠近剛下水的潛艇，涉水攀繩梯登上潛艇。他們被捕獲刑十九個月。

「綠色和平一號」

艾爾文·史托維就是格羅頓示威者之一。1970 年代初，史托維在住地、加拿大溫哥華，主導創立了新型環保運動組織——綠色和平。

「綠色和平」融合了環保及反戰元素。溫哥華當時聚居了很多反越戰的美國人，當地旖旎美景也吸引了熱愛自然的人們。綠色和平應運而生。

綠色和平首役，是抗議美國在阿留申群島核試。美國這條島鏈從阿拉斯加對開向西南一直延伸至太平洋。島上有活火山，地震頻仍。1964年阿留申群島地震，引起海嘯摧毀了阿拉斯加首府安克雷奇部分區域。

阿留申許多島嶼以野生動物著稱，尤其是海鳥、海洋哺乳動物和海獺。美國擬於 1969 年在其中的阿姆奇特卡島進行地下核試。綠色和平隨即反對，首場示威逾六千人參加，迫使美加關閉當地邊境口岸。口岸位於溫哥華與西雅圖和平拱門紀念碑附近，是 1812 年戰爭後首次關閉。卑詩省總檢察長警告將檢控阻路者，但加警方並未嚴厲執法。

美國罔顧抗議，次晨如期在阿姆奇特卡島地下四千呎引爆核試。核試破壞性驚人——核爆地表隆起十四呎。兩個湖泊因地裂而部分乾涸。房屋般大的花崗岩從懸崖剝離濺入海中。正在曬太陽的海鳥，脊背被核爆衝擊波震裂，鳥腿貫穿軀幹。死魚、死海獺和死海豹飄滿海面。核爆產生地震波達六點九級。這些影響被廣為報導。美國宣佈將再度核試，且烈度為此次五倍，卑詩省等地抗議浪潮升級。溫哥華的活躍分子決定駕船闖核試區，船名為「綠色和平」。

綠色和平方案是以身犯險。核試可能於 10-11 月進行。阿留申群島暱稱「暴風搖籃」，核試適逢暴風季高峰。時速五十節的烈風和四十呎高的巨浪是尋常事。從北極刮來、俗稱「威利瓦颶」的陣風時速達一百節，快過龍捲風，也是當地一景。小船即便挨得過暴風，也面臨被捕和核輻射。

綠色和平包租一條六十六呎長的比目魚漁船「菲莉斯克馬克號」。

船長約翰・克馬克是傳統遠洋漁民，因缺錢而願冒險。船得名於他太太的名字。克馬克經驗豐富、航技高超。對於缺乏航海專才的綠色和平，克馬克是行動成功的關鍵。隊友中有篤信玄學，慣用《易經》卜卦解困的嬉皮士，不少人暈船。所幸隨船有兩名技師和一名醫生。

岸上，綠色和平招募了擅長宣傳的成員。「黃金律號」未獲充分報導一幕不會重演。

加拿大當局祭出官僚主義阻擾航行。漁業部指克馬克將漁船作非商業用途，要吊銷漁船保險。綠色和平推測是漁業部長傑克・戴維斯作祟，便藉媒體攻擊他是美國走卒，破壞加拿大利益——加拿大人通常很受這一套。戴維斯受壓妥協，恢復了船保險。

1971 年 9 月 15 日，「菲莉斯克馬克號」（又名「綠色和平號」）船帆繪上奪目的綠色和平徽章，駛離溫哥華，沿溫哥華島與加拿大大陸間的喬治亞海峽北上。隊員在一條原住民村落受款待後直搗大海。加拿大媒體同步報導了這次示威航行，各地爆發聲援示威。多倫多十萬學生罷課。抗議電報從加拿大各地飛向總理皮耶・杜魯多和美國總統尼克松。就連卑詩省極保守的省督 W.A.C. 班尼特都對核爆表示關切。

核試突然叫停，因為美國最高法院提出異議。此時，「菲莉斯克馬克號」距阿留申群島尚餘一日航程。隊員進退維谷，船上給養燃料有限，入港又可能遭港務部門拘捕或阻擾。隊員決定冒險向阿留申的荷蘭港申請錨泊。荷蘭港拒絕申請，但允許漁船在偏遠的安庫坦島泊岸。一些隊員上岸後，美國海關關員乘坐海岸警衛隊巡邏艇「信心號」駛來，說他們未能於登岸四十八小時內清關，觸犯了 1930 年的《關稅法》，面臨一千美元罰款。「菲莉斯克馬克號」須於二十四小時內與安克雷奇海關取得無線電聯繫，否則將處以五千美元罰款並沒收船隻。

巡邏艇駛離前，船員交給綠色和平成員一團揉皺的紙。上面寫道——「考慮到我們的處境，我們『信心號』的船員認為：你們是為全人類的福祉。若不是受軍紀約束，我們也會全力效仿你們的義舉。」綠色和平徵得船員同意後，透過無線電宣讀了這張紙條，船員的心聲傳遍全世界。聯署紙條的十八名船員全遭到訓誡，相關軍士被降級處分。

美國海關堅持要求「菲莉斯克馬克號」向最近的管理站申報。管理站位於桑德波因特，漁船須回航一日，距阿姆奇特卡島更遠了。10 月13 日，桑德波因特，隊員以微弱多數表決同意返航加拿大。理由是：航程已廣獲報導，核試日期未明，「等」不是辦法。返航決定明智，兩日後加拿大國會一致通過動議譴責核試。

出海的多數隊員想不到，航行期間，綠色和平已籌夠錢包租第二條船——「綠色和平二號」。它原為海軍掃雷艇「水濱幸運號」。兩船在加拿大海濱相遇，「綠色和平二號」離港，繼續「綠色和平一號」開創的使命。

反核試民意持續高漲。1971 年 11 月 2 日，代表十五萬名工人的卑詩省工會舉行半小時反核試罷工。《華盛頓郵報》刊登加拿大前總理萊斯特·皮爾遜等名流聯署的公開信，呼籲美國停止核試。《紐約時報》稱熱核試是「對自家縱火、投毒再引爆的蠢貨行徑」。尼克松仍決定11 月 4 日核試。群眾當日將一份由十七萬七千人聯署的請願書交到白宮。示威者堵塞了美加邊境通道，襲擊了加拿大各地的美領館。

比起「綠色和平一號」，「綠色和平二號」遭遇的海況極為惡劣。美國無視示威啟動地下核爆，此時「綠色和平二號」雖仍在七百哩以外，但已不辱使命。1972 年 2 月，美國原子能委員會宣佈，出於「政治及其他原因」將關閉阿姆奇特卡島核試場。

「維加號」

阿姆奇特卡島航行，開啟了海上駕船抗議的時代。綠色和平激發了人們的想像力，資金和志願者紛至沓來，足夠組織立即展開新一輪抗議運動。這次是抗議法國在南太平洋穆魯羅阿環礁的核試。

穆魯羅阿行動的構想，與阿姆奇特卡島行動類似。這次有兩條船，分別從秘魯和紐西蘭啟航。與上次的主要區別是：去南太平洋是遠航，法國政府對示威者也出名的狠。

法國向秘、紐兩國政府施壓，秘魯那條船無法離港。紐西蘭政府也多番攔阻隊員，但當地那條三十八呎雙桅船「維加號」及五名隊員最終得以啟航。船長大衛‧麥塔格特後來成為綠色和平主席。他展現了非凡的航行技巧，兩次避過法國艦隻攔阻，將「維加號」駛入穆魯羅阿禁區。

1972年「維加號」首航闖入禁區，遭法軍掃雷艇「龐波號」撞擊重創。在麥塔格特的精湛駕馭下，這艘傷痕累累且漏水的雙桅船，掙扎到庫克群島的拉羅湯加島大修。法國當局聲稱撞擊是「意外」，但麥塔格特有照片證明當局說謊。他並未立即公佈，而是等到在法國出庭時，才用這些照片贏了對法國政府的官司。

1973年，麥塔格特再次啟航，兩名女隊員隨船。「維加號」闖入核試區後，法國水手持棒登船狂毆，扣船扣人。麥塔格特遭棒擊，右眼幾乎失明。「維加號」隊員記錄撞船和毆打的菲林，被水手銷毀。所幸女隊員安─瑪莉‧荷恩，先將一盒菲林藏在船上，被拘留前又悄悄塞入自己的陰道。她事後設法將菲林交予綠色和平的其他支持者。法國政府撒謊，稱麥塔格特「企圖將我們的水手扔進大海時」在夾板上滑倒撞傷眼部，「我們的人徒手上船，未出一拳」。綠色和平這時才向全球媒體公佈荷恩的照片，各國嘩然。但在法國政府新聞審查下，法國媒體卻未

能刊登有關照片。事件給法國政府造成極大政治傷害，但未能終結法國的核試。

道路與分歧

綠色和平的領袖們，誠懇汲取了甘地公民抗命哲學，與美國民權運動經驗。雷克斯‧韋勒是綠色和平早期活躍分子，曾著書敘述組織歷史。他指出其它影響來自貴格會「作見證」的傳統、馬素‧麥克魯漢關於「媒介傳遞信息的重要性」學說，以及組織芝加哥貧民自救的美國天主教工人權利鬥士多蘿西‧戴伊和索爾‧阿林斯基。

路線分歧，始終困擾綠色和平運動。一派恪守非暴力底線。另一派則認為，事業具道德正義，而大量非暴力抗議收效甚微，所以暴力行動有理。綠色和平接下來的兩場環保運動，分別是「拯救鯨魚」和終結紐芬蘭與拉布拉多省在狩獵海豹季節，棒殺小海豹剝皮的行為。兩場運動均備受公眾擁護並大獲成功。與此同時，運動路線分歧開始表面化。

「拯救鯨魚」

「拯救鯨魚」行動，先要找到捕鯨船，隊員再駕充氣橡皮艇擋在鯨群與魚叉槍之間。行動漫長，在浩瀚太平洋尋獲捕鯨船絕非易事。起初，綠色和平藉收聽捕鯨船的無線電對話來定位。但捕鯨船也常常同時發現綠色和平的船，並加速逃遁。即使發現捕鯨船，攝影師也很難在顛簸小艇上拍攝血腥殺鯨場面，與綠色和平的干預行動，幸而他們後來掌握了攝影技巧。綠色和平反復跟蹤到蘇聯捕鯨船「遠東號」。華盛頓的一條秘密管道，將美國的諜報資料提供給他們。但該管道卻從不提供日

本捕鯨船的情報。後者數目眾多，是綠色和平更重要的目標。原因似乎與冷戰有關──讓蘇聯難堪的事，美國政府都鼓勵，但讓堅定盟友日本難堪的事，美國政府就極力避免。

由於鯨類數量持續減少，以及綠色和平推動的全球壓力，蘇聯放棄了捕鯨。綠色和平隨即將矛頭對準冰島捕鯨船，冰島也隨後放棄捕鯨。但一些積極分子覺得，這類艱辛費時的任務未盡全功。他們脫離綠色和平，自創直接行動組織。曾乘「水濱幸運號」勇闖阿姆奇特卡島的加拿大人保羅‧沃森是佼佼者。

「拯救幼海豹」

在綠色和平抗議屠殺幼豎琴海豹的行動中，沃森博得了世界讚譽。行動中，隊員登臨浮冰上的殺戮現場，獵人當著母海豹用特製尖頭棍擊斃幼海豹並剝皮。隊員拍攝這殘忍場面，尋機與獵人理論並攔阻。這些努力聊勝於無。加拿大護魚官常不請自到，為的卻是讓獵殺繼續進行！他們還動輒祭出加拿大的所謂《海豹保護法》，該法規定除有證獵人外，其他人不得接觸海豹。紐芬蘭與拉布拉多省通常不歡迎綠色和平的反獵殺海豹行動，所以隊員一般盡量守法，避免當局找碴。大多數隊員竭力救助幼海豹時，都不會觸碰牠們。然而，保羅‧沃森卻將一隻幼海豹抱離險境。這舉動被影片記錄，成為行動精彩一幕，雖然沃森事後遭到指控及罰款。

沃森對抗捕鯨者的行動，比他接觸幼海豹更惹爭議。離開綠色和平後，沃森籌錢買船，命名為「海洋守護者號」，在船艏注入三噸混凝土，專事「獵殺」捕鯨船。他搜捕那些違反國際捕鯨委員會規則的「盜鯨船」。1979 年 7 月，他指揮「海洋守護者號」在亞速爾群島外海，故意衝撞西班牙籍非法捕鯨船「山脈號」，撞入船身四十五呎，捕鯨船

徹底報廢！葡萄牙派驅逐艦俘獲「海洋守護者號」，拖入亞速爾群島港口。沃森在港內鑿沉了「海洋守護者號」，以免愛船落入那些正起訴他的日本漁業公司手中。

公道自在人心？

沃森的行動贏得一致稱讚。主流保守媒體如《時代》雜誌都歡呼非法捕鯨船的完蛋，稱撞擊行動是「海上勝利」。但事件確實引發嚴肅議題，即「生態保護運動可以闖多遠？」，誠如雷克斯·韋勒所言「綠色和平是在甘地式非暴力不合作，與激進攻擊之間走鋼線」。沃森顯然過於偏向後者。

諷刺的是，從法治角度，為沃森這次險象環生且有爭議的撞船行動，作貌似合法的辯護，甚至比為他抱走幼海豹的行為辯護更容易。捕鯨船是非法獵鯨，在公海為非作歹就類似海盜，對海盜動武堪稱義舉。此外，當事人面臨普通襲擊甚至謀殺時採用合理武力，卻被控暴力行為時，這種合理武力總可構成恰當的辯護理由。在法律上可以強調：動武以防止一個人被殺或受傷，與動武以防止一種受法律保護的動物被殺或受傷，兩者區別甚微。相反，觸碰海豹則不具備這種可能的法律辯護，並且觸犯明文禁止這類行為的加拿大法律。

不過，從甘地的公民抗命角度看事件，就有所不同。甘地哲學的核心，是以刻意和平的不服從來抵抗不義的法律。加拿大《海豹保護法》本身未必不公義。是一項妥協性的保育措施，限制了捕殺幼海豹的獵人數目。執法時卻被用來限止反捕獵海豹示威。對於那些相信「捕獵幼海豹不道德並應阻止」的人們，「抱走幼海豹使其免遭屠戮」完全符合甘地非暴力不合作運動的傳統。

沃森的行為仍在綠色和平成員中引起爭議，原因有二。一，是當時的實際可行性（當時此舉可否挽救其他幼海豹？）。二，事實是，此舉雖大收宣傳之效，卻險些毀掉整個反捕獵幼海豹行動。加拿大護魚官以此為藉口，干預並阻止綠色和平成員在獵季到場。此外，當地人憎惡綠色和平的此類行動，此時藐視法治就更危險。當然，這些異議僅針對沃森行為的戰術而非其原則。

撞擊捕鯨船則根本不同。海員都知撞船極度危險。沃森撞擊「山脈號」前的確發出了警告。他近距搖擺船艏並刮擦捕鯨船，然後才折返猛撞。據說捕鯨船船員明白了他的意圖。但事實依然是：沃森要麼航技超高，要麼運氣超好，才能駕駛「海洋守護者號」撞癱但不撞沉「山脈號」。假若他撞沉「山脈號」且有船員溺斃，世界輿論對撞船的反應還會如此歡欣嗎？

沃森或會引用中國成語——「公道自在人心」為自己的行為辯護。意思是，法律等官方分析，官方對是非曲直的定案，我們無需理會因為公道是在人民心裡。非法捕鯨者很壞，即使按國際捕鯨委員會的寬鬆規則，其行徑亦屬非法。其盜獵勾當令人作嘔，別無他法可阻止。撞船事件贏得歡呼，因為人人心中都知道這樣做是對的。

很遺憾，對於一場群眾運動，「公道自在人心」並不構成充沛的道德理據。有意思的是，這句話源自中國，而中國幾無法治。人們對「公道」的見解不盡相同。在眾人心中激起共鳴的行為難免被仿效，但時移世易，南橘北枳。行為不變，人的看法或許會變，一些人或會無法接受。不少採取直接行動的環保抗議恰恰面臨這種窘境，例如「地球萬歲！」抗議伐木的直接行動。為阻止砍伐卑詩省的紅杉，綠色和平曾發起「擁抱大樹」抗議。「地球萬歲！」卻「釘樹」，將一枚長鐵釘釘入將被砍伐的紅杉，長釘可能繃斷鏈鋸。據說有伐木工死於這種事故。「地球萬

歲！」當然被視為極端組織，支持者寥寥。這樣奪走人命！絕大多數人會認為這類行動缺德，只會削弱而非增強環保事業的支持度。

此外，一如傳統街頭抗議，海上抗議要有效進行亦須守法。環保示威要奏效，操作更須嚴謹：動武形同自甘墮落，那些專業武裝求之不得，他們正急於跳脫法制，報以更強武力。1985 年綠色和平終嘗苦果，當年法國特工在奧克蘭港以詭雷雙爆炸沉「彩虹勇士號」。首爆後一名隊員上船取個人物品，死於二次爆炸。法國間諜打入綠色和平，報告船隻位置及計劃，法國政府派專業蛙人安放炸彈。綠色和平或既幸運，因僅一人喪生；又不幸，因綠色和平與其激進分支不同，從未採取暴力直接行動或任何值得報復的事。「彩虹勇士號」事件使法國付出高昂代價，並加速了穆魯羅阿環礁核試的終結。但這無法改變一項事實，即環保抗議者的直接行動，常招致報復及人命傷亡。

甚至連恪守甘地公民抗命模式的環保示威，也引發了甘地不曾遇見的道德問題。甘地在南非和印度對抗的都是根本不公義、並無法以常規民主政治活動改變的制度。公民抗命是唯一選項。但許多環保問題並非如此。在民主國家，可以也應該透過政治運動、選舉或透徹的公眾辯論來決定「該不該建發電廠？」等。一些人極不願興建發電廠，主流民意卻很可能贊同，而且必須擇地興建。不惜以違法來抗拒未必錯誤的主流民意，是反民主甚至自私之舉。

以經常協助小眾向大組織維權而出名的法官丹寧勳爵，藉中央電力局訴德雲郡及康沃爾郡警察局長案，強調了前述觀點。案子由中央電力局提交，指控某警察局長拒絕趕走康沃爾郡發電廠工地的示威者。丹寧說：「這類問題是現代社會痼疾。一個國家用水總要水庫，國防總要基地，交通總要機場，罪犯總要監獄等等。設施所在地居民最反對，但須不時駁回其反對。很遺憾，但他們必須服從國家利益。記住，對於任何

被徵財產或對人身或財產的任何有害影響，當局都將充分補償——只要錢能辦到。」

該案中，丹寧勳爵暗示反對者都有鄰避症候群，這似乎有失公允。英國絕大多數反核示威者並非強調個人或地方利益，而是認為核能太危險。但他提出了一個令人信服的觀點——無論口號如何漂亮（例如「保衛郊野」或「停止引入危險行業」），在一個完善的民主社會，藉違法達到目標的直接行動示威，是不民主及有違公眾利益。

丹寧勳爵的觀點很中肯。近年法國農民常發起堵路，以迫使當局提高農產品收購價，或對進口產品徵收關稅。這些農民套用綠色和平曾嘗試的公民抗命技巧，卻非為公眾利益而是自身局部利益。就此而論，這與工業行動中的聚眾鬧事並無二致。在法國，農民並非弱勢群體，對其堵路行徑怎好說「公道自在人心」？

答案？綠色和平式的抗議行動，或最適用於國際環境，尤當一國政府蠻橫霸道罔顧全球利益，且無其他行之有效方式時。美、法進行核試爆就屬此類。

在殘暴且強大對手面前，綠色和平抗議與甘地式公民抗命一樣無能為力。「綠色和平中國」已存在多年，卻從未在中國嘗試公民抗命式抗議。它明白：若這樣作，組織馬上會被取締。

Chipko

在腐敗的民主國家，供公民表達關注及捍衛權益的憲制渠道失效或效率低下，無法阻止環境破壞。此時，綠色和平式的抗議，可能就是達到目標的有效或唯一有效的辦法。

印度是典型，該國數百名國家及地方議員是遭起訴的重犯。因為印度司法制度拖沓腐敗，這些人得以逍遙法外。在英國，國會議員會回應地方的環保訴求，明確回覆並與相關大臣會商。印度議員極少這樣做。示威者抗議的那些毀林牟利的腐敗集團，其成員不少就是印度議員。

　　在此環境下，印度興起「抱樹運動」並藉綠色和平式示威取得重大成果。運動成員是甘地式的公民抗命者，很多是婦女，並受到綠色和平抗議砍伐紅杉林行動啟發。1980 年，印度喜馬拉雅山麓森林遭過度砍伐，抱樹者們展開長期抗議。多年來，他們成功阻止許多砍伐項目，挽救大片森林。抱樹者們刻意加入長途跋涉這種傳統朝聖元素，為運動披上宗教異象。他們還阻擾拍賣會，阻止木材承包商中標，發起大規模靜坐及堵路。

　　1986-1988 年，北阿坎德邦台拉登著名的杜恩河谷，抱樹者發起的系列示威令人難忘。受一座採石場影響，當地村莊的唯一水源瀕臨枯竭。抱樹者將自己半埋在採石場唯一公路中央，卡車須碾過他們才能通過，採石場最後被迫關閉。當局無法如對付一般阻街者那樣拖走，而必須花數小時挖出他們。抱樹者們不惜被瘋狂司機碾斃，幸而並未發生。

　　抱樹式示威在世界各地很常見。英國最著名的一次，是 1996 年抗議修築紐伯里輔道。為阻止築路，示威者有的盤踞於高大橡樹的樹屋，有的在路基下打洞棲身。對抗數月後，當局聘請爬樹專家將他們帶下樹梢。這是場非暴力示威，帶走示威者時也無傷亡。

　　在英國等高度發達的民主國家中，環保抗議示威應扮演何種角色？這是紐伯里輔道運動提出的尖銳問題。運動綜合各類政治活動，現場示威與浩大的媒體公關相配合，其實並非甘地那種公民抗命。數月衝突中，示威者嘗試了許多抗議形式，包括涉及刑事的直接行動（如刑毀）但總體上合法。《刑事擅進法》（1994 年）不太適用，因示威未採取

恐嚇手段。該法主要針對狩獵攔阻者，將闖入領地恫嚇合法活動的擅進行為刑事化。示威的多數行為最多構成民事擅進而非刑事犯罪。民調顯示，其實當地居民多數希望築路舒緩交通擁擠，減少事故，但抗議仍想藉增加修築難度和成本來迫停工程。當地人還發起支持築路的運動，但媒體報導疏落。來自當地的自由民主黨國會議員支持築路計劃。

領導抗議的是名為「第三場紐伯里戰役」的組織。他們稱得上是輸了戰役卻贏了戰爭。雖然輔道仍建成，但這場大型抗議及其他類似抗議（特別是早前抗議修建途經泰富頓的溫徹斯特輔道），其積累成效使全國民意轉而反對大型築路工程。公眾對二氧化碳排量增加引致氣候變化的關注，以及逐步意識到多修路不是可行的長期交通政策，也促進了這種轉變。紐伯里抗議本身就傳播了這些更廣泛議題，無疑對扭轉公眾態度起了重要作用。

「傻瓜飛機」、「氣候營」……

這種情形下，公民抗命式的直接行動合理嗎？能奏效嗎？要強調，在大致守法的紐伯里抗議運動中，公民抗命僅是小插曲。但許多環團是一心搞公民抗命式的直接行動，例如反機場擴建的環團「傻瓜飛機」、遭臥底馬克·甘迺迪滲透的「氣候營」。甘迺迪露餡造成的轟動，掩蓋了氣候營本身的行徑——在拉特克利夫燃煤發電廠的直接行動。

據悉，行動方案並非甘迺迪原創，但他參與並積極鼓動。計劃趁發電廠停機時，將一名示威者吊入其中一座冷卻塔，使發電廠無法重啟發電。行動將用到一個俗稱「蝙蝠帳篷」的搖籃狀裝置。他們想，當一名示威者藏身煙囪內，操作員就無法重啟發電機組。這名隊員將帶上夠在煙囪內支撐一週的糧水。廠方和警察要設法將他活著弄出來，期間發電

廠都將停擺。甘迺迪持續向警方匯報，計劃失敗。行動前夜，他們借宿於發電廠附近一間學校時，被闖入的警察逮捕。

　　具民主意識的示威者，都不會贊同這樣一場公民抗命。大多數人承認燃煤發電廠排放大量溫室氣體，加劇全球暖化危害環境，但卻極難就替代方案達成共識。核能及風能各有其環境問題及反對者。達成共識前又怎能淘汰燃煤發電？即使淘汰也不能驟然停機。示威者若對其他發電廠成功克隆這次行動，便可能造成大面積停電及破壞，勢遭絕大多數公眾堅決反對。無論採取何種手段關停發電廠，都無法提升運動的支持度，更何況冒險將示威者吊入冷卻塔？採取傳統示威，散發傳單要求關閉燃煤發電廠或更有效。不過，若警方或當局懷疑活動可能被直接行動者挾持，這類傳統示威就更難奏效了。此時，當局會迅速收回對示威權的尊重。

　　因此，正常民主國家的環保直接行動示威常犯原則性錯誤，不利達成目標。但試問——傳統示威運用哪些技巧和戰術，才可能行之有效？請見下一章。

第16章

示威成功的要素？

兩大基本前提

「組織嚴謹」是和平示威的首要條件，必須紀律嚴明如軍隊。參與者均須明白為何示威，如何示威。他們必須清楚行動是非暴力；組織者也必須確保人人恪守非暴力原則。動員參加者踴躍出席，並明確集結的時間及地點。

史上首場刻意的大型和平集會，是倫敦通信協會籌辦。協會禁止會眾攜帶武器，人們似乎都服從了指示。

倫敦通信協會的露天集會，到底如何召集這麼多會眾？我們仍不完全清楚。協會似乎廣發傳單，並在當時的報紙上登廣告。廣告稱集會嚴守和平原則，提醒人們不得持械，會眾似乎都有遵循。

19 世紀初，示威逐步常見，也常藉各類地方性會議來籌備。在倫敦，組織者常透過教區教堂的祭衣室會議，傳揚示威計劃。1831 年示威聲援改革法案的約翰·鮑威爾和托馬斯·鮑克，就是如此行。19 世紀初，現代工會亦嶄露頭角。在蘭開夏，工會會議也被用以籌備示威。釀成 1819 年彼得盧屠殺的系列示威，就是如此發起的。憲章派時期，組織者更依賴媒體發佈示威資訊。憲章派自行出版《北極星報》與支持者互動。婦女參政論者則透過分會網絡來組織，被眾多團體仿效至今。現在，臉書、推特等社交媒體風行。與眾聯絡搞場示威？有何難！

組織的另一面是「控制」與「指令」。一個統一指揮的領導核心，可使示威更規範、更富成效，這是常識。蘭開夏的國會改革集會很嚴謹：每排示威者均有組長，各分隊皆有隊長（見第 4 章）。發展到現在，大多數現代示威配備糾察，佩戴袖章等顯眼標誌，負責支援、組織及秩序。任何大型示威，似都需建立一個組織，藉以維持秩序，解決問題，傳達指令。

「向目標受眾發出明確訊息」，是成功示威的另一必要條件。目標受眾包括有關部門人士和仍置身事外的公眾。示威須打出橫額、標語牌，以簡潔口號，或更富創意的方式傳遞訊息。換言之，須設法將示威主旨投射予更廣泛的受眾，不能僅滿足於讓路人圍觀（很小的本地示威除外）。首份大眾報紙——科貝特的《政治紀事報》和《兩便士垃圾》，均詳盡報導當時的撐改革集會遊行。示威與大眾報紙聯袂登上政治舞台，這也絕非偶合。

目前，眾多示威的籌辦者，皆竭力宣傳。設置一名以上新聞主任，保證相關媒體掌握示威日程，並收到示威的影像資料。大型示威更需要一整支媒體團隊。綠色和平尤擅長利用媒體收穫最大成效。

四條「金科玉律」

示威要大致成功，以上是基本前提。要脫穎而出，則要多下功夫。示威有諸多制勝因素，但有四條「金科玉律」——新穎、象徵力量、領導素質、時機。本章我將剖析多場成功示威運動：其成功乃依托新穎手法，或強大象徵力量，或兩者兼備。然後，我再闡述領導素質和時機。

英、美女權運動者獲益於創意，是她們最早發起清一色的女子和平大示威。為打動仍在猶豫的女性及其家人支持這新方式，她們凸顯了美與尊嚴的女性形象。這一凸顯成效顯著，提升了運動的支持度。

英國首次長途遊行，由全國失業勞工運動發起。參與的飢饉失業工人，沿途訴說苦況，催人淚下。其新穎形式，加上眾多工人的慘況，成功爭取到支持，改良英國的失業保障制度。

甘地不僅領導了首場刻意和平的大規模公民抗命，他自己就是一個強有力的象徵（見第 11 章）。他刻意以簡樸的印度土布服飾示人，顯示他多麼脆弱。面對世界最大帝國的威勢，這刻意的脆弱和謙卑，卻凝聚印度和全球數百萬支持者，投身他旗下。

卓越的象徵，可使示威升華。尊嚴與謙卑常常贏盡民心，甘地等都設法將其彰顯得淋漓盡致。阿拉巴馬伯明罕市，民權運動穿越警方防線一幕，就是經典（見第 12 章）。

「絕對沉默」也是一項強大的示威武器。1832 年，亨利·科伯恩留意到三萬名愛丁堡示威者那「可怕的沉默」。19 世紀印度的一場沉默示威更為震撼。1860 年 9 月 17 日，時任駐孟買副督約翰·彼得·格蘭特，在信中記載了靛藍種植農抗議地主剝削的示威：「我剛沿賈木納河從錫拉傑甘傑回來，此行處理達卡鐵路事宜，絲毫無關靛藍問題。我打算上溯至馬塔邦格阿再順恆河而下，但到達德杜庫馬河後，發現較近的河道已通航，於是我沿德杜庫馬河、卡里崗加河航行。兩河流經納迪亞、傑索爾，直至恆河以南的巴特那縣。

「無數農民從各地湧來，懇求政府頒令，允許他們不再種植靛藍草。幾天後，我沿兩河回航，從清晨到黃昏，汽船航行了約六七十哩，沿途兩岸都站滿含冤的農民。河畔村落的農婦都自成一群。男人或來自距河邊更遠的鄉村。我不知哪位駐印官員乘汽船航行十四個小時期間，沿河兩岸都站滿祈求公義的農民。他們恭敬、整齊又莊重。若以為數萬人扶老攜幼這樣站著是毫無深意，那才是愚見。在廣袤原野的這樣一場壯觀示威，其所展現的組織及協同能力，真值得深思。」

可惜，似乎無人反思這場發人深省的示威。歷史似乎未記載由誰組織，又如何做到。

五月廣場母親

阿根廷的「五月廣場母親」示威運動，再度展現尊嚴、謙卑、沉默，特別是百折不撓的堅持，直至最終實現主導目標。

1970 年代，阿根廷軍政府針對它眼中的左翼分子，掀起一場自稱「骯髒戰爭」的鎮壓，造成數萬人「失蹤」。失蹤者的母親們遂向軍政府抗議討說法。「失蹤者」幾乎都已罹難。軍政府以納粹的純熟手段謀害這些人，公眾卻不知情。很多罹難者被從直升機或飛機拋進大海，其他則遭槍殺後埋入秘密墓穴。數千人被這樣處決。

五月廣場是阿根廷總統府「玫瑰宮」外的大廣場。母親們在此舉牌集會，質詢孩子們的下落。1977 年 4 月 30 日，十四名婦女聚集討說法。她們上訪政府辦事處、監獄和法庭時結識，並逐漸形成一個鮮明的團體。起初她們用天主教標誌表明身份，身背一根「木匠釘」象徵「基督為我受死」。稍後，她們邁出重要一步——繫上白頭巾來相認及表明身份，並將兒女們的照片掛在胸前或舉在手裡。她們緩步環繞廣場，望天默禱，刻意給示威籠罩一抹宗教敬虔。

示威者身為母親，並以母親身份示威。軍政府暴政下，這也給予她們些許保護。因為軍政府自稱「對抗共產主義，捍衛基督教和家庭價值觀」的衛道士，並藉此立威。殺戮無辜母親顯然有損此形象。軍政府不便公開施暴，便抹黑她們是群「老瘋子」，並派密探在她們家中和往返廣場途中進行恐嚇。

母親們堅持抗爭，人數漸增。更多人失蹤，更多人獲悉這抗議，更多人勇敢加入。1977 年 7 月，一百五十名母親參加抗議。她們來自不同階層、不同宗教，不同地區。此間軍政府仍掌權。大多數阿根廷人因敵視或恐懼而漠視她們，甚至過馬路來避開她們。有的路人侮辱她們，有的則低聲鼓勵。

1977 年 10 月 5 日，母親們在阿根廷大報《新聞報》登廣告，尋求二百三十七名失蹤者下落，並附上失蹤者照片和她們的簽名及身份證號；渺無回音。十日後，數百名婦女向玫瑰宮提交一份有二萬四千個簽名的請願書，要求當局調查失蹤事件。警察施放催淚彈朝天鳴槍，逮捕逾三百名示威者。報導事態的外國記者也遭拘捕。阿根廷媒體集體緘默。

　　此刻，外媒報導使母親們獲得及時的國際肯定和財政支持。荷蘭、瑞典、法國和意大利的人權團體施援。美國總統卡特派助理副國務卿派翠西亞・德里安調查失蹤指控。依據她的報告，美國中止了對阿軍援並取消二點七億美元貸款。軍政府情急之下加碼打壓。1977 年 12 月，當局綁架一些母親；領袖及重要組織者阿蘇塞娜・薇婭弗勒等三名母親被「永久失蹤」。其他母親無懼恐怖，依然返回廣場繼續抗爭。

　　1978 年，母親們持續示威，無懼警方一再騷擾拘禁，仍於每週四抗議。1979 年，當局派防暴警封鎖廣場。母親們只得衝入廣場，在被驅趕前發聲。當局若早些封鎖廣場，或能扼殺抗議。但 1979 年，母親們在國際支持下挺過來。1979 年，美洲人權委員會決定到阿根廷為失蹤事件取證。母親們深受鼓舞，從全國各地找來數千證人向委員會作證。事已至此，軍政府乾脆自編自導反抗議，張貼海報，請人舉牌遊行，打出「我們是右翼，我們也是人」的雙關語口號。

　　1980 年，母親們成立正式團體——五月廣場母親協會。她們的示威日益壯大、激烈，最多有二十萬人參加。1983 年，福克蘭戰爭阿根廷戰敗，軍政府下台。母親們繼續示威尋求兒女下落，並要求懲處肇事者。她們多年環繞五月廣場遊行，最後一次集會在 2006 年。

　　年復一年，母親們的運動漸漸贏得重大成功。軍政府倒台後，當局立即頒布特赦法赦免犯罪官員。該法後被廢止，許多「失蹤案」肇事者

被判長期監禁。法醫鑑定屍骸確認了許多失蹤者身份，包括阿蘇塞娜‧薇婭弗勒。她的遺骨被重新安葬於五月廣場，與母親紀念碑相伴。

付出巨大個人犧牲後，母親們終獲成功。在那些製造「被失蹤」和暗殺的國家，家屬也效仿五月廣場母親。但中國的「天安門母親」和斯里蘭卡的類似團體，迄今仍未獲得類似的成功。

主因是：獨裁政權在阿根廷已垮台，但在中國仍掌權。中共甚至不容「疑似示威者」駐足天安門廣場。示威者一現身就會被捕，面臨嚴重後果。阿根廷軍政府對母親尚存一絲傳統尊重，中共卻沒有。因此撼動軍政府的示威方式，迄今未撼動中共。

其他母親示威團體尚未贏得類似成功，不僅因其對抗的政權不同。阿根廷母親們的示威手法新穎，激起了更大的國際反響。現在，人們創立類似團體是因循守舊，新聞價值遜色。故而「新穎」是阿根廷這場示威的關鍵制勝因素。

瓊斯媽媽

一位偉大母親領導、史上首次大型兒童示威，是憑「新」致勝的又一典範。

示威蓄意使喚兒童有利用之嫌，孩子們常不知為何參加，也不想參加。若示威是代表孩童權益，情況就不同。組織全球首場兒童示威，爭取童工權益的偉大先驅者，是被稱為「瓊斯媽媽」的美國工運領袖瑪麗‧哈里絲‧瓊斯。小說家厄普頓‧辛克萊以「會走動的上帝之怒」，來形容這位堅韌組織者那難以忘懷的形象。

一場黃熱病疫情，奪走瓊斯媽媽的丈夫和所有孩子。她出於對秣市審判（見第7章）的義憤投身工運，為發動工人遍訪全美偏遠的礦工營。當她得悉賓州童工在棉紡廠駭人聽聞的工作環境後，便決心發起童工遊行，爭取禁用童工。她想讓童工現身說法，從賓州遊行到紐約。她在自傳中對童工遊行的描述，感人至深──

「1903年春我去了賓州肯辛頓，正值七萬五千名紡織工罷工，當中至少一萬個是孩子……每日都有小孩來工會總部，一些失去手掌，一些失去拇指，一些只有半截手指。他們是群駝背小傢伙，佝僂皮包骨。很多孩子還不滿十歲，雖然州法律禁止未滿十二歲的孩子工作……當時，一個世紀前鳴響、呼籲自由抗暴的自由鐘正在全國巡展，各地民眾踴躍參觀。我靈機一動：這些小孩正期盼童年應有的自由，不如讓他們跟我作一趟巡遊。我問父母可否讓我帶這些小男孩、小女孩離開一週或十天，並保證帶他們平安回來。父母們答應了……一些成人跟隨我照料這些小孩。他們正在罷工，我想他們也應休閒一下。

「孩子們背著小背包，內有刀叉、錫杯和盤子。我們帶了一個大鍋，好在路上做飯。一個小傢伙有一面鼓，另外一個有支鼓笛，這就是我們的樂隊了。我們舉著橫幅，上面寫著『我們要多上學，少上醫院』、『我們要遊戲時間』、『繁榮！我們有份嗎？』。

「我們在費城集會後出發。我決定帶孩子們去見狄奧多·羅斯福總統，要他讓國會立法禁止剝削童工。我想羅斯福總統應該見見這些孩子，並與他在牡蠣灣海灘避暑的孩子們對比一下。我還想，出於禮貌，我們也應跟華爾街的摩根打聲招呼。許多孩子的爸爸在他的礦山工作。

「孩子們高興極了！吃得飽，每天在小溪、小河裡洗澡。我想，當罷工結束他們回到廠裡，就再不會有這樣的假期了。沿途不斷有農夫拉著整車水果和蔬菜給我們，太太們給孩子衣服和錢。城際班車司機讓我

們搭順風車。我提早進城,給孩子們安排住宿和預定會議廳。天氣開始炎熱,道路佈滿塵土。我們不時送些孩子回家,他們太虛弱了,長途跋涉讓他們吃不消。

「我們走到紐澤西州翠登郊區,正在用大鍋做飯。城際班車的售票員告訴我們警察正趕來,不許我們進城。因為城裡有工廠,工廠老闆討厭我們來。我說:『那好,警察剛好趕上午飯。』

「警察果然來了,我們請他們一起吃飯。他們看著孩子們捧著盤子、杯子圍著大鍋。他們只笑著,和藹地跟孩子們聊天,絲毫未提不讓進城的事。我們進了城,開了會。那晚是警察太太們照顧孩子們。早上她們送孩子們回來,還給每個孩子一份包好的美味午餐。

「一個鎮長不讓我們開會,說沒足夠警力保護。我說:『鎮長閣下,這些小孩子從來不知什麼叫做保護。他們已經習慣沒有保護了。』他聽罷,便讓我們開會……

「我們從澤西市走到霍博肯。我派一個委員會去找紐約警察局長艾博斯丁,要求讓我們沿第四大街遊行到麥迪遜廣場,因為我要集會。局長拒絕並禁止我們進城。我去紐約找市長塞斯·洛……問他憑什麼不讓我們進城。他說我們不是紐約市民!」

歪理擋不住瓊斯媽媽,孩子們理直氣壯走進紐約,沿第四大街遊行。他們在第二十大街舉行集會,人們聚攏過來,瓊斯媽媽請孩子逐個講述自己的事。翌日她帶孩子們去康尼島海灘。但這趟款待也變成一場示威。野生動物園主讓孩子們參觀,他們走入空獸籠讓媒體拍攝——「這象徵美國僱主對工人的態度」,瓊斯媽媽大拇指朝下,站在一幅羅馬皇帝巨像前解說,背景傳來獅吼。

童工遊行勝利了！賓州稍後通過童工法，禁止工廠僱用未滿十四歲的孩童。

這場遊行的影響力無遠弗屆，瓊斯媽媽的示威技巧廣受歡迎，至今仍被採用。當今印度，童工仍是大問題。示威者組織了幾次童工遊行，均仿效 1903 年那場。例如 1998 年，印度的凱拉什‧沙提雅提發起全球取締童工大遊行，從馬尼拉起步，途經亞歐數國，並於國際勞工組織開會期間抵達日內瓦。

布蘭克牧師

1970 年代末，美國的身障者開始示威宣傳其困境。像五月廣場母親和童工一樣，他們的行動因新穎和象徵性而充滿活力。

韋德‧布蘭克牧師是身障者示威的推手。他曾參加民權和反戰運動。他成立「亞特蘭提斯社區」，護理那些渴求自理的重度身障者。但問題是，身障者尤其輪椅人士需要無障礙公交設施。當時餐廳、劇院等場所，視輪椅人士為「火災隱患」不予接待，不離開者會被捕。大多數樓宇、商鋪、課堂、禮拜堂或職場，輪椅人士都被拒入內。他們客氣地要求通融，但總吃閉門羹。

1978 年 7 月 5 日，科羅拉多丹佛，四十五名輪椅人士包圍兩輛巴士，逼停繁忙交通。十九名示威者還通宵挾持巴士。丹佛地區交通部震驚，同意轄下所有巴士安裝輪椅上落裝置。

在丹佛獲勝後，這些身障的社運人士轉戰美國各地。他們稱示威地點為「行動現場」，並湊錢資助各地重度身障者參加。亞特蘭提斯職員

擔任義工、教員和護理。輪椅人士先短訓了解示威戰術，職員再帶他們展開直接行動。他們最喜歡「爬入式」示威——到那些拒絕接待的餐廳外，爬下輪椅，爬上人行道，爬進門，一直爬到桌邊。餐廳老闆見狀只好讓步。全國交通會議期間，輪椅人士堵塞會場出入口。這種示威方式也深受身障者喜愛。

1983 年，布蘭克牧師將組織改成「美國身障者爭取無障礙公交」（身障者爭公交）。1990 年 3 月在華府示威，是這場維權運動的高潮。一千人坐輪椅或步行沿賓州大道遊行。六十人爬下輪椅，爬上國會大廈八十三級大理石台階，佔領圓形大廳，緊鎖輪椅，警方用四小時才移除。一百零四名示威者被捕。

身障者爭公交示威以及公眾的同情浪潮，促使美國國會於 1990 年 7 月 27 日通過《美國身心障礙法案》，對無障礙通行等作出廣泛的法律規定。

適用於示威的象徵道具不拘一格，新問題就有新形式。沙烏地阿拉伯曾禁止女性駕車。1990 年，首都利雅得，四十七名婦女人駕車列隊上街，這正是一個簡潔明快的象徵。她們全被捕，一些人還丟了工作。示威的短期效果負面，因為以往非正式禁令變成正式規定。當年勇於嘗試的女示威者，成為變革的先驅。

2007 年，厄瓜多爾總統盧西奧‧古鐵雷斯受貪污指控，人心盡失。示威者使用一個簡單乾脆的道具——高舉廁紙在總統府外遊行。總統辭職。此後各地示威常用廁紙作道具。惟太常用就易俗套。

然而，某些簡單道具，即使一再採用，象徵力量也不容低估。最後一個震撼例子來自香港。2003 年，不得人心的特首董建華企圖強推一項嚴重限制言論自由的法例。當時香港六百萬人中五十萬人上街抗議。

示威井然有序行經董的辦公室，他在內觀看。許多示威者高舉廣受歡迎的《蘋果日報》。這張對開版是一幅「二次創作」圖片：一隻大手將蛋糕蓋住董的嘴。數萬人高舉圖片，比有人扔蛋糕更有感染力也更得體。董政府有主要官員相繼請辭，董自己也沒撐多久。第 23 條立法被擱置，舉著蛋糕圖片的示威者勝利了。

這幾次成功示威均顯示——大多數成功示威，均從屬於一場更廣泛運動。這些運動藉媒體動員、接觸政客等有實力人物，遊說通過或擱置某類立法。這樣做是正常且難免的。示威就是為達目的。為達目的，理智的運動人士會用盡一切可用手段。但香港這場遊行也證明：對於運動獲勝，一場雷霆萬鈞的示威可收一錘定音之效。

小眾的痛切問題，大眾往往不重視，此時示威就是僅有的發聲渠道之一，若能使大眾關注邊緣群體的苦況，這種示威就極具成效。故仍為和平示威的主要作用之一。五月廣場母親、童工、飢餓進軍者和身障者爭公交皆為範例。

領導素質

分析「新穎」及「象徵」的重要性後，再探討「領導素質」的關鍵作用。阿蘇塞娜・薇婭弗勒、瓊斯媽媽、布蘭克牧師，均展現出非凡主動性和領導素質。缺乏這些主動性和領導素質，本章所述的三次示威運動就難成功，甚至無法啟步。然而，好領導少有，為示威運動物色得力領導也不易。

本書記載的絕大多數（若非全部）成功示威運動，都有一名不負眾望的強勢領袖。但並非絕對，1830-1832 年的改革法案示威就無統一領

導。托馬斯・阿特伍德是伯明罕的強勢領袖，但英國各地也湧現了許多運動領導人。

相反，萬眾矚目的示威運動可因領導層分裂、分散而失敗。非國大與泛非大會的分裂，使 1961 年南非的直接行動抗議失敗。領導層分裂也重創天安門學運（見第 19 章）。極端情況下，「領導層分裂」即顯示：臥底已挾持運動並引向災難。2011 年開羅解放廣場示威引發的慘劇就是明證（見第 14 章）。

領導層弱勢或分裂不濟，單一強勢領袖也會給示威運動惹麻煩。「領袖」本質就是個性強、主見強者，常常難忍「蠢材」。很多領袖覺得在民主組織規限下，很難施展。他們帶頭爭取更大民主，但自己卻獨裁，實在諷刺。潘克斯特夫人或許就是典型。

除了這些苦衷，「權力」的影響亦不容小覷。19 世紀歷史學家阿克頓勳爵指出「權力導致腐敗」。想想，一人演講萬眾奮興，振臂一呼萬人上街。這樣的講者、這樣的領袖，誰能逃過「貪權」的鐵律？華德・瓦特斯在酬恤金運動後期所為，便是示威領袖被權欲沖昏頭的典型。一開始，瓦特斯深信民主法治，甚至要求「酬恤金遠征軍」宣示效忠美國憲法。但到運動後期，他的狂妄表露無遺——凌駕進軍者的獨裁權、建立「卡其衫」並批准刊物提及墨索里尼和「希勒特」。但公平地說，瓦特斯並未貪財。正如他在回憶錄中寫道：「我未出賣任何人。我發起進軍時是破產之身。事後回家，我仍然破產，而且欠債。」

其他示威領袖就不見得能克服利誘。加邦神父從沙俄警察定期領取報酬，這給他帶來很大爭議。

聖雄甘地是從未被權欲腐化的光輝典範。甘地拒絕了國大黨當局無數好處。印度獨立國大黨上台，甘地仍拒入政府，繼續過他的樸素生

活，穿他的裏裙。政權唾手可得卻淡然拒之，這正是甘地的偉大，但極少人有他這種個性。

作者認為，「過於強勢的領袖背叛運動，或將其導入歧途」的風險太大，最好對領袖施加某種民主制約——無論領袖多麼天才。要約束天才，並確保運動領袖絕不凌駕運動。這樣，運動就不會被領袖的弱點或墮落拖垮。但設計恰當的制衡機制絕非易事。

時機

有時，「時機」也能折射領導素質。甘地發動罷工抗議羅拉特法案時，尚未掌握能夠發起全國和平示威的組織。他承認發動罷工是「喜馬拉雅般的錯」。羅伯特‧蘇巴克威重複錯誤，且後果更嚴峻。當時泛非大會羽翼未豐，無力興起有成效的全國運動，他卻倉促發動公民抗命反對南非《通行證法》。相反，1989 年天安門學運初期，節奏把握精準——在「五四運動」七十週年之際發起學生示威。時機恰當使運動激起廣泛共鳴，煥發崇高道德感召力，迅速席捲全國。

然而，時機的利弊常關乎外因，組織者無從掌控。1830-1832 年改革法案示威成功就是範例。彼得盧事件後的早期改革運動失敗，這一波示威卻成功。究其因，是若干互不關聯、且無關改革的因素恰好連鎖反應。首先，威靈頓公爵回應丹尼爾‧歐康諾的訴求解放天主教徒。此舉消弭了另一項政治分歧，並證明重大憲政變革是有可能。其次，1830 年 7 月法國和平革命，打消了民眾對「改革蛻變為革命恐怖」的擔心，而 1791-1830 年間民眾普遍有此擔心。即便如此，改革法案獲通過仍屬僥倖，但這兩項有利外因，至少讓改革者放手一搏。

「時機幸運」的另一範例發生於蘇聯。1920年代布爾什維克奪權後，即壓制公民自由。1965年，莫斯科普希金廣場，才發生蘇聯的首場有實質意義的示威，即「呼籲司法公開的集會」，抗議當局以叛國罪審訊作家安德烈・西尼亞夫斯基和尤利・丹尼爾。

1930年代斯大林時期的犧牲者，都被扣上莫須有的「叛國陰謀」，經「作秀公審」後處決。西尼亞夫斯基和丹尼爾受審，則是因其文學創作以及借人物之口抨擊當局。對蘇聯那一小群作家、學者和知識分子而言，二人的做法可算「離經叛道」。一些人想聲援，但深知在蘇聯搞抗議極兇險，形同自殺。僅幾月前，當局派軍槍殺新切爾卡斯克的罷工者。1965年4月的一場學生示威也遭武力驅散。這學生示威是1920年代以降蘇聯首場反對派和平示威，呼籲文藝創作自由和有權表達政見。示威團體名為SMOG，即俄文「勇氣」、「思考」、「深度」、「形式」的首寫縮寫。數百名青年從馬雅可夫斯基廣場遊行至蘇聯作家協會，向作協官員請願。但途中許多青年遭攻擊、毆打及拘捕。敵對公眾協助克格勃特務搗毀了示威橫額。因此，示威聲援西尼亞夫斯基和丹尼爾，下場可能與學生或新切爾卡斯克工人一樣。

數學家葉賽寧—沃爾平是「呼籲司法公開的集會」幕後推手。他建議示威者，要求當局依據蘇聯憲法內的人權條款，公審西尼亞夫斯基和丹尼爾，藉此讓當局難堪。1935年的「斯大林憲法」寫入的這些條款，僅是反西方的宣傳伎倆。蘇聯官場從未當真。沃爾平要求政府遵守它自己的法律，這種「以己之矛，攻己之盾」的做法，可能比公開的反政府抗議，或其它無法律依據的抗爭更可行有效。

沃爾平向作家弗拉基米爾・布科夫斯基求助。布科夫斯基曾因言獲罪，被關入精神病院。他在回憶錄評價沃爾平的想法：「既新穎又瘋狂。建議那些受夠恐怖與威脅的公民乾脆當看不見罷了……這想法的新

穎，是它消弭了我們的人格分裂——我們外在行為配合（蘇聯的）所有罪行，內心卻編造藉口，替自己這種行為辯護。這想法粉碎了內心這種藉口。它預設人人內心都擁有一個自由內核，沃爾平稱之為『主觀的權利』，即個人責任的覺醒，其實就是他內在的自由。」

布科夫斯基參加發起示威，但在示威前三日被捕。沃爾平等人繼續籌備。1965 年 12 月 5 日蘇聯憲法日，傍晚 6 時約二百名示威者及支持者齊聚普希金廣場。許多參與者小心翼翼，一位示威者甚至帶了一副滑雪板，若被捕就說是剛好路過圍觀而已。但幾位示威者仍舉起「為了你我的自由」、「尊重憲法」等海報，幾分鐘後便遭克格勃逮捕，盤問數小時後才釋放。沃爾平被關入精神病院。

當局將沃爾平、布科夫斯基關進精神病院，而非移交勞改營或行刑隊。這說明這種示威一定程度上亂了當局的分寸。當局處置所謂陰謀或暴力抗爭者時頗嫻熟，但面對那些宣稱是捍衛政府法律的人卻進退失據。一位審問者對布科夫斯基說：「你反覆強調憲法和法律，但哪一個正常人會把蘇聯法律當真？你活在一個自創的虛擬世界，對現實世界懵懂無知。」

沃爾平被關進精神病院後，當局開具的精神診斷是——「病態誠實」。

在早期蘇聯，出現幾個持標語抗議者，或示威組織者被關入精神病院，都不會引起關注。但時機上，「呼籲司法公開的集會」極幸運。斯大林死於 1953 年。到了 1965 年，未親歷斯大林暴政的新一代已經成長。銘記歷史的老一輩知識分子則力阻暴政重演，對西尼亞夫斯基和丹尼爾受審尤感不安。1930 年代斯大林「作秀公審」高潮時，人們仍普遍對蘇聯抱有理想化的誤解。但此刻西方幾乎無人再抱這種誤解。眾多國家

「圍觀」蘇聯，對兩人的審判引起國際關注和批評。沃爾平的示威因而引發蘇聯國內外關注，並直接催生了「持不同政見者」，即在國內對蘇聯制度的堅韌批判者。著名物理學家安德烈‧沙哈諾夫旋即加入其中。持不同政見者指出的問題和所受的國際關注，使蘇聯在人權方面持續受壓，進而將「尊重人權」寫入《赫爾辛基協定》。1975 年 8 月，美國、蘇聯集團及西歐各國簽署了該協定。十三年後的 1988 年，蘇共總書記米哈伊爾‧戈爾巴喬夫提出開放政策。毋庸置疑，「呼籲司法公開的集會」、持不同政見者、《赫爾辛基協定》主張的觀點，對戈爾巴喬夫的根本性政策轉向，及隨後連串重大歷史事件，都產生了重大影響。因此，「呼籲司法公開的集會」這場卑微的示威，卻因時機絕佳而改變了世界。

以上是成功示威的要素，缺乏就易致失敗。預先宣傳不夠、組織及管控不力，更很可能失敗。若示威缺乏新意或新穎的象徵道具，成效也會打折。領導素質低劣，會毀掉示威運動。「時機欠妥」也可歸咎於領導不力。但有時為回應公眾情緒，必須立即示威，時機恰當與否完全無關組織者。

在一個極度撕裂的社群中，對立雙方發動的各類示威也常常失敗，至少成效遠遜預期。這無關示威本身的素質。這類社群的問題太棘手，無法簡單靠示威解決，儘管在這種地方示威很尋常。

旨在推翻專制政權的和平示威，偶有成功，但更多以災難性失敗收場，死傷枕藉。

下兩章將剖析這兩種情況。

第17章

北愛爾蘭

挑釁性示威

挑釁性示威，在有些地區長期存在，北愛爾蘭（北愛）就是如此。在一個撕裂社會中，示威成效如何？對於言論自由，美國嚴加保障，英國及歐洲法律則合理限制之（見第 13 章）。兩種方式各有何利弊？北愛為此提供了範例。

從 19 世紀「橙百合」訟案——哈弗里斯訴康納案起，北愛的教派遊行傳統就大體成型，其淵源至少溯及 1795 年新教「橙黨」成立。每年 7 月 12 日，北愛新教徒紛紛遊行紀念「新教徒奧蘭治的威廉」（即時任英王威廉三世，綽號「比利王」），於 1690 年在伯因河戰役擊潰被廢黜的天主教徒英王詹姆斯二世（綽號「吉米王」）。橙黨甫成立，其遊行就混合對天主教徒的襲擊和族群暴力。

19 世紀英國政府竭力預防遊行暴力事件惡化，通過《黨派遊行法》（1845 年），取締橙黨遊行。但該法根本無法執行，於 1869 年廢止。此間到 1922 年，英國政府的官方政策是「平等遊行權」：新教、天主教社團均可遊行，但（至少理論上）限於無爭議地區。巡遊更是一項新教傳統，北愛境內數百間「橙舍」大多會發起遊行。因此，英國政府認可兩個社群遊行均合法，其實是橙黨及其巡遊文化的一大勝利。

1922 年，愛爾蘭大部分地區從英國獨立，成立愛爾蘭自由邦。但阿爾斯特以新教徒佔主體的六郡仍留在英國，成立內部自治政府，變為新的政治實體——北愛爾蘭。

新北愛爾蘭擁有政府和議會。從其誕生直至 1972 年轉由倫敦直轄，期間被稱為「統派」的新教徒，其政治上的霸主地位被制度化。警隊、法官以及整個政府內，新教徒都佔壓倒優勢。這樣，在警方撐腰下，橙黨等新教徒巡遊就變成對少數天主教徒的實力炫耀。在一些地區，尤其

是波塔鎮，遊行故意行經以天主教徒為主的居民區。意圖很明顯，就是要盡可能侮慢天主教社群，由此衍生的仇視和暴力綿延不絕。

北愛爾蘭民權協會

1960 年代末，這固執的新教徒優越感，受到一種新型遊行的挑戰。受美國民權運動啟示，若干非教派團體成立北愛爾蘭民權協會（民權協會）。其憲章規定協會目標是「捍衛全體公民基本自由，保障個人權利，揭露濫權行為。要求保障言論、集會和結社的權利，並告之公眾其合法權利」。北愛天主教徒的二等公民地位，顯然成為協會關注的重點。

在伊恩・佩斯利牧師帶領下，激進新教徒極度抵制民權協會。協會首場遊行就遭內政大臣威廉・克雷格取締，但組織者執意舉行。遊行引發嚴重騷亂，警方以警棍毆打示威者（有議員受傷），場面被電視報導。整個北愛深陷緊張。時任北愛首相的特倫斯・奧尼爾，較其激進的前任更體諒天主教徒的擔憂。1968 年 11 月 30 日，他發表安撫講話籲各方克制。民權協會作出回應，宣佈自 1968 年 12 月 11 日起，暫停遊行一個月。但貝爾法斯特的女王大學，學生們也成立民權團體——人民民主。他們仍決定 1969 年 1 月 1 日，發起從貝爾法斯特到倫敦德里的民權遊行。

人民民主

人民民主的遊行構思，直接受到五年前馬丁・路德・金的塞爾瑪—蒙哥馬利遊行啟發。遊行目的，是盡可能使輿論關注北愛政制不公的問題，並擬故意行經新教徒佔多數的安特里姆郡和倫敦德里郡。這樣行使

民權是否妥當,或可商榷。就此而論,該遊行與橙黨遊行均具挑釁性。但這是一場全然和平的遊行,旨在喚起社會關注不公義。

遊行從貝爾法斯特起步,約四十人參加。伊恩·佩斯利的密友羅奈爾得·邦廷少校,在貝爾法斯特集會抵制遊行。他揚言將與擁躉「一路騷擾」遊行者。首日,遊行者安抵新教徒重鎮安特里姆,但遇到警方路障。北愛爾蘭皇家警隊(北愛警隊)拒絕移開路障。雙方對峙後,警方以警車載遊行者到社區中心過夜,半夜他們受到炸彈恐嚇。

次日,他們向藍多思鎮進發,邦廷少校卻帶一夥敵對示威者堵路,北愛警隊拒絕驅離。最後警方將遊行者載至圖姆,他們在圖姆受到歡迎,午餐後前往馬赫拉。三十分鐘後警方截停遊行,叫他們繞過新教徒村莊諾克拉夫林。走了兩哩後,邦廷少校再帶人堵路。當地人聞訊聲援遊行者,雙方再次僵持。最後,北愛警隊命邦廷少校一夥靠邊。遊行者繼續前往馬赫拉。途中聽說馬赫拉將有大型「招待會」——一夥人手持棍棒「恭候」,眾人便轉向布拉克其瓦力並在當地過夜。

第三日,遊行者安抵鄧吉文郊外。這時北愛警隊擋道,說前方一哩處有示威者路障。稍後民權支持者從那邊過來,稱並無路障。大家繼續前進,發現己方情報正確,北愛警隊情報不準。遊行者在當地村莊會堂過夜,統派分子又來滋擾,並再次被當地人趕跑。

本托雷特

1969 年 1 月 4 日,遊行抵達距倫敦德里七哩的本托雷特,人數約達五百。北愛警隊攔阻片刻,稱前方有些示威者,但仍可前進。隊伍遂繼續挺進,不料一陣「石頭雨」襲來。原來約三百名統派分子從路旁斜坡伏擊。遊行者轉身逃跑,但被另一群統派分子截斷退路。遊行者逃向

兩旁的農田，遭統派分子追打，幾人被扔入附近的法漢河。北愛警隊袖手旁觀。十七人傷重送院。事後調查發現，很多施襲的統派分子是休班警。這批警員隸屬一支俗稱「B 特」的兼職警隊。「B 特」全是新教徒，教派衝突時，負責保護新教徒社區。

遇襲後仍能行走的遊行者，進入倫敦德里後又再遇擊。這次又有休班警參與施暴；北愛警隊又不執法。人民民主原定於倫敦德里市中心集會，作為遊行的高潮，集會被北愛警隊驅散。

本托雷特事件扭轉了北愛政治版圖。許多天主教徒認定，事件最終證明：和平的非教派抗議，得罪許多新教徒，也為當局不容。他們認為事件也證明，警察是天主教徒的敵人。持溫和政見者灰心了，天主教徒和新教徒族群中的極端分子卻增加了。1969 年夏的橙黨遊行蛻變為大型、嚴重及持續的騷亂，整街整街房屋被焚毀。1969 年 8 月 14 日，北愛警隊告知政府「無法控制局勢」，文人政府隨即向軍方求援。英軍開進貝爾法斯特和倫敦德里恢復秩序。

愛爾蘭共和軍（IRA）

剛開始，天主教徒覺得英軍是解放者，會救他們脫離新教徒暴民。但 1970 年 7 月 12 日，新教徒遊行紀念博因河戰役。北愛、英國政府及軍方都未加制止。天主教徒的希望破滅。1970 年 7 月 23 日，當局下令直到年底禁止遊行。但太遲，已無法重獲天主教徒信任。教派衝突、暴力及謀殺犯案率持續增長。1971 年頭七個月，北愛共有五十五人死於暴力事件，發生逾三百宗爆炸案，三百二十起槍擊案，逾六百人因暴力事件受傷送院。1971 年 8 月，局勢急劇惡化——英國及北愛政府決定：可不經審訊拘禁（即「拘留」）涉嫌參加愛爾蘭共和軍的人。愛爾蘭共和軍是一個愛爾蘭民族主義準軍事組織，目標是統一愛爾蘭，終結

北愛作為獨立政治實體的地位。拘留制度導致數百名無辜民眾被抓，天主教社區爆發猛烈騷亂，區內新教徒家園被焚，露宿街頭。新教徒聚居區內，天主教徒住宅也遭縱火。約七千人無家可歸。「拘留」成為愛爾蘭共和軍強有力的「徵兵官」。愛爾蘭共和軍壯大，北愛爾蘭防衛協會（北愛防協）等新教徒準軍事組織也擴員，以備武鬥。局勢惡化到內戰邊緣，1971 年就有一百七十四人死於暴力事件。

1972 年 1 月 2 日，貝爾法斯特發生反拘留遊行，聲援眾多被拘留者。1972 年 1 月 18 日，北愛爾蘭首相布賴恩·福克納回應，頒令年底前禁止任何巡遊及遊行。

1972 年 1 月 22 日，數千人趁禁令尚未生效，在倫敦德里郡一拘留營附近的馬吉利根岸舉行反拘留遊行。遊行者接近拘留營時，發現士兵已用帶刺鐵絲網封鎖必經的海灘，眾人試圖繞過封鎖線。士兵見狀即近距朝人群發射橡皮子彈和 CS 催淚毒氣。許多目擊者稱士兵狂毆示威者，甚至軍官都覺得過分，要出手制止。

血腥星期日

民權協會和當地議員伊凡·庫珀計劃於 1972 年 1 月 30 日，於倫敦德里再次舉行反拘留遊行。這將是「福克納禁令」生效後的首場遊行。北愛警隊總監法蘭克·拉根建議軍隊允許遊行進行。軍方卻決定攔阻遊行並捉拿參與者。

當日遊行約一萬人參加，下午 2 點半從市內葛雷根公寓起步，經中央大道往市政廳集會。但傘兵團已按禁令，封鎖市政廳廣場的通道。為避免麻煩，組織者帶領絕大多數示威者沿羅斯維爾街，前往街尾的傳統示威地點「自由德里角」。

一些示威者卻離隊，騷擾封鎖市政廳廣場的士兵，向他們擲石等。

向士兵擲石不是新鮮事，過去幾週陸續發生。士兵則以橡皮子彈、CS 催淚毒氣和水炮還擊。毒氣逼使許多滯留示威者，撤向市內的博格賽德區。軍方下令圍捕，傘兵部隊隨即沿羅斯維爾街推進，攻入博格賽德區。下午約 4 點 10 分，傘兵團士兵未加警告，便實彈轟擊示威群眾，持續約二十五分鐘。當場擊斃十三人，另有一人傷重而死。無士兵重傷。

軍隊堅稱有一名狙擊手，從羅斯維爾街公寓轟擊軍隊，士兵才還擊。多年後，英國政府設立「薩維爾調查」，全面調查軍隊的說辭。調查發現，當時確有一名愛爾蘭共和軍狙擊手向軍隊開槍，但這並不等同「軍隊可以槍擊群眾」。調查發現，士兵盲目槍擊群眾，是因軍紀渙散。

這場剿殺立即被稱為「血腥星期日」，引起全球譴責。英國駐都柏林大使館被暴民焚毀。英國政府回應，要求福克納移交其負責的北愛安全事務。福克納拒絕交權，英國政府隨即中止北愛政府和議會運作，並由倫敦直轄北愛。這是 1922 年以來首次。直轄持續了二十五年，直到 1997 年為止。

血腥星期日之後多年，北愛都無和平。愛爾蘭共和軍亦趁勢對英國發動持久的炸彈襲擊，造成許多傷亡。首個挨炸的就是傘兵團總部——奧爾德肖特軍營，襲擊發生於 1972 年 2 月 22 日，即血腥星期日之後不足一個月。

英國直轄北愛二十五年，統派分子歷年遊行都引起教派衝突。1980-1990 年代，儘管北愛的暴力事件整體上逐步回落，但衝突依然不絕。1996 年，人們以為暴力事件即將全面平息，橙黨的年度遊行卻打碎期待。這次遊行沿用 1807 年即採用的路線，終點是波塔鎮的德拉姆

克里教堂。但途經的某區在 1996 年已是天主教徒聚居區。遊行前一日，北愛警隊總監要求遊行繞過該區。巡遊當日，警方不讓約四千名統派分子通過。後者遂掀起長達四日的騷亂破壞，警方疲於應付。趕到德拉姆克里與警方對峙的人數日增，總監最後被迫放行。這又激起天主教徒長達一週的嚴重騷亂。

遊行委員會

　　德拉姆克里的亂象，促使英國政府全面檢討對北愛遊行的處理手法，所提建議被寫入《（北愛爾蘭）公眾遊行法》（1998 年）。這項新法，將遊行的管轄權從警方移交給一個新部門——遊行委員會。委員會負責對遊行施加限制，和變更會引致衝突的遊行路線。委員會無權完全禁止遊行，但有權設限及改道，故必要時能改變遊行的性質。委員會的運作規則，以及遊行須遵守的行為守則，均已公告周知。對計劃舉行的遊行，反對者可均訴諸遊行委員會，故委員會可察覺任何有爭議的遊行。橙黨強烈反對，稱根據《歐洲人權公約》，設委員會將侵犯人民集會自由。然而，1998 年法案通過十七年來，遊行委員會在歐洲法院從未輸官司。原因可能是：法案結構，設計時已符合《歐洲人權公約》第 11 條的精神。據此條規定，有關部門可對和平集會權利作合理限制，以兼顧治安和他人的權利。

　　遊行委員會未能根除遊行問題給北愛造成的對峙，但帶來相當大的舒緩。民眾公認，委員會的大多數決定不偏不倚。不久後，統派和天主教徒都可加入政府，北愛政治版圖隨之大為改觀。面對這紛擾幾世紀的問題，委員會是永久解決方案，還是權宜之計？我們拭目以待。但跡象很樂觀——遊行委員會近期年報（2012-2013）指出：委員會成立以來，緊張局面持續緩和。對「遊行權並非絕對，須受合理規範」的認

可，則同步持續增加。新教徒已放棄過往認為「有權到任何地方遊行表達訴求」的僵化觀點。這轉變既保全了示威權，又有助社會安寧。在 2012/2013 年度，廣義民族主義背景的遊行增加 11% 至一百七十五次，而廣義統派背景的遊行也增長 3% 至四千四百七十九次。此間，遊行次數顯著增長，而族群對立持續緩和。這顯示，降低騷亂及暴力事件風險，可使和平遊行更為普及。以社會安寧為重，對最具爭議性的遊行予以限制，可使民眾更廣泛地享受集會自由。對於鼓吹美式「絕對言論自由」示威方式的人，1977 年斯科基鎮事件（見第 13 章）是很好的反例。

隨著北愛局勢緩和，在當地舉辦類似 1969 年人民民主遊行的示威，已毫無問題，不必擔心本托雷特橋事件重演。人民民主遊行所抵制的那些不公義，早已被北愛這些年的巨變所消弭。但所付代價，是長達二十五年的低烈度內戰和約三千五百條人命。人民民主堅持非教派路線，但它是在一個分裂社群中，抵制對天主教徒群體的不公，所以難免被新教徒視為「對方」搞作。在這形勢下，遊行若被一方咬定是「對方」發起，就很難成事，或致使對抗長期僵持，直到局勢循其它途徑獲得改善。

和平革命

示威與革命的關係盤根錯節。歷史表明，和平示威無法撼動絕對暴政。但有時，當示威者願冒死反對獨裁暴政時，獨裁者會突然畏縮，這實在令人驚訝。有時，和平街頭示威確實引發政權垮台；這時示威已變成和平革命。本書探討了兩個此類案例：1830 年和平推翻波龐王朝的法國七月革命（見第 5 章），1917 年俄國的國際婦女節示威觸發二月革命，拉開俄國革命序幕（見第 8 章）。但這類模式極罕見，我們無法就某個具體形勢預測其會否發生。

有時，當局殘酷剿殺示威犯眾怒，激發革命；否則革命也就不會發生。1905 年加邦神父領導的示威遭哥薩克騎兵屠殺，即觸發俄國首次革命——1905 年革命（見第 8 章）。阿姆利則慘案未引起革命，而是釀成大規模、不可逆的獨立運動（見第 11 章）。實際上，殖民當局對殖民地示威的鎮壓常推進了獨立運動（詳見第 20 章）。2011 年埃及開羅解放廣場，胡斯尼·穆巴拉克的軍隊屠殺示威者，更助長了反穆巴拉克運動，最終推倒其政權。2014 年基輔獨立廣場，當局對示威者的殺戮，加速了維克多·亞努科維奇倒台。

其他情況下，示威者的死卻常未能喚醒民眾反抗，肇事者依舊殺戮。這種情況之多，令人沮喪。原因大致有四種：大部分民眾不在乎；肇事者成功掩蓋真相；肇事者成功將暴力責任歸咎於示威者，這三種因素共同作用。屠殺發生地民眾自然會恐懼和義憤，通常怒不敢言。某些偶爾及不可預測的形勢，例如 1905 年的俄國，義憤戰勝恐懼，民眾挺身而出，政權就危傾了。

屠殺示威者的不僅有獨裁政權，也有民主政府（見第 14 章）。儘管民主國家民眾消息通常更靈通，但 1961 年法國確曾發生此類屠殺。

獨裁政權有時藉屠殺示威者，撲滅革命火種。類似事例很多，記憶猶新的是北京天安門屠殺（見第 19 章），其他包括 1961 年沙佩維爾、1976 年泰國、1980 年韓國、1988 年緬甸、2005 年烏茲別克斯坦和 2009 年幾內亞。2011 年，敘利亞政府對示威者的屠殺，尤其是哈馬省特列伊穆斯村的屠殺，使和平示威蛻變為持續至今的內戰。1997 年 2 月 5 日，中國政府對新疆伊寧維族示威者的屠殺，剿殺了和平抗議，維護了漢人對新疆的控制。但維人的地下暴力抵抗運動，也應運而生並持續升級。2013 年 8 月 14 日，政變上台的阿卜杜勒·法塔赫·塞西鎮壓民選政府穆斯林兄弟會的支持者，屠殺逾一千名示威者，遇難者人數可能超過天安門屠殺一倍。拉比亞屠殺粉碎了反塞西勢力。

「門面民主」與制度性腐敗

　　1968 年，搞「門面民主」的墨西哥政府，也靠屠殺鎮壓和平示威者，避免他們「破壞」墨西哥奧運會東道國形象。

　　1968 年，墨西哥奧運籌備進入衝刺階段。全國罷工委員會領導的左翼示威運動，與政府的衝突卻不斷升級。當局殘暴鎮壓學生示威後，又打壓其它示威，卻激起更大的抗議示威。該國並無大型和平示威的傳統。示威主要訴求之一，就是要求當局廢止「禁止三人以上擅自集會」的法律。執政黨是 1910 年革命上台的革命制度黨。該黨靠選舉舞弊和制度化腐敗掌權，不容反對派，察覺苗頭即壓制。墨國政府想借奧運向世界示「威」，向國民施「威」。和平示威或分散世人對奧運的關注，故革命制度黨不容之。

特拉特洛爾科之夜

1968 年 10 月 2 日，特拉特洛爾科神廟遺址旁的三種文化廣場。軍裝警及便衣警圍攻數千名示威者。軍警包圍廣場未予警告即持續數小時槍擊示威者，期間還阻止人們離開廣場。軍隊出動機槍、坦克。數百人被捕，許多遭毒打或脫光送獄。估計四十四到約三百人（包括老幼）死亡，許多是湊巧在廣場的路人。傷者更多。

墨國政府稱，當時有狙擊手從附近屋頂槍擊警方。倖存者否認示威者攜武，並稱狙擊手跟當局有某種默契，因為其行為以及軍方對其處置，都很不同。作家愛琳娜・伯利亞托瓦斯卡在《特拉特洛爾科之夜》[1] 中收錄了示威者見證；該書感人至深。多年後革命制度黨下台，涉及特拉特洛爾科屠殺的政府密件曝光，證明示威者說法屬實——狙擊手確是政府特招的一批便衣。政府密令他們：見廣場升起信號彈就開火，藉此嫁禍示威者以便軍警武力清場。

屠殺和隨後對倖存者的大搜捕，擊潰了示威運動。奧運順利舉行，未再受擾。特拉特洛爾科屠殺中，直升軍機低飛以機槍掃射——政府竟這樣對付和平示威者，可能史無前例。後來，利比亞反政府運動初期，當局也這樣。運動最後使卡扎菲上校政權崩潰。

「人民力量」革命

許多國家就這樣殘殺示威者。欣慰的是，仍有獨裁政權被大型街頭示威直接推翻。我們研究當代最輝煌的範例——1986 年終結斐迪南・馬科斯獨裁統治的菲律賓首場「人民力量」革命。該事件如此罕見，甚值深入研究。

1986 年 2 月菲律賓總統選舉，馬科斯公然篡改投票結果。菲律賓人以「人民力量」回應。「菲律賓全國公民監察自由選舉協會」組織的全國選舉觀察團披露大量證據：真正當選者是反對黨候選人、貝尼格諾‧阿基諾的遺孀柯拉松（柯麗）‧阿基諾夫人。貝尼格諾‧阿基諾是反對黨前領袖，被馬科斯政府暗殺。

　　1986 年 2 月 16 日，阿基諾夫人在馬尼拉市中心的黎剎公園發起約一百萬人集會，掀起全國性公民抗命運動，勸諫馬科斯下台。她號召菲律賓人抵制「裙帶體制」（總統親友經營的財團），包括生力啤等該國最大企業。國際社會特別是美國的立場，有力支持了運動，打擊了馬科斯的氣焰。美國總統里根剛開始似乎歡迎馬科斯當選連任，這一表態令人錯愕。但黎剎公園集會當日，里根隨即變調——在集會仍進行期間即公開指責選舉存在嚴重舞弊。

　　二戰前，美國是菲律賓的宗主國，戰後仍發揮巨大影響力。里根講話的時機和內容，對公民抗命運動產生巨大推動。講話也使馬科斯政府的一些官員相信，曾力撐馬科斯的美國，現已支持政權更迭。歐共體、澳、紐、日及東盟亦對大選表達關注。馬科斯公告回應關注，仍強調將動武貫徹其「命令」。

　　隨後幾日，阿基諾的公民抗命運動轉弱瀕臨失敗，儘管罷買使生力啤銷量微跌。但事態突現轉機——2 月 22 日下午天主教亞洲真理電台中斷正常節目，播出馬科斯的防長胡安‧龐塞‧恩里萊和副總參謀長菲德爾‧拉莫斯的緊急新聞發佈會。發佈會是在恩里萊的指揮部、位於馬尼拉東部的阿奎納多軍營舉行。兩人宣佈不再效忠馬科斯且面臨被捕，故佔據軍營，誓言戰鬥到死。

　　當晚，馬科斯發表電視講話，斥恩里萊和拉莫斯企圖政變，呼籲其「停止蠢動」並投降。阿基諾夫人胞弟巴茨‧阿基諾立即呼籲民主團體

去阿奎納多軍營街頭，聲援恩里萊和拉莫斯。菲律賓天主教領袖辛海棉樞機也號召人民上街，向軍營輸送糧水，並阻止馬科斯部隊推進。

辛樞機講話後，阿奎納多軍營和格拉米軍營外一小時內就聚集數千人，男女老幼將營門堵得水洩不通。拉莫斯認為格拉米軍營較小但更易防守，稍後便轉移過去。恩里萊仍留守阿奎納多軍營。兩營之間的十車道桑托斯大道，此刻已擠滿民眾，前來堵截馬科斯的部隊，成為局勢焦點。

次日晨，恩里萊也遷入公路對面的格拉米軍營，局勢依然膠著。此刻，兩人僅掌握三個營，總兵力不到五百人。

滾動播報、支持示威的亞洲真理電台，不久遭一名馬科斯支持者破壞。但電台隨即以臨時基站復播，向群眾發佈信息、建議及求助。有示威者稱當時桑托斯大道每平米就有一部收音機。

不少家庭與親朋攜乾糧在桑托斯大道宿營。人們大多纏上象徵人民力量運動的黃絲帶等黃色飾物。現場氣氛歡欣，但隨後瀰漫恐慌，因傳說坦克正在逼近。為攔阻坦克，民眾伐倒大樹，並將車輛、燈柱和下水道蓋作成路障。目擊者稱一輛新賓士也被當成路障。電台指導如何製作巴士路障——將車胎放氣，再推倒。

半履帶式裝甲運兵車（而非坦克）最終出現在距格拉米軍營一哩的歐迪卡斯大道，滿載奉命奪取軍營的海軍陸戰隊。人群（主要是婦女）衝向裝甲車，威脅說裝甲車若再推進，她們就躺下堵路。裝甲車隊停下，指揮官是海軍陸戰隊將領塔迪爾。霎時至少四千人上前圍堵，包括婦孺、許多神父和修女，雙方緊張對峙。他們身後，桑托斯大道與歐迪卡斯大道交匯處約有十萬名示威者。街上和兩座軍營周圍的示威者或逾二百萬人。

塔迪爾命令人民半小時內散去，但無人服從。裝甲車幾次發動作狀碾壓前面人牆，直升軍機低空盤旋。參與堵車的一名示威者憶述：「三名修女在裝甲車前跪禱。在裝甲車和士兵襯托下，顯得那樣微小……車頂一名陸戰隊員尤其囂張。有人拋香煙示好遭他怒懟。在噓聲中，他故意挺身背對群眾，惡毒地作出粗魯手勢。他到車尾，取出一枝阿瑪萊特槍，炫耀地擱在艙蓋上。在群眾注視下，他走到車頭艙口，傲慢地背對我們向司機示意。引擎再度發動，噴出黑煙……我與示威者手挽手，人們啜泣，詛咒。

　　「裝甲車又抖動衝前。男人們手挽手拼死抵擋這移動的鋼牆，身後是跪禱的修女，我在修女身後，但裝甲車龐大。我想，士兵要碾斃多少人才明白我們的決心？或需要屍體才擋得住裝甲車？

　　「人潮開始怒吼『柯麗！柯麗！』，彷彿這名字就足以阻擋鐵騎。

　　「正要聽到第一聲尖叫時，奇跡出現……裝甲車停下，引擎關閉。歡呼、喝彩四起。我們又贏了！士兵們俯視我們，人們再次高呼『柯麗』。

　　「裝甲車再次發動，我心一沉。但它不想再試我們，只想跟部隊會合。將領明白此路不通了。」

　　2月23日整天及24日（星期日）的大半時間，受阻部隊與數百萬示威者繼續對峙。2月24日約下午5點，美國駐菲使館向馬科斯轉達了里根總統的口信，稱美國不容以重武器對付群眾。消息傳開，更多軍人倒向恩里萊和拉莫斯，包括一隊直升機機師，他們將直升機降落在格拉米軍營內。

　　整場危機中，整個馬尼拉僅發生一起暴力事件。效忠馬科斯的士兵控制的電視台附近，狙擊手擊傷一些群眾。支持恩里萊及拉莫斯的士兵

隨即向守軍開火，後者擊斃一名進攻者後投降。除此之外，人民力量運動完全和平進行。

2 月 24 日結束時，軍隊持續倒戈，權利急驟向阿基諾集中，她決定次日就職總統，馬科斯也決定舉行就職禮。故同一日將有兩場總統就職禮，馬科斯的將於馬拉坎南宮舉行，而阿基諾的將在馬尼拉鄉村會所舉行。然而，馬科斯於當日稍晚逃離菲律賓，一去不返。阿基諾接管了政府。

人民力量革命威震全球，成為以民間行動實現政權和平更迭的光輝範例。1987-1989 年南韓民運，1989 年布拉格的天鵝絨革命等競相仿效。但若無美國對示威者的關鍵支持與肯定，並觸發大批馬科斯人馬倒戈，驟變就不會發生。儘管示威人數龐大，體現多數菲律賓人民意，最終仍是險勝。天主教會是示威主要組織者，其支持者印發的一些傳單充斥神喻，彷彿昭示事件是天啟神跡。美國干預、重要將領倒戈，是制勝關鍵。軍隊若不倒戈，就肯定會如許多地方一樣，被用以屠殺示威者。

門迪奧拉屠殺

可惜阿基諾政府極令人失望。它不但未回應廣泛而迫切的改革訴求，而且在對待公民自由和人命上，簡直與馬科斯一樣。1987 年 2 月 22 日，菲律賓農民陣線向總統府發起萬人遊行，抗議土改停滯。防暴警在門迪奧拉橋封路，農民試圖逾越路障時，警員槍殺十三人，槍傷八十人。獨立調查委員會建議起訴警方，卻未落實。

「滑稽劇」

2001 年，人民力量革命重演，卻蛻變為「滑稽劇」。民眾再度聚集馬尼拉，要求深陷貪污的總統約瑟夫‧埃斯特拉達辭職。示威人數不斷增加，埃斯特拉達卻無馬科斯的狠勁和政治手腕。他乾脆逃離馬拉坎南宮，讓大選時的對手（也很腐敗的）格洛麗亞‧阿羅約自任總統。示威造成的這次政權更迭，削弱了菲律賓民主制度。示威策劃者很可能並不代表主流民意，並且繞開了彈劾總統的既有憲法程序。事件顯示人民力量有被濫用之嫌。

顏色革命

雖有這些插曲，人民力量的範例，依然影響著世界各地期待政權更迭的人民。21 世紀頭十年，烏克蘭的橙色革命、格魯吉亞的玫瑰革命就是例證。一些地方照搬人民力量，卻缺乏外部壓力或倒戈部隊做後盾，結果大批示威者悲壯死去。人民力量爆發兩年後的緬甸、三年後的中國，這幕悲劇一再重演。

總結

示威與革命的關係，應如何總結？首先，在民主法治國家，利用示威策動革命是典型的反民主，並有悖「示威是行使法定權利」的概念。其二，獨裁者有兩種，一種是赤裸裸的，一種藉選舉舞弊搞假民主。1968 年的墨西哥、2011 年埃及的穆巴拉克就是後者。跟獨裁者周旋時，備選方案極少甚至沒有。歷史顯示，試圖推翻專制政權要冒極大危險，常死傷枕藉，敗多勝少。其三，在民主國家，「守法」與「抗命」的界

限極重要，但在專制逼迫下，兩者界限已近乎零。人民絕望到不怕死，，又怎指望他們懼怕阻路、擅進、阻差辦公等規矩？為抗拒馬科斯選舉舞弊，阿基諾夫人將人民力量植入公民抗命運動。這必須放在前述環境，就事論事。故阿基諾夫人的經驗並不是採用「公民抗命」作策略的理由，除非是為推翻獨夫而萬不得已。

最後一項關於人民力量等運動的結論，或是這種運動有被濫用之嫌。第二場人民力量運動就被人利用，以反民主方式，推翻一個民選政府。

泰國：反民主的「人民力量」

其他濫用示威的案例——在泰國，街頭抗議被用來推倒民選（雖依然專制腐敗）前總理他信・西那瓦。這場持久示威最終迫使他信去國。抗議他信及其繼任者英拉（他信胞妹）的曼谷中產者，幾乎肯定只代表少數國民。極諷刺的是，他們是該國受過教育，有守法意識的精英。但他們甚至利用示威發展出一種以上街施壓來換政府的「制度」，這顯然違背現代民主理念。在泰國脆弱的民主體制下，這種持續示威最終釀成2014年軍方政變。這結局毫不意外。

阿拉伯國家：「街頭民主」

「阿拉伯之春」發生前，阿拉伯世界的「街頭民主」，有時是指阿拉伯城市暴民鬧事推翻專制政權的傳統。在這裡，「民主」並非指由立法者代表民意，而是指街頭暴力示威者扳倒政府的本事。

如果人民力量成為「拔除」民選總理的套路，那只要在首都搞一場
夠大的示威就夠了，管它什麼運動！──人民力量就會像阿拉伯的街頭
暴民一樣，削弱民主和民主制度，加劇動盪，削弱對法治的尊重，並最
終削弱對公民權利（包括示威權）的尊重。即便它仍是一場和平運動
（不同於阿拉伯暴民），依然能造成上述所有損害。

烏克蘭

每場革命都形勢各異，不能一概而論。例如，2014 年 2 月，烏克
蘭議會通過決議促請總統維克多·亞努科維奇辭職時，議會已被示威者
包圍，有些人更闖入議會。故亞努科維奇棄職出逃的細節仍待深入了
解。亞努科維奇及其俄國盟友宣稱棄職是遭暴民脅迫；另一種可能是前
幾日亞努科維奇下令槍殺許多示威者，連他的支持者都感到憎惡，要趕
他下台，故是一場合法民主的彈劾程序。真相到底如何？外部觀察家仍
無從定論。但確定的是，僅在政府不再民主，且無合憲的替代方法來引
發改變的最極端情況下，以示威推翻民選政府（例如亞努科維奇政府）
才屬正當。利用示威策動革命必須是萬不得已，且可能要付出高昂代
價。

1 *The Night of Tlatelolco*，作者愛琳娜·伯利亞托瓦斯卡（Elena Poniatowska）。書中寫到：「他們好多人。他們來自梅爾喬奧坎波鎮、改革大道、華雷斯鎮、五月五日大街……學生們歡笑著手挽手遊行，彷彿去參加節日盛會。這些歡暢的男孩女孩們怎會知，明天、後天，那場盛會上，致命武器將瞄準他們，雨水將浸泡他們發脹的屍體。」

隱秘的反對派

1989 年天安門廣場的示威，一定程度上是受菲律賓人民力量運動，以及南韓類似事件的啟發。較之絕大多數中國人，北京大學（北大）學生的信息更靈通，也更掌握世界局勢。然而，這場示威也有深遠的歷史淵源。洞悉這淵源，才能理解參與者怎樣看待示威，而中國政府又如何看待。

在中國數千年文明史中，統治者一貫獨裁，旨在確保「家天下」。中國古代思想家孔子、孟子教導：倘君王有違天道，人民即有權推翻之。公元前 213 年，秦始皇將記載這類「危險」教誨的孔孟典籍，象徵性焚毀，即「焚書坑儒」。之後二千多年，帝王家的新儒學逐步取代了「人民有權推翻無道君主」的教導，強調絕對服從君主，凡事「謝主隆恩」，絕對順從。這套哲學及建諸其上的帝制，延續到 20 世紀初清王朝覆滅才告終。

在這種君主制內，並不存在任何合法的政治反對派。任何反對派，生來就是非法及隱秘的。因此，那些致力於改朝換代的地下運動和秘密社團，已然成為民族文化一部分。華南地區的三合會，現今只是聲名狼藉的非政治性黑幫。但其成員入會時，仍宣誓「反清復明」。這顯示三合會的淵源，可追溯到 17 世紀那些旨在恢復前明的政團。

儘管有「焚書坑儒」，但在中國歷史上，「失天道」觀念仍廣為人知，影響深遠。不過孔孟並未確切描述，什麼情況才算天道已失。任何認定「蒼天已死」而造反的人都是賭命。賭輸，他或喪命。賭贏，他可能建立一個新朝代，再照樣鐵腕鎮壓異見者。

在隨後的幾個世紀，那些認定當朝已「失天道」的人士，逐步具備了某些特徵。他們人數大增，並對圈外人宣傳當朝「氣數將盡」。這另

類民眾，多是宗教性或半宗教性群眾運動的信徒。因此，18 世紀末白蓮教起義削弱了清朝統治。19 世紀中葉，太平天國運動又重創之。太平天國領袖洪秀全，自稱「耶穌基督之弟」，要帶領信徒建立天國。清廷圍剿十五年，死亡三千萬人才剿滅太平軍。

要了解 1989 年 6 月天安門廣場事件的緣由，就必須了解「天道」觀念、統治階級對和平示威的零容忍，以及從鎮壓、抗爭到革命的歷史承傳。儘管形式或表面上，示威涉及的問題大相徑庭。

學生的特殊角色

學生在中國社會的特殊歷史角色，是了解天安門運動所要明確的另一重要因素。1989 年學生們的示威，並非史無前例，而是自覺地繼承了有數千年歷史的學生示威傳統。

在一個缺乏立法機關及民意代表制的社會，學生總扮演著為民請命的角色。早在公元前 1 世紀的西漢（歐洲的羅馬帝國時代），就曾爆發學生運動。太學生們抗議漢帝處罰忠臣。宋朝（歐洲的中世紀）的太學生抗議就更為常見。

北宋末年，金軍進逼首都開封，太學生領導了一場著名的抗議運動。主和派極力罷免主戰派領袖、大臣李綱，想藉此討好金人，為求和掃清障礙。太學士陳東（1086-1127）率領學者、太學生及京師民眾共數千人，到皇宮門口抗議，擊鼓鳴冤。示威者上書陳情，抗議罷免李綱。事後李綱官復原職，就此而言，示威取得成功，雖然李綱無力退敵，北宋忍辱媾和。

明（1368-1643）初的太學生，亦繼續捲入政治派系鬥爭，某些可能涉及示威。但太學生的活躍傳統在明末逐步萎靡。清（1644-1911）初的一次示威，以十二名示威者被斬首收場。此後約二百五十年，太學生絕跡於政治運動。

然而這項傳統，卻在清末復燃了。1895 年 4 月，康有為領導參加會試的舉人，聯署萬言書，抗議中國在甲午戰爭戰敗後簽署《馬關條約》，割讓台灣。這次請願史稱「公車上書」。朝廷拒納上書後，1895 年 5 月 2 日，舉人及民眾數千人在北京示威抗議《馬關條約》。

康有為等繼續鼓吹革新晚清腐朽政制。面對歐洲列強和日本，貧弱中國所受的國恥，激勵他們成為愛國者。他們也是維新者，盼望中國引入更現代的政府體制。他們不但想革新政府及軍隊，更祈盼引進西方教育制度，廢除科舉。

1898 年，康有為奏請光緒帝推行全面維新，包括以西式教育取代科舉。其後數月，清帝開始維新的「戊戌變法」，康任幕僚。不久，以慈禧太后為首的保守派發動宮廷政變，變法失敗。維新派思想家譚嗣同等處斬，康有為等則逃亡海外。新法多被廢止，僅保留籌建西式的京師大學堂，以取代科舉制的國子監。

五四運動

北大建校後，旋即成為中國現代思想重鎮。1910-1920 年代，新文化運動登場，骨幹多為北大教員。在此背景下，學生自然成為中國史上首場現代群眾示威運動的領導者。

1920 年，《凡爾賽條約》生效，結束一戰，但相關條款卻激怒中國人，引發了五四運動。戰前，德國向清廷締約租借港口城市青島。這是 19 世紀清廷與歐洲列強締結的一系列「不平等條約」之一。根據《凡爾賽條約》，德國在戰前的殖民地（包括青島）都被褫奪，由戰勝國瓜分。中國於 1917 年加入協約國，因此希望歸還青島。但協約國決定將青島交給日本。日本於 1914 年突破德軍防線後，就一直佔據青島。

中國舉國震怒！民眾不但痛恨列強霸凌，更不齒北洋政府官員，認為他們軟弱賣國。

1919 年 5 月 4 日，約三千名學生從北大及其他十二所高校出發，集會天安門。天安門是紫禁城（皇城）的南門。1949 年中共奪權後，將天安門擴建為今天的巨大廣場。但就位置而言，五四運動示威地點，與 1989 年天安門廣場的示威，非常接近。

這場大型學生示威和平有序，其良好的組織、誠意和自律，感動了中國市民和外國觀察家[1]。學生發表《北京學界全體宣言》，呼籲收回青島，懲辦媚日官員。天安門集會後，學生遊行示威。隊伍以兩面巨幅五色旗開道，學生高舉一幅輓聯「賣國賊曹汝霖、章宗祥、陸宗輿遺臭千古　北京學生泣輓」（三人為北洋政府內的媚日高官）。學生們手持布質或紙質旗幟，上書中、英或法文口號和表達訴求的漫畫。口號包括「還我青島！」、「頭可斷，青島不可失！」、「抵制日貨！」、「國際公義！」以及「切勿五分鐘愛國！」等。

示威本身是和平進行，但有學生焚毀了曹汝霖官邸，並痛毆駐日公使章宗祥。警察起初同情學生，僅奉命干預。但學生稍後與警察衝突，一名學生傷重死亡。三十二名學生被捕，當局宣佈衝突地段戒嚴。

1919 年 5 月 4 日的示威之後數日，全國多地示威聲援，包括上海、南京、武漢、福州和廣東。這些示威成功後，學生即不再以示威為主，轉而組織罷工，結隊派發愛國傳單，以及向民眾演講。他們並發起抵制日貨運動，規模之大，影響日中貿易達一年之久。

　　親日總統徐世昌治下的北洋政府，決意鎮壓抵制日貨運動。6 月開始，當局開始逮捕推銷國貨，抵制日貨的學生。截至 1919 年 6 月 4 日，當局共囚禁了約一千一百五十名學生。這觸發了聲援學生的大罷工，當局面臨的壓力日增。6 月 9 日，事態發展到高潮，天津爆發二萬人聲援示威，隨即總罷市。財經界警告當局：若事態持續，金融市場將會崩潰。迫於壓力，政府接受了三名部長的辭呈。三人因青島問題及媚日淪為民賊。6 月 28 日，飽嘗公眾壓力的北洋政府，正式拒絕簽署《凡爾賽條約》，並藉此拒絕日本吞併青島。就此而言，五四運動勝利了。儘管青島仍在日本人手裡，但北洋政府已不接受它原本打算接受的條款了。

　　五四運動，是民眾愛國情懷在中國史上的最大展現。其領導者是懷抱西方科學民主理念的知識分子。運動的活躍階段過後，這理念的信仰者們，沿著不同政治道路和革新活動，分道揚鑣。但是，學生團結愛國這一事實，卻持續激勵幾代人奮進。

　　另一場愛國學生示威運動（但規模較小）是五卅運動。1925 年 5 月 30 日，上海公共租界的英籍捕頭下令槍殺十三名示威者，因而觸發了這場運動。

　　1931-1932 年，北大示威團和請願團也組織示威，抗議日軍侵華。1937 年，北京附近爆發盧溝橋事變，標誌中國進入全面抗戰。此前，抗日示威也屢有發生。

中共，從建政到文革

因此，在中國學生示威傳統上被視為愛國行為。中國是一個歷史感很強烈的社會，1989 年北京的大學生們，對這傳統也了然於心。1949 年中共奪權後，儘管不再有非官方的示威，但這傳統卻依然茁壯。從建政直至 1987 年，中共只批准自己組織的示威。

1966-1976 年的文化大革命（「文革」）期間，這類政府發動的示威，可謂登峰造極。西方卻普遍誤讀。1962-1963 年，毛澤東災難性的工農業政策（簡稱「大躍進」）失敗，導致了人為的大饑荒，一千五百萬人餓死。毛難辭其咎。黨的其他領導人如劉少奇、鄧小平等，有意藉此約束他的權力，因此毛要先發制人。文革中，此類示威貌似自發，其實是毛為保權而刻意發動的。

毛全面發動各級黨組織，煽動青年狂熱分子（「紅衛兵」），四處揪鬥迫害敢於指責毛過失的老師和知識分子。被紅衛兵揪鬥者遭毆打，戴高帽遊街示眾，大會批鬥，常被折磨致死。紅衛兵運動持續升級，最後發展到對劉、鄧等黨領導的全面批鬥侮辱。隨後全國進入動亂，紅衛兵各派系「戰鬥隊」，紛紛展開武鬥。

1968 年，動亂失控，毛澤東下令軍管，解散紅衛兵。比起 1989 年天安門廣場的學生示威，紅衛兵所造成的混亂當然嚴重得多，但令人驚訝的是，解放軍鎮壓紅衛兵過程中，絲毫未使用武力。

1976 年，毛逝世，遺孀江青也隨即倒台。在文革中被打倒的領導人，紛紛復職。文革中，鄧小平被紅衛兵公開批鬥後，被迫從事打掃豬圈等工作。他兒子鄧樸方被紅衛兵迫害致殘。1989 年，鄧雖然名義上「退居二線」，其實仍是國家的最高領導人。

新五四運動

鄧小平的經濟改革，解放了人民思想。1989年示威運動前夕，民意不滿日益高漲。隨著1980年代的經濟改革，爭取更大自由，已是民心所向。其實文革剛結束，這就已是異見人士的訴求。1978-79年，北京發生「西單民主牆」運動，將訴求公開化。民運人士魏京生張貼大字報，提出「第五個現代化」倡導民主。魏京生隨後被判入獄。

但即便是1989年的大學生們，對「西單民主牆」運動也所知甚少，因為當局早已「摀緊」有關事件。當「西單民主牆」的「老兵」們要加入示威時，學生們對他們半信半疑。這說明當局「摀」得多嚴實！可是，當年民主牆示威者的訴求，也正是1989年學生們的訴求。

1989年初，北大，塞萬提斯塑像前的「民主草坪」，師生們展開非正式討論，醞釀一場新的學生示威運動。有人提議在5月4日（即五四運動七十週年紀念日）舉行。後來成為北大學生象徵的王丹，在該階段就已經很活躍。

在北京發動大規模學生示威，比其他省市都要容易。學生們住在學生宿舍，一呼百應，當一些學生討論某項提議時，大家通常會隨風而動。中國盛行的「抱團」傳統和共產主義理念，也助長了這種風氣。北京的大學生人數也相當可觀，大多集中於西北角的海淀區。從那發動學生遊行到市中心很容易。相反，若各大學分散分佈，就不太容易了。

中共當局很擔心，其所推行的經濟自由化，會使罪案增加，社會不穩。西方研究者後來獲得、泛稱「天安門文件」的內部文件顯示，除了擔心打砸搶，學運爆發之前，當局就開始擔心「示威、公開請願和其他擾亂社會秩序」等事件會增加。

1989 年 4 月 15 日，前中共總書記胡耀邦突發心臟病逝世。他曾是中共黨內改革派領袖，於 1987 年辭職。那年，幾個市發生學生示威，胡寬容以待。這令他在高層飽受攻擊，被迫辭職。民眾趁胡的葬禮向他致敬，這也成為民主改革支持者們宣洩情緒的突破口。

　　胡的死訊傳出當天，民眾就聚集人民英雄紀念碑，向胡敬獻鮮花、花圈、輓聯，稱頌他是改革家、民主主義者。在上海，大學校園張貼了類似抗議大字報。4 月 17 口下午，中國政法大學六百名學生，抬花圈、輓聯邁入廣場，高喊「自由、民主、法治」口號。

　　人民心目中，胡耀邦是民主改革的燈塔。學生對胡的悼念活動，迅速遍及全國。運動擴散的日子實在太敏感、太具象徵意義了——當局和學生們都清楚，幾天後便是五四運動紀念日。1989 年學生的訴求，顯然跟 1919 年的學生如出一轍。這使學運立即獲得民眾的尊敬和同情。

　　1989 年 4 月底，在如何處理學運一事上，中共高層陷入嚴重分歧。學生主張擴大民主，減少黨對日常生活的干預，清除腐敗（特別是最高領導人子女的腐敗）。改革派的中共總書記趙紫陽同情這些主張。其他正統派領導，包括總理李鵬，則主張鐵腕鎮壓「學潮」。幕後最終仲裁者，當然是名義上已退居二線的鄧小平。

　　4 月 26 日，趁趙紫陽正在朝鮮訪問，未直接掌握北京局勢之時，官方喉舌《人民日報》發表社論，指責學生製造動亂。在中國政治術語中，「動亂」一詞具有強烈貶義，被廣泛用來形容文革亂局。為社論定調的主筆就是李鵬。這一指責激怒了學生們。他們雖然承認自己思想西化，但堅信自己是五四愛國運動的繼承者。這也令學生擔心，若他們就此偃旗息鼓，會被「秋後算賬」。社論也產生了反效果，變相「廣泛發動了群眾」，為學生們「爭取到」更大民意支持。大城市幾乎都爆發聲援學生的抗議示威，天安門廣場人潮洶湧。

5 月 3 日，訪朝歸來的趙紫陽發表了措辭溫和的五四講話，讚揚青年在國家生活中的作用。在其中關鍵一段，他肯定了 1989 年學生運動是愛國的，他們要求民主，懲治腐敗的要求是合法的。這段講話，對於安撫學生及公眾對於《人民日報》社論的憤怒，有一定的作用。但是，官方發言人依然措辭強硬，這種截然分野，使民眾清楚看到：在如何對待學運一事上，黨和政府均已陷入嚴重分裂。這又促使學生們進一步強調自己的主張。

　　5 月 4 日，在橫貫北京和天安門廣場的長安街上，來自五十一所高校的數萬名大學生展開遊行。他們突破警方防線，集會廣場，揮旗擊鼓，高呼口號，齊唱民主愛國歌曲。學生自發成立了被官方視為非法的領導機構——北京高校學生自治聯合會（「北高聯」），與中共官方的學生會分庭抗禮。

　　約下午 3 點，在北高聯旗幟下，一名學生領袖宣讀「新五四宣言」指出：「這次學運是繼『五四』以來最大規模的學生愛國民主運動，是『五四』運動的繼續和發展。這次學運的目的只有一個，即：高舉民主科學大旗，把人民從封建思想的束縛中解放出來，促進自由、人權、法制建設，促進現代化建設。為此，我們促請政府加快政治經濟體制改革的步伐，採取切實措施，保障憲法賦予人民的各項權利，實現新聞法，允許民間辦報，剷除『官倒』，加強廉政建設，重視教育，重視知識，科學立國，我們的思想與政府並不矛盾，我們的目的只有一個，實現中國的現代化。」

　　宣言也指出：「學運中，幾十萬市民及各界人士，以各種形式幫助並支持了我們的行動，這也是前所未有的。學運的勝利是民主運動的勝利，是全體人民的勝利，是『五四』精神的勝利。同學們，同胞們，民族的昌盛是我們這次學生民主愛國運動的目標，民主、科學、自由、人

權、法制是我們數十萬大學生共同奮鬥的理想，幾千年的文明希望著，十一億偉大的人民注視著，我們有什麼可顧慮的呢？我們有什麼可怕的呢？同學們，同胞們，我們在這富有象徵意義的天安門下，再次為民主、科學、自由、法制，為中國富強共同奮鬥吧！」

宣言後，北高聯代表宣佈學生將復課，但會繼續要求與政府對話。並依據對話結果，決定是否採取進一步行動。代表亦宣佈學生將深入北京市民，宣傳這一次的五四運動。

學生錯一步

假如學運就此止步，學生們復課，或許衝突就能避免，而中國的將來或許也判然不同。幕後，趙紫陽正竭力爭取更多支持，更多地同情學生。若學生的行動就此結束，甚至只是暫停，趙的策略可能就奏效了。

可惜的是，中共高層意見分裂，學生們也意見分歧，而且不太信任那些學生領袖。有些人主張避免衝突升級，但被偏激的學生標籤為「叛徒」。此外，學生若採取克制，則究竟黨會因此將運動定性為愛國學運，還是會給黨時間準備鎮壓？中共的歷史顯示，在這類關頭，其實是有爭取餘地的。

實際情況是，學生們不退讓，進而在廣場絕食，支持民主改革，將行動升級。學生們這步棋走錯了，而且是災難性失算。這令趙紫陽失去在領導層的威信，並直接導致他下台。

兩天後，蘇共總書記戈爾巴喬夫將抵達北京，展開正式訪問。對於雙方來說，此行都是彌合中蘇長期交惡的回暖之旅。天安門廣場已被絕

食學生和支持者佔據，當局被迫易地舉行儀式歡迎戈爾巴喬夫，並向他解釋原因。這種「丟臉」，獨裁政權當然惱羞成怒！與此同時，學生絕食激起市民大力聲援，民眾都認為學生真心為民請命。

疑似臥底

領導絕食的，是一名狂熱的激進分子——柴玲。她自稱「天安門廣場絕食指揮部總指揮」。指揮部宣佈，政府必須承認運動為愛國民主運動，若政府繼續漠視學生訴求，一些學生將自焚。柴玲行為之偏激，對學運破壞之嚴重，使不少人認為她是臥底。中共安全部門擅長利用臥底滲透示威團體（包括香港的示威團體）。在這點上，中共安全部門與國外同行，倒是相當接軌。但就柴玲而言，除了表現上是一名極具破壞性的失控狂熱分子，似無其它證據，確證她是中共的臥底。

5月17日，戈爾巴喬夫訪華後的兩天，鄧小平在一些黨內老人支持下，宣佈北京戒嚴，並視需要對廣場採取武力清場。此時，他唯一的正式職務是中央軍委主席。同日，一百二十萬北京市民遊行聲援絕食學生，其他大中城市也紛紛爆發大規模遊行聲援。次日，再有逾一百萬人上街遊行。

5月19日，趙紫陽探望了廣場上的學生，懇求他們停止絕食，但徒勞而返。同日，趙便以過勞為由休病假。當夜，當局宣佈戒嚴，20日起在市區生效。戒嚴令宣佈：戒嚴期間，嚴禁「遊行、請願罷課、罷工和其他聚眾妨害正常秩序」的活動。嚴禁任何人以任何方式「製造和散佈謠言」，進行串聯、演講，散發傳單，「煽動社會動亂」。當晚，學生表決通過停止絕食。但為時已晚，當局已決定暴力鎮壓學運。

在內地，一百一十六座城市爆發反對戒嚴的示威遊行。5月21日，在英治香港，六十萬人示威聲援。趙紫陽不執行戒嚴令，寧肯即時辭職。精明的鄧小平深知，若以趙的強硬派對手李鵬來取代趙，肯定會激起更大動蕩。在上海，市委書記江澤民以「支持學潮」的罪名，開除上海《世界經濟導報》的總編。這一舉動，無疑討好了鄧小平等黨內強硬派。鄧對此頗為欣賞，於是拍板讓江澤民出任中共總書記。

下達戒嚴令後，大批軍隊開始入京。學生、市民開始構築路障阻止軍隊入城。此時，越來越多的北京工人開始加入抵抗運動，其中一些成立北京工人自治聯合會（「工自聯」）。學生、市民圍堵軍車，試圖爭取士兵支持。許多軍人，尤其是第38軍的戰士似乎十分聽勸。接下來，是一段僵持，雙方都不知道下一步將發生什麼。

廣場上，學生再度討論撤離。柴玲再次勸說大家不要撤。但接下幾天，留守廣場的人仍逐步減少。戒嚴後，許多人擔心武力鎮壓迫近，繼續抗議已無用。柴玲的極端及獨裁架勢，也令人懷疑、疏離。5月29日，勢態卻再起波瀾——中央美術學院學生製作的「民主女神像」運到。女神像直接取材於美國自由女神像，高三十七英呎，屹立於廣場，直視天安門上的巨幅毛像。

各地的示威規模及人數都在回落。5月30日，山西省會太原，仍有二十萬名學生以「紀念」五卅運動的名義上街。在南京，數百學生起步「北上民主長征」。「長征」是指1934年中共在毛澤東率領下突圍，最終擺脫國民黨圍剿，到達根據地延安。學生行動以「長征」命名，明顯是要將兩者的意義等同。這時，當局著手在京郊農民中組織親政府集會。有些集會指責「山姆大叔」是操控中國異見人士的幕後黑手。

六四鎮壓

6 月 2 日，中共決定武力清場。6 月 3 日，增援部隊（部分著便衣）大舉進城。6 月 2-3 日，事態告急。事緣一輛武警吉普車，在京西木樨地衝上人行道，碾斃三名途人（有的文獻說兩人）。數百市民迅速包圍現場。大家疑竇叢生：吉普車竟然沒車牌，警察到場後就將肇事者帶走，根本不去調查肇事原因。憤怒的群眾掀翻吉普車，在車內發現了軍裝、地圖和移動電話。

軍隊入城的消息傳開後，學生和市民圍堵交通要道，或推翻軍車，或刺穿車胎，阻礙軍車去路。許多梯隊受阻。據報約五百名士兵被群眾圍困。人們怒問士兵為何攻擊人民。有些人向士兵扔石頭。有些士兵被剝下軍裝，奪去武器。顯然，在此階段，士兵尚未受命動武，而且某些師團處罰了那些有抱怨情緒的士兵。

約下午 5 點，在工人配合支持下，北高聯廣場指揮部開始向學生、市民派發「自衛武器」，包括菜刀、棍棒、鐵鏈及削尖的竹竿等。大約同時，中共高層決定，必要時可開火清場。

入夜後，勢態急轉直下，從西邊入京的軍隊在木樨地受阻。數千示威者設置路障，與軍隊對峙。軍隊試圖以棍棒擊散示威者，但被磚塊擊退。隨後，步兵列隊衝前開槍。部分站立，部分單跪。站立的士兵對空射擊，單跪的則向人群開火。黑夜中，遠處只能看到站立的士兵對空射擊，而看不到單跪的士兵在屠殺示威者。槍聲一響，群眾就慌忙躲避。槍聲一停，群眾又聚集起來，擋住去路。相持約十分鐘後，倖存的示威者被軍隊緩緩逼退到木樨地橋下。軍隊沿路推進時，兩旁大樓內的居民高聲叫罵，投擲石塊。有些被石塊擊中的士兵殺紅了眼，見平民就開槍。在橋東的地鐵木樨地站出口附近，至少一百名平民被殺。附近大樓

內的三位居民也被槍殺，包括一位部長的女婿。他從樓上窗內觀望時，忘了關燈而被射殺。

子夜剛過，即 1989 年 6 月 4 日凌晨，首波部隊從幾個方向，突入天安門廣場，人數眾多。示威者並不知道，鄧小平已下令：廣場範圍內不得射殺示威者。

軍隊搗毀了學生的廣播系統，軍方高音喇叭命令學生撤離。在場的台灣著名歌手侯德健試圖調停，但軍隊拒不理睬。街燈全部熄滅。4 點 20 分，街燈再次亮起時，廣場已遍佈坦克和裝甲車。軍隊和裝甲車緩緩推進，驅趕面前的學生。一輛裝甲車推到民主女神像，再碾壓而過。士兵揮舞警棍毆打學生，漸漸將他們趕出廣場。

廣場周邊及北京其他地區，士兵們繼續開槍屠殺，直至 6 月 4 日上午。有些軍車被憤怒市民點燃，個別士兵躲不及也被燒死。那一夜，北京死了多少人？依然未知。官方數字是二百四十一人死亡（包括二十三名軍人）。但該數字備受質疑。真實死亡人數或許永遠成謎，但很可能高得多。

屠殺暴行激怒全世界！次日，中國所有城市、香港、海外華人社區，都爆發大規模抗議遊行。外國政府也紛紛抗議。但是，中國政府已決心徹底鎮壓民主運動，對抗議置若罔聞。被捕運動領袖被判長期入獄。一些工人領袖被判死刑。很多民運領袖東躲西藏，最後去國。王丹被囚多年後去了美國。柴玲最後也到了美國。另一位學生領袖吾爾開希落腳台灣。趙紫陽被軟禁在家，直至 2005 年去世。屠殺過後二十五年，當我寫作本書時，中共貌似較以往更強大，而毛澤東像依然高懸在天安門原處。

後六四的示威

　　儘管民主運動遭到鎮壓，1989 年後，上街示威在中國仍時有發生，但通常是局部的，未產生廣泛影響，示威者多是工人。地方工廠倒閉，又沒社保，絕望的工人們被迫上街抗議。有些地方當局，以發放「團結費」等方式，勸散示威工人。有些則出動防暴警察，武力驅散，示威者常常以暴易暴。雖然中國憲法列明公民有權示威，警方仍一概視為非法。面對這類示威，中共的鐵腕統治毫髮無損。雖有敢言之士，不時呼籲「平反六四」，但這仍是言論禁區，有關資訊被當局全面封鎖。2008 年在北大，本書作者舉辦了一場人權講座。學生將我團團圍住，詢問 1989 年到底發生了什麼。

無可避免嗎？

　　對於中國乃至全世界而言，六四屠殺都是對自由的災難性踐踏。建在民主運動血泊之上的中國，雖因鄧小平的經濟改革變得更富強，卻依然是個極端獨裁的國家，政府對民主價值觀深懷敵意。六四這樣結局，難道無可避免嗎？儘管有漫長的專制傳統，但 1989 年的中國，人民熱切支持民主。假如當趙紫陽竭力與學生對話，為學生爭取時，大家選擇幫助他、支持他，而非激化事態，歷史可能大不同。然而，在這樣極度緊張情況下，選擇何時強硬，何時妥協，確實需要高度的領導藝術，而廣場的學生尚不具備這種素質。他們年輕，經驗少，與民運前輩缺乏溝通，造成這種結局，也就不令人意外了。

牆外的香港

　　隨著互聯網時代的到來，中國構築了全球最嚴密的互聯網審查系統，被稱為「防火長城」。中國政府不想人民知道的內容太多了！但其中最大的一個秘密，或許就是六四真相。中國人有緬懷歷史的傳統，1989 年民主運動，就是緬懷 1919 年五四運動的成果。中國政府若想避免 1989 年民運催生新一輪改革運動，就得在相當長的歷史時期內，竭力掩蓋真相。

　　特別當他們看到，中國國土上，有一處地方，人們依然公開緬懷這段記憶時，就更如坐針氈。鄧小平與戴卓爾夫人於 1984 年達成的《中英關於香港問題的聯合聲明》，以及香港的「小憲法」——《基本法》，都保障港人的言論自由直到 2047 年。每年 6 月 4 日，港島銅鑼灣維多利亞公園都會舉行燭光晚會，悼念六四死難者。通常會有數千民眾參加，有一次人數超過十萬人。曾經有人預言，1997 年香港回歸中國後，燭光晚會將很快被取締，或因淡忘而萎縮。這兩種情況均未發生。年復一年，父母帶著孩子來，告訴下一代 1989 年的事。人人高擎燭光，悼念罹難者。八九年響徹天安門廣場的歌曲，又響徹維園上空，有些是將黨國頌歌填新詞，變成民主之歌。泛民領袖致辭，大型投影銀幕播放王丹等前學運領袖的致辭。王丹屢次被禁踏足香港，無法到場。除了燭光晚會，市中心每年都有一場較小規模的悼念遊行。人們希望香港的這些悼念活動，最終有助於「平反六四」。能否如願？很難說。

佔領中環

　　本書即將付梓時，香港爆發了一場大規模公民抗命運動，旨在迫使北京給予香港真民主，而非假民主。北京的普選方案，是讓香港市民從

北京預先篩選的候選人中，投票選出特首。有三個組織參與了這場運動：專為運動而成立的組織——讓愛與和平佔領中環（由戴耀廷教授、朱耀明牧師領導）、香港的大學生（由周永康、岑敖暉領導）和一個組織良好的學生團體——學民思潮（由黃之鋒領導，時年 17 歲）。

　　這場運動的重點，是佔領香港商務中心區的街道，藉以阻礙商務運作，最終迫使北京讓步。數千名和平示威者佔領市區主要街道，或坐或躺，徹底癱瘓交通。示威獲得市民熱烈響應。香港歷次大型示威，均以和平有序著稱，這次示威也繼承了這些優秀傳統。佔領第二日，警方曾企圖以催淚彈和警棍驅散示威，但失敗了。示威者人數眾多，且意志堅強，不少還配備了防毒面罩，防暴警最終後撤。港府雖已同意與示威領袖對話，但似乎想等示威者漸露疲態，當局作少許讓步姿態後，再驅散示威。有人預言香港將重演「六四屠殺」，看來是危言聳聽了。

　　然而，局勢依然瞬息萬變，無法預料。示威進入第五日後，一些示威地點的學生受到三合會分子襲擊。黑幫三合會在香港聲名狼藉，常與一些勢力人士有瓜葛。歹徒們顯然企圖挑釁學生以暴易暴，但學生們未上當。他們表現出的良好紀律、淡定和自控，令人刮目相看。聖雄甘地若目睹這一幕，肯定會引以為榮。對於三合會的襲擊，警方不作為。迫於公眾強烈譴責，警方逮捕了十九人，並確認其中八人有三合會背景。

1　這些觀察家，包括知名美國教育學家約翰‧杜威（John Dewey）。他認為在這方面，這些中國學生比美國的大學生表現更好。

第20章

示威與帝國

· 西藏—中國
· 埃及—英國
· 亞美尼亞人—鄂圖曼
· 阿爾及利亞—法國
· 黃金海岸—英國

西藏—中國

1989 年，中國政府對示威者進行了兩場屠殺。6 月天安門屠殺婦孺皆知，但 3 月在中國佔領下西藏的首府拉薩，一場同樣血腥的屠殺卻鮮為人知。

1950 年，中國侵佔西藏。1951 年，北京與西藏政府簽訂《十七條協議》，規定西藏享有高度自治權，但北京毫無誠意落實。中國多次違反協議後，1959 年藏人憤而起義，遭解放軍血洗。西藏精神領袖、年輕的達賴喇嘛翻越喜馬拉雅山逃亡，從此流亡印度，西藏自此被中國武力征服。

中國稱「西藏自古是中國不可分割的一部分」，1950 年侵藏是「解放在達賴集團封建壓迫下的藏人」，並帶來經濟實惠。現實卻是，中華帝國雖常聲稱對西藏擁有宗主權，但這僅是一種疏遠關係，類似中世紀神聖羅馬帝國的統治模式。西藏在歷史上是長期獨立的。中國入侵征服了這個與之迥異的文明；這文明自有古老語言、宗教傳統和自豪的認同感。在中國統治下，西藏的自然資源遭無情掠奪，運往中國。

中國總憤怒否認西藏是個殖民地，斥責這是「西方邪惡宣傳」。但是，西藏與中國的關係，具備昔日歐洲的殖民地與其宗主國關係的全部特徵——文化鴻溝相同、對本土民意和文化的欺壓相同、對當地資源的掠奪供殖民者享用，也相同。

中國吹噓統治西藏是正統與正當，與歐洲殖民者對其非歐洲殖民地的宣傳，其實異口同聲。英、法、荷、比、美都稱：其為「落後的」非洲人或亞洲人帶來經濟和教育上的進步，藉此美化殖民統治。阿爾及利亞仍是法國殖民地時，法國政府總稱之為「法國不可分割的一部分」，中國說西藏是「中國不可分割的一部分」，實乃抄襲。因此，我們可在「殖民地人民示威反抗殖民帝國」的架構下，審視 1989 年的藏人示威。

面對中國佔領，藏人怒不敢言。連年都有藏人冒死翻越喜馬拉雅峰口，逃亡印度或尼泊爾——西藏雖無自由媒體，但這一幕卻是藏人的無言表白。中共對西藏的鉗制緊蹙，藏人毫無公開宣洩渠道。1980 年代末，中國的改革卻也鼓舞了藏人。1980 年，中共總書記胡耀邦視察西藏，力推更懷柔的涉藏政策。1987 年，中國多地學生示威要求改革，黨內強硬派藉此逼胡耀邦下台。同時西藏也爆發示威呼籲獨立。1987 年 10 月 1 日高潮時，武警向示威者開槍並驅逐西藏境內所有外國人（包括記者）。1988 年 3 月 5 日，拉薩爆發大示威，武警再次開槍，擊斃八名藏人。

1989 年 2 月十世班禪圓寂，西藏再度緊張。班禪是西藏僅次達賴的精神領袖。兩位喇嘛都是藉金瓶掣籤等整套宗教儀規選定。但很多藏人認為，中共會在選定班禪轉世靈童一事上做手腳，確保人選順服北京。令局勢緊繃的另一原因，是班禪喇嘛猝逝前幾日，曾當著中共西藏自治區書記胡錦濤，斥責中國對西藏的高壓統治。許多藏人相信，班禪是因敢言而遭謀殺，藏人抗議因此變得頻仍。喇嘛是傳統藏文化的守護者，也是這輪示威主力。3 月 5 日，武警擊斃多名示威者。藏人抗議的次數和頻率隨之驟增。

3 月 7 日，解放軍在拉薩實行軍管，所有外國記者、遊客及外交官均被趕出西藏，隨後的詳情就難以獲悉。有關資料，主要由中國記者唐達獻提供，他現為定居於巴黎的異見者。

唐時任駐拉薩記者，向中國記協、國務院、中共統戰部等政府機構發稿。他因而獲當局信任，可接觸內參。但兩個月後，他擔心當局懷疑他將內部資料透露給北京的示威學生，遂逃離中國。

唐出逃後，即將 3 月拉薩的見聞，詳細通報西方媒體。胡錦濤當時主政西藏，事後當上國家主席。當時，胡似乎決心鐵腕鎮壓示威，以向

北京證明其強硬及可靠。同時他又要「保潔」，避免影響形象，要與實際鎮壓行動保持一點距離。因此，他授權武警部隊鎮壓，並在關鍵時刻藉故離開拉薩。

唐透露，當局派大批臥底假扮喇嘛，混入拉薩的示威當中（拉薩當時尚屬平靜）。在京武警司令李連秀命令臥底策動騷亂縱火，為屠殺製造藉口。唐又透露，他接觸的一份武警密件記錄——喇嘛中有八十二人被槍殺，三十七人被擊傷，六百五十人被拘捕或拘留。其他拉薩市民中，有三百八十七人遇難（多數被槍殺），七百二十一人受傷，二千一百人被拘捕或拘留。官方統計死亡總人數達四百六十九人。

如前述，官方常故意少報屠殺死亡人數。但這是一份內參密件，故或較官方公佈更準確。

屠殺在短期內有效遏制了西藏的示威潮和動蕩。中國最高領導鄧小平也相當欣賞胡錦濤的強硬，指定胡為江澤民的接班人。2003 年，胡果然當上國家主席。

1989 年拉薩屠殺的規模和血腥令人髮指，當局掩蓋真相的手法也很卑劣。但就世界範圍而言，如 1919 年戴爾將軍指揮的印度阿姆利則屠殺（見第 11 章），1905 年沙俄騎兵屠殺華沙和平示威者（見第 8 章）等，與這些宗主國對示威者的殘殺相比，拉薩屠殺不算突出。專制獨裁帝國，鐵腕鎮壓和平示威並不出奇。然而，法蘭西帝國卻是民主政體，高唱人道主義，卻仍這樣做。

大英帝國或是部分例外，因它遊走兩條路線之間——一條是類似阿姆利則慘案的、自毀的暴力路線，一條是不時回應示威者訴求的懷柔合作路線。

限於篇幅，殖民帝國的示威運動無法盡錄。本書將解析四場著名示威運動：兩場在大英帝國，其餘分別在法國及鄂圖曼。

埃及—英國

19世紀，示威從英倫諸島傳遍世界，很快在埃及普及。名義上，埃及直到1911年仍屬鄂圖曼帝國版圖，由號稱赫迪夫的總督治理。實際上，埃及從1882年起就是英國殖民地。當時英軍介入挫敗了總理艾哈邁德．阿拉比的民族主義雄心，保護了蘇伊士運河航權。英國佔領後，英國文化逐漸影響埃及上層社會，包括以示威表達政治訴求。19世紀末，埃及有學生示威；20世紀初，民族主義領袖扎格盧勒的主要武器，就是和平示威。

1919年，英國與扎格盧勒初次交鋒，將他流放馬爾他。這一挑釁激起抗英暴動，有英軍被殺。時值殖民地火頭處處，首相勞合．喬治急於化解埃及僵局以免添亂。他委派埃德蒙．艾倫比將軍任駐埃及高級專員，並授意以懷柔化解暴動。一戰中，艾倫比曾在巴勒斯坦擊敗土耳其人。扎格盧勒獲釋重返埃及，繼續鬧獨立。這場運動部分採用公民抗命及杯葛，很可能直接受甘地啟示。運動也發動了多場和平大示威，刻意展現穆斯林與基督徒的團結，令人印象深刻。扎格盧勒不想英國離間佔多數的穆斯林與為數不少的科普特基督徒，再「分而治之」。示威橫額將伊斯蘭新月與科普特十字架繡在一起。扎格盧勒不斷施壓，當局無奈，只得又將他放逐到塞舌爾，此舉又收反效果。扎格盧勒稍後宣佈，埃及將於1922年2月22日獨立，但提出四點「保留」，讓英方繼續掌控埃及國防及外交政策。贏得半獨立地位的埃及，選舉扎格盧勒為首任總理。

扎格盧勒的運動能成功，皆因他與艾倫比不分軒輊，後者刻意妥協化解對抗。英國在埃及的主要利益，是保障蘇伊士運河航權並以當地作軍事基地，故雙方頗有迴旋空間。此外，英國顯然也要避免埃及內亂，以免殃及其國際貿易及防務。埃及相對和平的轉型過程不比尋常。艾倫比這類遠見卓識的殖民高官極少。對於原住民的反抗，絕大多數帝國都是零容忍。

亞美尼亞人─鄂圖曼

1895 年鄂圖曼帝國蘇丹阿卜杜勒·哈米德，對首都君士坦丁堡（伊斯坦布爾）示威的處置手段，與艾倫比應付埃及民族主義者的手法剛好是反例。

1895 年，土耳其人對「示威」仍感陌生，但境內信奉基督教的亞美尼亞少數民族卻已接受這觀念，這可能因其文化受俄國影響，示威當時在俄國已普及。

亞美尼亞人多居於土耳其東部，靠近現今亞美尼亞（該國曾屬俄帝國及蘇聯版圖），君士坦丁堡也有很多。亞美尼亞人與鄂圖曼帝國內其他基督徒臣民一樣受迫害，是無甚權利的二等公民。他們不得攜帶武器，常遭受武裝穆斯林，尤其是土耳其東部庫爾德部落的搶掠和殘殺。

19 世紀末，鄂圖曼帝國內其他基督教臣民如塞爾維亞人、羅馬尼亞人和保加利亞人均成功立國。這激勵亞美尼亞人爭取更多權利，並受到信奉基督教的歐洲列強支持。列強部分出於真心，但主要是為對鄂圖曼帝國施壓及挖牆腳。蘇丹哈米德決心反制，大殺亞美尼亞人，告誡歐洲他才是「帝國主人」。1894 年，首次即屠殺東南部薩松數千名村民。

歐洲各國要求設立調查委員會。哈米德的「調查」卻是意料中的鬧劇：為肇事者脫責並指控亞美尼亞人謀反及罪犯。歐洲列強又迫使蘇丹接受改革方案，賦予亞美尼亞人更多民權。當局於 1895 年 5 月推出改革措施。

1895 年 10 月，君士坦丁堡的亞美尼亞人決定示威聲援改革措施，並抗議當局不法辦薩松慘案兇手。紅查克組織及亞美尼亞革命聯盟（「聯盟」）是亞美尼亞人的兩大政黨。紅查克傾以向合憲方式，聯盟則鼓吹暴力。示威由紅查克發起。約四千名亞美尼亞人參加，並擬遊行至鄂圖曼政府所在地「高門」遞交請願書。土耳其語稱高門為「帝國門」，史稱「帝國門示威」。

紅查克請願書要求平等民權、合理稅收、保障生命、財產和尊嚴，免受庫爾德人襲擊。若庫爾德人不解除武裝，則要允許亞美尼亞人攜帶武器。這是鄂圖曼帝國史上首次於君士坦丁堡舉行的反政府示威。

示威隊伍到達高門後，警察頭目拒接請願書，並開腔挑釁侮辱亞美尼亞人，示威者群情洶湧。一名土耳其警官與一名示威者吵架，後者不甘受辱，竟槍殺警官，釀成大錯。此舉似是警方蓄謀煽動，作為動手信號。警隊及大批手持狼牙棒的穆斯林群眾，向整支示威隊伍發動仇殺式攻擊。不僅屠殺示威者，數日內更殃及居於君士坦丁堡的亞美尼亞族人。

多少亞美尼亞人死於帝國門屠殺？至今無可靠數字，但外國觀察家當時估計達一萬人。法國大使保羅·康朋的報告記錄了當時喪心病狂的氣氛：「禮拜一，外交部這些優雅紳士，將一名垂危的亞美尼亞人踩死。傷者在示威後被扔進外交部庭院。你能想像，一場動亂後，我們的年輕人踢踏垂死者取樂嗎？」

歐洲列強無計可施，蘇丹哈米德深信：殺更多亞美尼亞人也沒事。在他指使下，屠殺持續一年，估計十萬名亞美尼亞人遇害。阿卜杜勒·哈米德犯下暴行卻不受懲，這使土耳其政圈認為「亞美尼亞人隨便殺吧！」。1908 年推翻蘇丹國的青年土耳其黨人，就在這觀念驅使下，於 1915-1916 年發動對亞美尼亞人的種族滅絕，逾一百萬人罹難。

　　帝國門屠殺的另一效應，是使主張和平抗議的紅查克黨和亞美尼亞人受到質疑。受俄國安那其主義影響、崇尚暴力的聯盟支持度上升。1896 年，一名聯盟成員挾持了君士坦丁堡一間銀行，這又再度引發當局屠殺亞美尼亞族。蘇丹哈米德認為，抗議和平與否他都不接受，並會勠力鎮壓。然而，君士坦丁堡事件依然符合常規──鎮壓和平示威，或堅拒其訴求，勢必激起暴力行動。英國的婦女參政權運動、阿姆利則屠殺、沙佩維爾屠殺、1997 年伊寧屠殺（見第 18 章）均是明證。惟西藏仍屬例外，因為許多藏人（尤其是達賴喇嘛）篤信非暴力。

　　帝國門示威者爭取的，僅是更多民權，而非獨立建國。亞美尼亞人散居於帝國境內，很多又聚居首都，立國想法不現實。鄂圖曼帝國腐朽專制統治、穆斯林在宗教上對基督徒的憎惡，更使訴求無望。此案例中，示威招來最野蠻的殘殺，並最終招致對亞美尼亞人的種族滅絕，以及徹底毀滅其希望。不過，當宗主國對付的是文化不同的海外民眾，野蠻剿殺常常最終斷送帝國殖民統治。阿姆利則屠殺是經典案例。1945年法屬阿爾及利亞鎮壓和平示威也一樣。

阿爾及利亞—法國

　　法國殖民帝國皇冠上的明珠──阿爾及利亞，曾被法國政府劃入法蘭西都會區，分為阿爾及爾、奧蘭、君士坦丁三大區。阿爾及利亞與法

國南部隔海相望，大批歐洲殖民者湧入墾殖，許多其實來自意大利或西班牙，但都很認同法國文化。殖民者大多藐視當地阿拉伯人和柏柏人，視其為下層階級。較之東西兩側的突尼西亞和摩洛哥等北非屬地，以及撒哈拉沙漠以南的殖民地，阿爾及利亞因其殖民人口龐大，局勢也不同。

二戰中，阿爾及利亞陷入動蕩。殖民者各為其主，阿拉伯人也飽嘗經濟蕭條，終戰時更爆發饑荒。1942 年，維希政府仟命的總督達爾朗元帥遭暗殺。同年 11 月，英美聯軍攻入阿爾及利亞並承認戴高樂將軍領導。眼見法國在 1940 年潰敗於德國，又接觸美軍及美國反殖民立場，阿拉伯人的民族主義情懷高漲。1944 年 1 月，戴高樂在法屬剛果布拉柴說，法國的政策是帶領殖民地人民發展，將允許其自治並最終自決。戴高樂並未給出時間表，但講話喚起法蘭西帝國內民族主義者的希冀，阿爾及利亞的白人殖民者卻感到恐懼並設法自保。

阿爾及利亞民族主義運動追隨兩位領袖。馬沙利‧哈吉是一名社會革命演說家。費爾哈特‧阿巴斯初時是溫和自由派，但因法國當局堅拒改革而轉向激進及民族主義。阿巴斯發表《阿爾及利亞人民宣言》呼籲穆斯林積極參與政府，並制憲保障全體阿爾及利亞人的自由平等。1943 年他因此入獄，但於年底獲釋。

1945 年，阿爾及利亞與法國一道準備慶祝納粹德國戰敗，卻引發危機。阿爾及利亞的阿拉伯人認為，殖民者慶祝「解放」是虛偽。許多殖民者戰時其實支持達爾朗的親納粹維希政權，何來所謂「解放」？殖民者們則極反對將阿拉伯人從被踐踏地位中解放出來。1945 年，隨著歐洲勝利日臨近，牆上開始出現威脅殖民者的標語，還有人向殖民者擲石。法國當局認為哈吉或會策劃暴動，遂將他放逐到一處沙漠綠洲。對於阿拉伯人的民族主義，殖民者多報以蔑視和種族主義態度，緊張氣氛升溫。

塞提夫是穆斯林為主的中型市鎮，位於南方內陸高原。當地穆斯林決定舉行和平遊行紀念歐洲勝利，向鎮內的戰爭紀念碑獻花圈，悼念為法國犧牲的阿爾及利亞部隊。遊行者或達數千人，塞提夫的少數殖民者對此很惶恐。當局通常會斷然取締這樣大規模的穆斯林聚集，但在歐洲勝利日取締一場悼念戰爭死難者的儀式，實在理虧。

鎮長巴特林遂頒令批准遊行，但規定不得呼喊或展示政治口號，這顯然不現實。遊行者清晨在清真寺集合。組織者命令眾人將武器留在寺內。攜帶槍支早成阿爾及利亞農民的傳統，所以大家可能未遵守命令。三千多人集合，留下的槍支則不到一百支。

遊行沿著塞提夫幹道、喬治・克列孟梭大街前行。阿爾及利亞部隊的穆斯林偵察兵打頭陣，抬著花圈。哈吉的支持者隨後，不顧禁令，高舉「馬沙利萬歲！」、「釋放馬沙利」、「我們要平等」、「聯合國萬歲」等橫額。

沿途警力稀疏。但隊伍途經鎮中心十字路口的警崗時，一些人打出綠白兩色旗。這是 19 世紀抵抗法國入侵的阿卜杜・卡迪爾的標誌，後來成為 20 世紀阿爾及利亞解放運動旗幟。他們還展示「解放人民，自由獨立的阿爾及利亞萬歲！」的橫額。警察顯然接到鎮長命令，衝向舉旗和橫額的示威者，試圖奪旗。

這引爆了一場血腥械鬥。怎樣開始？誰先開槍？史學家看法不一。貞一路易・布朗士所作、近來最縝密的研究，認為警方先開槍。一名督察擊斃兩色旗旗手，同伴見狀還擊但未擊中人。警員隨即齊射，兩側露台上旁觀的法國人也開槍。哈吉支持者前方的領隊仍邁向紀念碑擺下花圈。遭警方轟擊的大多數示威者則掉頭逃跑。卻恰好撞上二十名乘車入城的憲兵。憲兵以為人群來襲，隨即開槍。

一通齊射，迫使示威者又退回鎮內。一些倖存者被同伴的死激怒，遂向眾多歐洲人尋仇。這純粹是場種族仇殺，罹難者中有些是阿拉伯人的知名同情者。

　　上午 10 時 30 分，阿爾及利亞步兵趕到恢復了鎮內秩序。此前被殺的具體人數一直無從知曉。已知有二十九名歐洲人被殺。約二十至四十名示威者被警方擊斃，這並未計入被歐裔平民槍殺的人。

　　法國當局得悉有歐裔人被殺，便濫殺阿爾及利亞村民，殃及塞提夫廣大周邊地區。當局轟炸村莊，或派兵入村集體處決多數居民。最確切估計，約一千至一千三百人死於這場圍剿。塞提夫周邊，支持示威者的阿爾及利亞阿拉伯人其實很少，可能僅 5%。大多數居民與歐裔人被殺根本無關。

　　法國當局的屠刀，短期內嚇退了塞提夫的阿拉伯人，卻激起阿爾及利亞全境眾多阿拉伯人戰鬥爭獨立。阿爾及利亞自由派阿拉伯詩人凱特布·葉辛納寫出人民心聲——「數千名穆斯林，遭無情屠戮，我出離憤怒！那一幕，我的民族主義已歸然不動。」對於 1950 年代湧現、領導阿爾及利亞解放運動的民族領袖們，塞提夫屠殺是促使他們投身鬥爭的轉折點。甚至指揮鎮壓的法國將領杜瓦爾，對後果都非常清醒。他向巴黎報告說，「我為你們爭取了十年和平，但請勿自欺。」果然，1954 年（九年半後）阿爾及利亞內戰爆發，1962 年阿爾及利亞獨立——這結局，其實早在 1945 年就於塞提夫寫下。

黃金海岸－英國

　　三年後的 1948 年，英國鎮壓黃金海岸的一場和平示威，一舉粉碎了她在非洲的帝國長夢。

甘地領導獨立運動，印度已見自由曙光。但英國等歐洲殖民列強仍無法接受「歐洲帝國時代即將落幕」。英國認為，1947 年印度獨立後，帝國半壁江山仍可永續。尤其是非洲，在可見未來，當地對獨立既無行動亦無訴求。誰知當局卻蠢到鎮壓一場和平示威，規模雖不及塞提夫，卻令英國的非洲版圖隨之傾覆！

黃金海岸是英國在非洲的模範殖民地。英國於 1665 年在海岸角設城堡後，當地就受英國影響。黃金（而非奴隸）一直是黃金海岸的最大外銷品，這點異於西非沿岸其他屬地，雖然控制金礦的阿散蒂王國也是販奴大國。19 世紀，英國藉阿散蒂戰爭蕩平阿散蒂王國，但殖民統治卻使黃金海岸的經濟欣欣向榮，民眾教育程度躍居非洲前列。當地通用英語，大批男子為英國參加二戰，參與東非及緬甸戰役，抗擊意軍及日軍。

1948 年 2 月，黃金海岸的退伍兵協會宣佈，將遊行至殖民政府駐地、阿克拉的克里斯琴博堡，請願訴苦。事件起因：他們為英國奮戰數年，戰後遭當局遣散，毫無補償或酬恤金，一些人退伍後失業。退伍兵傑佛瑞·阿杜瑪事後說：「英國人做得很糟。我們下船進到一個小帳篷，軍官只給你遣散費和回家路費，就打發你走。我們很難過，真的很難過，覺得被英國人騙了。因為戰時英國人告訴我們希特勒如何壞，被他統治會豬狗不如。希特勒恨黑人，所以我們要戰鬥，阻止他統治世界。我們回來後，英國人卻根本不幫我們自立，我們覺得被他們耍了……更讓我們難過的是，首領們曾要我們撐英國，現在我們被英國人用完即棄，他們竟又附和！我們真痛苦。」

儘管理想幻滅，儘管駐印期間曾接觸甘地的支持者，這群退伍兵並非尋求加納獨立，或更大政治權利。他們懇求的，僅是微薄的服役酬恤金。就此而言，其處境酷似美國大蕭條時的酬恤金進軍者，後者也是退伍兵。

終點克里斯琴博堡，早年是殖民總督府，今為獨立加納的政府治所。黃金海岸民眾遊行向克里斯琴博堡請願，就如英國民眾遊行至西敏宮向國會請願。黃金海岸退伍兵想做的，約翰·威爾克斯、國會改革者、憲章派、婦女參政論者、賈羅飢餓進軍者等，在英國全做過了！以這方式向當局陳情可敬、傳統、非暴力。

示威迫近，阿克拉當局的反應卻短視、失憶，對示威的文化底蘊更茫然無知。當局宣佈可上街示威，但禁止示威者去城堡請願或接近城堡。

示威者未被嚇倒，高舉橫額唱歌遊行。接近城堡時，被一隊殖民警隊擋路。警官伊姆利見示威者不肯散去，下令開槍，竟遭警員拒絕。伊姆利數槍轟斃三名退伍兵，傷數人。

1919 年印度阿姆利則屠殺殷鑒不遠！黃金海岸人民，本願無限期接受英國統治，但槍殺和平示威者一幕，卻使民眾覺醒，盼盡早獨立。事件隨即在阿克拉引發數日暴亂，逾二百人被殺。英國政府設立調查委員會，即華生委員會。委員會似受到黃金海岸殖民當局愚弄，採納了後者的槍擊案版本。牛津羅德茲圖書館保存的記錄顯示，委員會報告的部分內容，是照抄阿克拉總督府的內部備忘。

但華生委員會確曾建議整頓黃金海岸政府，使其更具代表性。英國政府火速任命一名更得力的總督查爾斯·阿登—克拉克，火速執行委員會建議。但太遲了！英治的認受性已蕩然無存，「獨立」如箭在弦。而且，加納一朝獨立（1957 年），英國的其他非洲殖民地勢必跟隨。英國藐視這古老的請願權，甚至遺忘了自己樹立的和平示威傳統。這一蠢行直接令其非洲殖民版圖土崩瓦解。

殖民史的教訓證明，殖民當局對和平示威的鎮壓，幾乎全都自食其果——獨立運動坐收漁利，並常星火燎原。和平示威的「安全閥」作用，在此再度顯現。武力鎮壓示威，阻塞安全閥，只能使敵對民意噴湧而出。

第21章

結論

和平示威與「直接行動」

和平示威誕生已二百年，大多數地方對「示威」仍意見分歧。即便在其發源地——英國，許多人仍覺得示威者只是阻路的「討厭鬼」，最好禁絕。許多右翼分子武斷認為示威是左翼存心作對，既暴力又滋擾。由於擔心暴力失控，警方對示威的取態也常搖擺不定。甚至到 1980 年代，澳大利亞昆士蘭州極端保守派州長喬赫·布耶爾克—彼德森，仍企圖禁止於昆士蘭境內示威。警方連年驅散民眾和平示威，最後他才被迫撤銷禁令[1]。

世俗小民、無知群眾、既得利益者和右翼長期敵視示威。甚至一些示威者和社運人士都不再寄望傳統的和平示威，涉及蓄意違法的「直接行動」抗議，支持度卻飆升。

2003 年，為抗議英美入侵伊拉克，爆發了或許是世界史上最大的和平示威運動。這場和平示威的失敗，極大助長了「直接行動」的聲勢。

人類史上最大示威

2002 年 10 月 2 日，美國總統小布什簽署國會兩院聯合決議，授權對伊拉克開戰。民眾旋即掀起反戰示威，將 2003 年 2 月 15 日定為全球反戰示威日。「全球城市同步示威」構想，可媲美 19 世紀提出的各國工人每年「五一」全球示威方案。但這次反戰示威的動員能力絕對更強——示威現場透過電郵、社交媒體，瞬時傳遍全球的電腦用戶。英美決意開戰，各國民眾憤慨，多國示威人數激增。穆斯林反對非穆斯林軍隊入侵穆斯林國土。戰爭經聯合國授權才符合國際法。許多民眾雖不反戰，但反對美國及其盟國未經聯合國授權單獨宣戰。於是，傳統反戰者、穆斯林以及大批民眾結盟反戰。

倫敦示威由反戰聯盟、核裁軍運動和大英穆斯林協會聯袂發起。許多示威者高舉「並不代表我」的標語牌。遊行計劃分兩隊，分別經堤岸（南區民眾）、高爾街（北區民眾），匯合於海德公園集會。事件發展，竟酷似 1861 年海德公園騷亂一幕——初時，負責皇家公園的大臣泰莎·豪威爾稱，因顧及安全及擔心損壞草坪，將取締海德公園集會。稍後卻受壓撤銷決定，遊行集會依計劃舉行。最保守估計，倫敦示威有七十五萬人參加，規模遠超 1908 年 6 月 21 日的婦女參政論者集會，榮膺英國史上最大示威。具體人數肯定逾一百萬，因許多會眾未能進入公園。主講者講完離場後很久，遊行隊尾才到公園，可見兩隊之長。講者包括左翼抗議集會的多名演講常客，如托尼·本恩、政治活躍分子比安卡·傑格等。就輿論動員力而言，首要講者是自民黨黨魁查爾斯·甘迺迪。他反戰旗幟鮮明，因戰爭無聯合國授權即屬非法。儘管示威集會人數極龐大，卻全程和平，警方幾未拘捕任何人。

　　羅馬的同步示威，有三百萬人參加，估計是人類史上最大示威。其他城市：柏林至少三十萬人、巴黎至少十萬人、馬德里至少七十萬人、巴塞羅那三十五萬人、蒙特利爾逾十萬人，全球逾千萬人。

　　在紐約，聯邦地區法官史無前例地頒令禁止遊行經過聯合國大廈，理由是警方無法確保秩序。舉辦者遂籌辦一場集會，約三十萬人赴會。許多人前往會場的路線，其實就是原定遊行路線，所以這場被禁遊行實際上是得以舉行。

　　反戰民意全球爆發仍未奏效。開戰及戰爭期間，抗議示威持續，但人數漸回落。世界史上最大示威，都未能打動美英政府。許多人因此頹喪，對和平示威絕望。

　　但運動亦非完敗。2002 年 2 月後，蒙特利爾的示威規模擴大，誘因或是布什總統對法國立場（法國拒絕參戰）的評論被解讀為反法言

論。面對示威壓力日增，加拿大政府轉態不派兵參戰。故此加國示威奏效。然而，很多人覺得——既然一場逾千萬人參與的運動，都無法使政府叫停或暫緩伊戰，整個運動就是徒勞。

這觀點超錯。示威的歷史顯示：「僅憑示威就獲勝」多屬例外而非常態。很多運動慘淡開場，卻終獲成功；對於運動的終極成功，示威功不可沒。

直接行動者的誤區

2003 年以後，為譁眾而蓄意違法的抗議活動激增，大多針對環保問題（如氣候變化、轉基因食物、空氣污染以及飛機噪音等）。其理念認為：民主政制已崩壞。反伊戰示威失敗、政府無法應對迫切的環境威脅等，讓這類示威者得理。他們辯稱，違法有道義的緊迫性，要迫使朝野正視這類威脅。他們有時也胡說：違法是效仿早期國會改革運動的示威者。「傻瓜飛機」抵制英國各地的機場擴建。2009 年，該組織一名代表對會眾（包括本作者）說：「1819 年彼得盧的遇襲集會是非法集會。」言下之意，「傻瓜飛機」的違法「直接行動」是步武亨利·亨特和蘭開夏的改革者。這話是對彼得盧事件的嚴重歪曲（見第 4 章），也曲解了亨特和蘭開夏改革者的信仰。現代示威的先驅、19 世紀早期運動人士，其信念體現於 1832 年伯明罕政治聯盟進行曲中：「看，我們來！無寸鐵在手。我們絕不燃戰火。團結、公義、理性、法律全遵守。子孫基本權利，緊握我手。」

假如有一個爭取加建機場、名為「可愛飛機」的團體，在「傻瓜飛機」示威時，攪局反示威，導致破壞性的衝突，可能這時「傻瓜飛機」才會改變其對法治的判辨。

直接行動風潮若不收斂，當局處理示威權時仍會嚴厲執法，頻加限制。當局用意是防範違法，實際上卻給示威平添了不合理規限。

　　《嚴重組織犯罪及警察法》（2005 年）第 138 條，就說明英國甚警惕示威者的潛在威脅。該立法部分歸咎於布萊恩‧霍的抗議行動。他從 2003 年至 2011 年逝世前夕，一直在國會外扎營，以橫額和高音喇叭，單人不間斷示威反戰。警方也想加強對國會毗鄰區的控制，立法也反映了這點。該法規定：國會開會期間，方圓一公里內不得示威。傳統示威場地特拉法加廣場則不受限。該法實行後，反戰者瑪雅‧埃文斯因在戰爭紀念碑旁朗讀伊戰陣亡英軍名單而被捕及起訴。法庭駁回了她就定罪的上訴。

　　布萊恩‧霍和瑪雅‧埃文斯均直接衝擊了決定參戰的首相托尼‧貝理雅的民望。白高敦接任首相後，政府即宣佈無意維持方圓一公里示威禁區並作檢討。2010 年上台的聯合政府任內完成檢討，廢止第 138 項，並代之以《警務改革及社會責任法》（2011 年）。新法取消了國會毗鄰區的示威限制，僅禁用擴音設備或在國會廣場露營。

　　國會廣場牽涉到示威權、立法者辯論不受滋擾的重要權利、以及維護倫敦其中一個最著名廣場的需要，新法似乎妥善權衡了這三要素。2010 年「民主村」運動期間，大量示威者於國會廣場搭帳篷；國會廣場當然不能淪為營地。但這各有所得的結果，並不能改變一項事實：示威若以直接行動侵犯他人權利自由，就可能致使示威權愈受規限——雖然這些規限最終會被取消。

民主化中的要角

本書要強調：和平示威的權利是有益、可貴的，能在各種局勢下贏得感人成就——一次又一次，一小群人示威支持一場正義卻貌似無望的事業，仍最終喜迎巨變；況且除此以外，別無他途。五月廣場母親挺身抗拒阿根廷軍政府就是感人一例。1965 年，莫斯科的異見者舉行「呼籲司法公開的集會」也同為壯舉。當時幾乎無人預見，不到三十年，蘇聯內的反對力量就茁壯到使蘇聯解體。

我也力證：和平示威是早期示威形式的自然演進——這場漸變是與其他社會變革同步，特別是識字率普及、廉價大眾傳媒興起、現代工會和警隊的發展。

和平示威萌發於法國大革命時期的倫敦，英國的改革者要藉此證明：他們不是暴力革命分子。

法國大革命及其帶給英國上層的恐懼，終結了政治騷亂——18 世紀倫敦最尋常的抗議形式。

英國成為民主國家後，18 世紀騷亂的理由不復存在。英國民主轉型過程中，示威扮演了極重要角色；而民主的傳揚與示威的傳播，乃並駕齊驅。如今，示威通常在民主國家和地區才獲普及；在非民主國家，示威權則常受打壓。在民主國家，和平示威取代政治騷亂，一如汽車取代馬車，原因也類似。較其前身，兩項新發明均更便利、高效。和平示威應是（通常也是）人們有效表達訴求而不傷害任何人的場合，對社群的滋擾也遠低於騷亂。那些蔑視示威的人，應該想想示威取代了什麼。

擺佈示威

要留意，有些非民主國家（如中國）竭力假扮民主，並利用受擺佈的示威或騷亂，為政府塗脂抹粉。

我們看到，1989 年天安門學運期間，中國政府買通農民發動反學生的反示威。示威貌似自發，實由政府組織，示威者收錢，乘巴士到示威地點——此法已行之有年。有關中國的例子，還包括 1999 年中國駐貝爾格萊德使館遭北約空襲後，中國暴民襲擊美國使館，駐成都美領館也遭示威者縱火，及 2012 年中日釣魚台領土紛爭引發的示威等。伊朗也是炮製「非自發性自發遊行」的大師。這種政治手腕，在普京治下的俄國似也死灰復燃。

與此同時，有些示威帶有反民主色彩，將觀點強加公眾，無視其並不代表主流民意的事實。本書以直接行動環保示威，例證該問題，但其波及面委實更廣。自由社會中，示威是選舉的補充。選舉過程經常繁冗，但示威無法替代選舉。

小眾示威

在德國，納粹與共產分子的街頭戰，使納粹主義趁勢崛起。二戰後和平示威傳統始奠基。戰後很久，許多開明德國人仍懷疑和平示威。他們認為，解決政治問題，民主和票箱是不二法門；「上街」之路不通。街頭是極左、極右派廝殺的地盤。類似懷疑在瑞士的德語區也很普遍。多米尼克·魏思樂和漢斯—彼得·克里西研究發現：日內瓦和蘇黎世公眾對示威的態度迥異，日內瓦人對示威更寬容、支持。原因是蘇黎世擁有完善的「公民倡議」制度——少數公民可提倡法律變革，並寫入選票供該州全體選民表決。相反，這制度近期才被引入日內瓦，尚未成為城

市文化。蘇黎世人普遍認為——「示威不民主，因為任何人的觀點只要獲充分支持，議題就可寫入選票成為『公民倡議』，無須上街爭取」。

蘇黎世人見解有待商榷，而且它誤解了示威的一項最實用功能。誠然，要改變某些法律，完全有其他途徑，不一定要示威。但是，示威者所代表的常是弱勢觀點，很難透過票箱來改變法律。正因這些訴求是小眾之事，並可能始終如此，就更不等於可置之不理。人民藉合法途徑宣洩怨氣，有助社會穩定。

和平示威肩負重要使命

一個人若能藉和平示威，使其呼聲被聽見，就不太可能以暴力抗議等違法行為宣洩憤懣。此外，小眾之事若不藉示威引發宣傳，就得不到同胞關注，這些小眾議題就無望在政治表決中獲勝。1960 年代美國的民權進軍、「美國身障爭取無障礙公交」組織的身障者示威、失業者、同性戀權利等，都是極重要的小眾議題。

支持婦女選舉權者所代表的，並非小眾而是完全被阻擋在政治進程外的一半人。婦女參政權示威，是將婦女選舉權議題納入政治議程的唯一途徑。世界大多數地方已落實婦女選舉權，但社會上總有受蹂躪、被邊緣化的族群，他們的難題總可藉示威獲得重視。

一群市民上街，去政府大樓或知名集會地點，就有關議題發聲。在任何社會，這種能力都是一種善勢力。它將問題帶入官場，若非如此，官僚們可能熟視無睹。它使公眾關注那些被主流政黨和媒體所忽略的重要議題。它讓強烈的情緒以不失尊嚴、有意義的方式宣洩。如果這條渠道被阻塞，這些情緒將循更有害的途徑噴湧而出。

對於那些伸冤無門的人，示威的權利更緊要。那些貧困、笨嘴拙舌、自卑或不善辭令的人，都可透過示威讓他們的難題受關注。在此意義上，示威助無聲者揚聲。身障者參加的身障者爭公交示威，依然是此中典範。就此而言，和平示威肩負重要使命，仍須是每個人的權利。

那些偉大的示威運動，無論成敗，本書均予記載。國會改革者、澳大利亞爭取八小時工作制示威者、支持婦女選舉權者、美國民權運動、甘地的非暴力不合作運動、菲律賓人民運動以及美國身障者爭公交運動，都成功了。

2003 年反伊戰示威失敗後，充斥社會的、對示威的不恭態度，顯然是捨本逐末。1848 年憲章派發動的全國大示威，當時也被認定失敗，但改革投票制度的訴求，最終幾乎全獲滿足。示威或系列示威，常作為一場更廣泛政治運動的有效組成部分，它使公眾持續關注有關問題，並增進了運動支持者之間的團結與承擔。

結論

本書最終結論是——示威的權利是脆弱的。本書寫作期間，雅典（常被奉為民主發祥地）帕特農神廟附近的和平示威，就遭催淚彈驅散。示威者抗議歐盟對希臘施加緊縮措施。

希臘當局的暴虐提醒大家：對於和平示威的權利，許多政府仍口惠而實不至，示威依然很危險。各種權利都不穩固，但比大多數權利，示威權更不穩固。阿克頓勳爵指出「權力導致腐敗」，這現象會一直存在。似乎存在一股難抗拒的誘惑力，吸引當權者踩過界，侵犯被統治者的權利。那些懷美善初衷上台的統治者亦難倖免，更何況許多當權者上台時就來者不善？正因如此，二百多年前，首場和平示威登場時，托馬斯・

傑弗遜就正確指出——「自由的代價乃恆久的警惕」。20 世紀初，史學家 H.A.L. 費雪也指出，「進步並非自然法則。這一代贏得的，下一代可能失去。」

必要時，人們甘願走上街，高舉橫額抗議——只有如此，自由才能長存。

1　在某些方面，布耶爾克—彼德森對待示威的態度，很像阿拉巴馬州伯明罕市警察局長——綽號「公牛」的尤金·康納（見第 12 章）。不同的是，「公牛」康納不容黑人示威，而布耶爾克—彼德森則不容任何人示威。1977 年，他說：「上街遊行已經過時。別想申請遊行許可。你申請不到。這已是政府政策。」

第22章

2020 年增訂

佔中失敗

2014 年 10 月本書英文版成書，至今已歷不平凡的六年。當時香港的公民抗命——佔中運動仍在堅持，雖勝算渺茫，但結局仍未明朗。

這六年證明：本書的一些結論，極有預見性。我指出，面對強大且頑固的政權，任何和平示威都無法成功。佔中運動正是面對這種政權。港府根本無權對運動作有意義的回應。北京掌控所有權力，並且很死板。佔中運動以靜坐佔據中環街道八週後，領袖們意識到運動不會成功，並擔心持續干擾日常生活會疏離支持者，遂終止運動。三領袖均被控串謀公眾妨擾罪等罪成。戴耀廷、陳健民入獄，朱耀明因年邁獲緩刑。

我也強調，當局若無視或敵視那些有合理訴求的和平示威者，和平示威將被唾棄，人們會轉向暴力示威和蓄意違法。憲章派、婦女參政論者、南非泛非主義者大會及非國大、北愛民權運動以及愛爾蘭共和軍，都是此類產物。現在，香港又重蹈覆轍……佔中失敗，使大眾對和平示威絕望。暴力示威抬頭，其形式之多，強度之大，均為香港自 1960 年代以來所僅見。2015 年，本書英文版於香港上架時，有人叫我勿指望大賣，因民眾已摒棄和平示威，遑論研究之？

「魚蛋革命」

在這情緒籠罩下，2016 年 2 月 8 日夜至 9 日晨（農曆新年），香港發生了多年來的首場騷亂。

港府食物環境衛生署負責街道衛生、清除街障，職權頗大。農曆新年期間，它取締了九龍旺角的無牌熟食小販。本地政壇新秀、新政團本

土民主前線（本民前）骨幹梁天琦，藉社交媒體呼籲民眾保護小販。許多人趕往聲援，卅到六十名警員與一兩百名示威者混戰。示威者投擲磚石毆傷許多警員。梁天琦被捕，被控暴動及襲警罪成，入獄六年。

梁時年二十五歲卻已是老練政客，2015 年曾參選立法會，未當選但表現異常優異。香港傳統民主派希望建設民主中國，但梁所在的本民前則與之割席，僅關注香港的民主化，實現港人民主自決，最大限度擺脫北京控制。梁天琦提出「光復香港，時代革命」口號。他呼籲保護的小販中，有些是販賣魚蛋，故這次騷亂有時被稱為「魚蛋革命」。

梁天琦與香港老一代反共政客和活躍分子的另一主要區別，是他不遵循前輩們守法及非暴力的牢固傳統。呼籲支持者向市政官及警隊動武，逾越了前輩們恪守的底線。它揭開了以暴力取代和平示威的序幕。正是佔中的失敗，使這趨勢無法逆轉。

旺角暴亂卻只是 2019 年香港抗議運動的前奏。這場運動波瀾壯闊，持續到 2020 年初新冠肺炎爆發，又隨著疫情緩解小規模重燃。

「反送中」運動

抗議的導火線，是港府決定於立法會提出《逃犯條例》修例草案，通過後將首次允許把香港的疑犯引渡到中國內地受審。引發修例的是發生於台灣的一樁謀殺案，而港台間亦無引渡協議。已承認犯案的主嫌，以及受害人（其女友）均為香港居民。雖無法確證，但似乎特首林鄭月娥很想抓住這機會與台灣，特別是與中國內地達成引渡協議。她覺得這樣會博得中國國家領導人的欣賞。並無證據顯示是北京方面主動要求修例。

1997 年香港回歸至今，建制派在立法會一直佔多數，通過修例無難度。但條例卻引發民間巨大擔憂。

香港的引渡程序與英國等普通法國家的類似。必要條件為：有證據顯示被要求引渡者所犯之事，於香港及提出引渡請求的國家均屬犯罪，且引渡並非因為政治罪行。當事人可向香港法庭提出質疑，但引渡若符合正式規定，香港法庭不會調查該引渡案之有理性。該制度與法治國家銜接得不錯，香港法庭確信疑犯將被引渡的國家，其法庭可藉公平審判檢驗有關證據。但該制度不適用於中國內地——當地並無法治，案件判決及量刑，在被告出庭前就已由中共內定。有關部門可憑空捏造指控，藉此將政敵擄回內地司法轄區，打壓業務對手，或報復商業糾紛的仇家。

這便是為何香港各界（包括向來親政府的商界）都極擔心《逃犯條例》。民間人權陣線（民陣）等團體發起和平大示威，商界（包括美國商會）發言反對修例。港府卻無視示威或商界表態，重申通過條例的決心。

2019 年 6 月初，事態發展到頂點。6 月 9 日爆發的反修例大示威，是香港史上最大示威之一。發起者民陣稱有一百萬人參加。示威和平進行，規模遠大於推倒董建華政府的五十萬人反廿三條示威。許多人著白衫（中國傳統的喪服），哀悼香港已死。

林鄭的反應令人震驚。她不辭職不讓步，卻聲明不受示威影響，條例將如期於 6 月 12 日交立法會二讀辯論。這就是勢必激化緊張的那種僵化。

6月12日再爆發大示威。示威大致和平，但期間有人企圖闖入立法會大樓，示威者的情緒也較三日前更為憤怒。警方在大樓附近以催淚彈驅散示威；各界對警方的處置手法存異議。

6月15日，林鄭回應12日示威，宣佈暫緩修訂《逃犯條例》，但這項回應並不足夠。次日（6月16日）再爆發大示威。組織者稱有兩百萬人。其他觀察者估計一百五十萬人——仍為香港史上最大示威，規模為2003年反廿三條示威的三倍，超過1989年聲援天安門學運的最大一場示威。香港七百多萬人中，相當比例參與了這次示威。

對這場示威，林鄭未再讓步。她的強硬激起民憤。民眾對非暴力抗議的信念破滅。代之以憤怒和戰鬥的決心。1908年6月21日，面對女性參政論者的浩大示威，首相阿斯奎斯仍堅拒任何讓步。兩段歷史，雖相隔一百一十一年，卻又何其相似！

2019年7月1日，示威者湧入立法會大樓，並系統地破壞之。區徽遭污損，撐民主、反中國標語被四處塗鴉。其中那句「是你教我們——和平遊行是沒用！」特別引人深思。示威者佔據大樓幾小時，但在警方展開驅逐之前離去。

衝擊立法會大樓，給素來平靜的香港造成難以估量的衝擊。《逃犯條例》不再可能恢復二讀，這使民眾更相信——和平抗議無效時，暴烈的直接行動才有效。

至此，抗議者提出五大訴求要林鄭回應：完全撤回《逃犯條例》修訂草案、追究警隊涉嫌濫用武力問題、釋放並特赦示威被捕者、撤回對6月12日事件的「暴動」定性、實現雙普選。

抗議持續並日漸暴烈，抗議者堵路，破壞那些疑似親北京或中資商鋪，並襲警。

顯著新特徵

這些暴力抗議有些顯著特徵，不但在香港是新動向，也有別於一般性示威。很大部分示威者還很年輕，有許多中學生參與。現場所見：一群群學生將校服換成黑衣、黑色口罩、護目鏡和頭盔，這成為抗議者的非正式制服。有年僅十二歲的兒童參與其中，許多十四歲的兒童在持續的暴力事件中發揮了關鍵作用。

第二個顯著特徵是：即使示威變得非常暴力，上一代人仍對示威者給予大力支持。民眾普遍認為：非暴力失敗了，但衝擊立法會這類暴力示威，卻實際上取得了成功。

第三個特徵，是沒有明顯的抗議領袖。抗議活動主要通過非常分散的社媒網絡組織，尤其是 LIHKG 和加密的 Telegram 網絡。借助這些網絡，大量抗議者能迅速集結到特定地點，一旦別處求援，又能迅速轉移。警方無法即時切入其中一些網絡，因此示威者總能領先一步。所以這類抗議活動是建立在「快閃族」式示威的基礎上，隨著社媒普及，後者已開始在倫敦等地普及。

7 月 21 日，中環又有一場大示威，緊接著暴力和破壞驟增。一些示威者歸家途中，在元朗西鐵站遭大批穿白衫男子，以藤條和棍棒痛毆。警察無影無蹤，只有兩名警員短暫出現然後走開。他們離開現場的視頻廣為流傳。白衫男貌似黑幫分子，他們離開後，大批警察才趕到。數十名歸途中的示威者受傷，其中一些受重傷。

這起疑似警方與三合會合作襲擊示威者的事件，使示威者及其支持者對警方敵意沸騰。許多人還把矛頭指向一個極親北京的政客何君堯。元朗襲擊當日，他被拍到與一些貌似襲擊者的白衫男握手。2019 年 8 月至 11 月期間，狂怒的抗議者將香港大部分地區變成戰區。8 月，香

港國際機場被示威者佔領停擺，數百架航班取消。秋季，示威者轉而破壞運輸線路，以癱瘓城市的經濟生活。

太遲了。9 月，林鄭宣布永久撤回《逃犯條例》，但無法平息抗議活動。列車被焚，紅磡海底隧道收費亭被焚，大學校園被佔，幹道被磚牆阻塞。暴力高潮時，警察和佔領香港理工大學校園（紅磡海底隧道附近）的示威者數日激戰。暴力事件，並未因警察佔領校園，數千名抗議者被捕而平息，依然零星持續，直至 2020 年初冠狀病毒來襲。

由《南華早報》出版、Zuraidah Ibrahim 和 Jeffie Lam 編輯的《反叛城市》（*Rebel City*）詳細記載抗議活動由台灣的謀殺案引發，直至 2020 年初停止的全過程。

持續數月示威活動中，林鄭僅在 9 月 26 日於灣仔伊利沙伯體育館舉行的對話中，會見示威者一次。她的僵化立場使與會者絕望。一名學生對她說：「妳同情過遭催淚彈襲擊，或被警察毆打的人嗎？妳只關心遭破壞的地鐵站閘機。妳已告訴我這天真的人——和平抗議無用。」

結論

2019 年大半年，香港都因這場示威運動而為全球矚目。那麼，從中可得出什麼結論？

運動一旦轉向暴力，便使社會陷入痛苦撕裂。示威者的支持者被稱為「黃絲」，反對者被稱為「藍絲」。示威運動支持「黃店」如餐館和冰室等，抵制並經常破壞大型「藍」企。「藍絲」，尤其是富裕階層中的大多數，則怒斥城市遭破壞、經濟損失以及香港和平聲譽受損。許多人稱示威者「曱甴」，想踩死他們，要求開槍鎮壓的呼聲時有所聞。

「黃色」運動後期焦點之一是警察暴行。抗議活動期間，警隊紀律無疑惡化了，並確有許多警察濫暴案件。催淚彈被大規模使用。抗議期間，英國停止向香港出口催淚彈，港府轉從中國採購，其化學成分未知。警員曾在葵芳地鐵站內施放催淚彈。在太子站，警員追趕抗議者入列車，用警棍亂打，並毆打不是示威者的乘客，場面令人震驚。不幸的是，黃色運動對其參與者所犯的嚴重暴力行為，也避而不談。

處理示威運動中的極端暴行時，請牢記：世界上幾乎所有警隊傳統上都利用臥底。2019 年香港示威活動中，曾有疑似臥底被揭發並遇襲。有些人並非臥底，仍遭示威者恣意痛毆。不過，肯定至少有幾名警員在示威運動中充當滲透者。毫無疑問，至少有一次，偽裝成示威者的警員出手逮捕真正示威者。

我並不認為，那些讓公眾極度恐慌的暴行是臥底幹的。部分原因是，當局培訓滲透者時，通常要求他們不得實施嚴重犯罪行為。我在第 14 章中引用了 FBI 對其滲透特工的指令——「不要帶槍、不要擲彈、不要搶掠，不要因某些特定舉動而過深捲入……」對執法機關特工而言，這是常識，香港警察特工也應有類似紀律。因此，2019 年 10 月 1 日在屯門向一名警員投擲腐蝕性液體並致重傷的示威者，極不可能是警方特工。7 月 14 日示威者在沙田咬斷警員手指，或 10 月 13 日用鎅刀割傷警員頸部的案例，也同樣適用此理。

有些暴行帶有「藉人身攻擊發洩強烈情緒」的全部特徵。這類暴行也不太可能是臥底所為。例如，毆打對示威者表示反對的人，這種情況發生了好幾次。又如 11 月 13 日在新界北上水的行動。示威者在北區大會堂附近的一條路上用磚塊築路障。一群當地人試圖拆除路障，與約二十名示威者發生扭打。一名羅姓七十歲男子拿手機拍攝這場打鬥。一示威者轉身向他擲磚，羅頭部重創死在醫院。

因此，抗議者方面犯有嚴重罪行。警察方面，有兩起警員開槍重傷示威者的事件。一起個案中，開槍警員似乎受到手持鐵枝的示威者猛攻。另一個案件中，警員聲稱他認為示威者要搶槍。這類情況下，是否有必要開槍仍存爭議。但是，針對警方的一些最嚴重的指控迄今查無實據。因此，再未聽到類似「2019 年 8 月 31 日，警察於太子站殺害三名抗議者後毀屍滅跡」的傳聞。雖然很多港人寧可信其有，但卻無失蹤人口報告可對應事件中的失蹤者。三人在香港人間蒸發，卻沒有親朋戚友、同事等人舉報失蹤，這可能嗎？事發至今已十個月，在無任何人舉報失蹤的情況下，可合理推斷沒有人被殺或失蹤。儘管如此，仍有人定期在太子站獻花紀念所謂的死者。

　　另一項廣為流傳的警察濫暴指控，涉及新界新屋嶺扣留中心內被捕示威者的遭遇。該中心不久後停用。有關事件太敏感且爭議太大，以至獨立監察警方處理投訴委員會（監警會）於 2020 年 5 月提交關於抗議活動的報告（報告本身就引起很大爭議）時，用一整章專門論述新屋嶺。監警會被指太偏袒警方，不願深究警方的表面解釋，這或是事實。然而，根據報告，儘管有合理投訴，抱怨地點偏僻設施不足，但確無涉及新屋嶺拘禁而向警方提出的具體投訴。沒錯，很多人對香港效率低下的警察投訴制度感到失望，甚至懶得正式投訴。然而，由於沒有一單投訴或有關施暴行為的明確第一手指控，這就傾向表明網上流傳的、有關該中心事件的傳聞失實或被嚴重誇大了。

　　這種情況下，互聯網的影響不容低估。任何人都可以上網發表論斷，並即時轉發給成千上萬的人。這時，假新聞是一個巨大問題。似乎還有另外一個問題，那就是警方在使用網媒澄清事件，或反駁應予反駁的指控方面，反應遲鈍且受限制。

　　從 2019 年的事件中可以得出什麼結論？港府極糟糕的領導，將最

初的和平示威者，變為與警察作戰的戰士。政府的頑固態度，使警員成為「磨心」。

　　就示威者而言，問題不僅在於領導不佳，更在於沒有領導。這是許多示威者採取的蓄意戰略，目的是快速反應，並減少領導者被捕的機會。一旦多年組織和平示威的民陣不再組織，而傳統民運領袖們又「被靠邊站」，就無人出面籌劃一個可持續的統一戰略。沒有甘地，沒有馬丁·路德·金，甚至沒有艾米琳·潘克斯特。

　　因此，從我寫本文（2020 年 6 月）的角度來看，這一運動招致災難性失敗。北京政府本月撕毀 1984 年關於香港前途的《中英聯合聲明》，將一項名為《中華人民共和國香港特別行政區維護國家安全法》的全國性法律強加香港。該法重新定義叛國罪，不再遵循普通法的狹義界定，並引入煽動叛亂、分裂國家、顛覆、竊取國家機密和與外國勢力勾結等罪行。它宣稱所有香港法律都從屬於該法律。檢控決定將由受內地監督的一個特別部門作出，審判將由特首選派法官在香港進行，或到內地進行。這遠比 2003 年引發五十萬港人成功示威的廿三條糟糕。它實際上結束了香港的言論自由，因為它將關鍵少數的香港年輕人定罪，其中許多去年曾示威支持香港獨立。它也規定將重案移交內地，而無需任何引渡程序。

　　假如，2019 年夏秋兩季未曾發生持續暴力破壞，就絕不會有這部《國安法》。親北京勢力成功利用這波暴力，說服香港大部分建制派：要防暴力重演，就需此法。這套說辭還附送一個臆想，即抗議活動是外國勢力（指美英）策劃。中國官媒和親北京的港媒又炒作之。其實，任何接觸示威者的人，都知他們示威是出於深刻的個人觀點，而非其它任何因素。不幸的是，北京根本無法體會這種動機，又談何相信？其實，示威者在抗議期間犯下的所有罪行，從刑毀、騷亂到謀殺，都可按現行

香港法律懲處，並處以最高刑罰，且香港法庭也能應付。抗議活動中約
有七千人被捕，許多人遭檢控。《國安法》目的，是消滅以和平手段
反對北京世界觀的政治反對派，並使香港屈服其意願。它暫時或已達目
的。

　　假如，當時有一位可與當局談判的示威領袖，並在談判期間叫停示
威，進而避免 2019 年夏秋的暴力事件，結果或是《逃犯條例》撤銷，
市民回復正常生活。對民主力量來說，那將是一次有意義的勝利。可
是，他們缺乏領導且充斥暴力。他們已成功喪失了比以往（1997 年以
來）任何時候都多的權益！

　　去年事件的進一步不利影響是，現在很難在香港舉行任何和平示
威。五十人以上集會或三十人以上遊行，組織者須獲警方發出不反對通
知書。2019 年前，許多有和平抗議記錄的團體（包括民陣）通常均可
獲發。2005 年，有人對該制度提出法律挑戰但失敗，因為法庭認為該
制度實際上允許了示威權存在。但 2019 年下半年以來，即使非常傳統
的遊行也很難獲批。警方反對的理由通常是：暴力抗議者或利用和平抗
議作掩飾，來展開暴力或破壞。這理由很可能是對的，但若藉此剝奪和
平民眾的示威權，那就等同廢除了這項權利。嚴格糾察和明確示威結束
時間，可以防止這種騎劫。這類騎劫持並不新鮮，可追溯到 1816 年的
溫泉市集。但目前看來，組織者並不願嚴格糾察，當局也不相信示威者
能妥善防止邊緣暴力。

運動的影響

　　本次運動，可能已深遠改變了世界各地的示威。2019 年抗議運動
的風格，具有快閃族特徵（「若水」），其防護頭盔、護目鏡、口罩和

黑制服、罔顧法律、破壞財產和公物，已被世界各地廣為模仿。對於作者這樣為確保示威權獲承認為一項受法律保護的人權，而努力多年的人，這實在令人痛心，因為人們不能擁有受法律保護的「違法權利」。

伊拉克、黎巴嫩、智利和英國民眾，對香港抗議活動的模仿最為顯著。在伊拉克和黎巴嫩，示威者憤怒的焦點是兩國腐敗的政制。伊拉克自古就有街頭暴民傳統。「街頭民主」有時用來形容當阿拉伯統治者變得太失人心時，他（總是「他」）將被街頭騷亂趕下台，這將演變為一場推翻其政權的革命。與伊拉克史上許多示威活動相比，該國 2019 年的示威更為和平有序，算是進步。示威者通常是非宗派主義者，不受控於任何特定政治派別，並招聚來自不同背景並希望改革政制的民眾。可悲卻並不奇怪的是，在暴虐的伊拉克，許多和平示威者在示威時被單個槍殺。這可能是由某些民兵組織煽動，認為示威者威脅到他們對權力的傳統把控。

在黎巴嫩，示威活動的目標類似——取代黎巴嫩陳舊的、將國家按宗派劃分的憲制（總統為基督徒，總理為遜尼派穆斯林，而議會議長為什葉派穆斯林）。舊制度滋生腐敗，助長狹隘宗派利益，無法解決國家的許多問題。黎巴嫩若管治得當，民生將大為改善。撰寫本文時，黎巴嫩局勢已趨嚴峻。它拖欠債務，新冠病毒令經濟崩潰，也暫時壓抑了示威運動。局勢前景尚不明朗。

在智利，遊行示威反對貧困和不平等，反對經濟發展的「芝加哥模式」，反對右翼控制媒體。示威受左派組織支配，帶有不民主、革命色彩。同樣，撰寫本文時，新冠病毒肆虐或暫時壓抑了示威活動。智利的示威深受香港影響，一些智利人曾訪港，現場觀察香港的抗議活動。

在英國，席捲全國的「反抗滅絕」示威，也受了香港影響。這場非暴力直接行動抗議要「讓城市停擺」，以抗議當局對氣候變化不作為。

他們得到年輕人的廣泛支持，但也遭到很多反對。常見戰術是將單車和／或示威者，當作路障黏在路面，堵塞道路。理由與「傻瓜飛機」（見第 15 章）等早期直接行動環團的相同——政治體系破裂、對人類的致命威脅、採取任何其它方式都無效。與香港不同，「反抗滅絕」活動絕大多數是非暴力，但由於擾亂了民眾日常生活，也確實引起極大不滿。像香港的抗議活動一樣，他們沒有單一領導者。「反抗滅絕」比香港的更具組織性，是一個公認的、有成員的公共組織，但卻又並未控制以其名義進行的所有行動，其中一些行動的宗旨與目標毫無意義、成效。某個「反抗滅絕」支持者為截停東倫敦的火車而試圖爬上車頂，就屬此類。他被乘客拖下狂毆，直到被其他乘客解救。火車是最節能的交通工具，因此在通過減少汽車和飛機的碳排放量來拯救地球的運動中，截停火車毫無意義。

我不接受「反抗滅絕」的前提，因為它們從根本上是反民主的。英國的政治體係有非常嚴重的弱點，但仍然可以透過它來應對氣候變化。我本人作為牛津的地方議員，爭取重修了運河的縴道，讓它成為通勤者和學童的捷徑。這需付出努力，但這意願可行——因它獲得當地社區的大力支持。這就是民主行動。阻塞道路，使人們無法上班則不是。

況且，許多人投入「反抗滅絕」的精力，大可用於應對氣候變化的有效行動。我問了一位「反抗滅絕」的領導人（牛津大學的一位政治哲學家）為何他不讓成員參加植樹活動。他說：他們不做那種事，他們是提醒公眾關注問題的一場抗議運動。但是，許多人投入抗議活動的能量，本可以種植一片森林，產生真正的影響。因此，「若無反抗滅絕等抗議，就無環保行動」的想法是錯誤的。

到目前為止，2020 年的主要示威運動是「黑人的命也是命」。這是一場重要運動，很可能帶來切實的變革。視頻中，明尼阿波利斯的一個黑人被一名白人警察壓頸窒息殺害。民眾迅即爆發嚴重、但情有可原

的騷亂。但我認為：在許多以白人為主的社會，對其制度性種族主義造成真正影響的，是那些規模更大的和平抗議運動。不僅在美國，而且在英國、整個歐洲和其它地方，都是如此。明尼阿波利斯警局已徹底解散，其它重要變化或陸續有來。

總結

回顧過去六年，那麼多事件應驗了我寫在第 20 章中的結論——對此我感到驚訝。在喚起民眾關注問題、提供宣洩強烈情緒的管道，以及作為一場更廣泛的、促進政治或社會變革運動的組成部分等方面，和平示威都起著關鍵作用。但是，示威必須保持和平，並有明智領導。若示威運動放棄法治，蛻變成漫無領導的城市遊擊隊，會怎樣？ 2019 年的香港將永遠是一個有益的警告。

我想以一個樂觀的觀察作結。香港示威提醒我，一首好歌是多麼有效的抗議方式！歌曲的眾多優點之一是——很難僅僅因為人們唱歌就予拘捕或起訴。這尤其適用於 2019 年香港抗議活動的頌歌《願榮光歸香港》。有理智的人又怎能反對人們歌頌自己的家園？香港擁有世界最先進的街頭示威文化，並激發了我對遊行示威的興趣，但現在她面臨嚴峻的未來。可是，我相信——要保持香港精神不朽，一種有效方法，就是許多人堅持經常地、高聲地唱這首歌，以彰顯歌手的尊嚴，和敵人的荒謬。所以我以歌詞結尾：

何以 這土地 淚再流
何以 令眾人 亦憤恨
昂首 拒默沉 吶喊聲 響透
盼自由 歸於 這裡

何以 這恐懼 抹不走
何以 為信念 從沒退後
何解 血在流 但邁進聲 響透
建自由 光輝 香港

在晚星 墜落 徬徨午夜
迷霧裡 最遠處吹來 號角聲
捍自由 來齊集這裡 來全力抗對
勇氣 智慧 也永不滅

黎明來到 要光復 這香港
同行兒女 為正義 時代革命
祈求 民主與自由 萬世都不朽
我願榮光歸香港

　　本書付印之際，港府稱此歌抵觸港版《國安法》。政府或認定它頌揚港獨，我不敢苟同。我不贊成港獨，但我堅決支持香港獲得真實自治——以港人權益為依歸，港人治港，享有民主等全備普世人權。對於我等眾民，此歌所盼，正是那日。現時氣氛固然肅殺，我卻依然堅信：那日終必到來。

參考書目

General

American Civil Liberties Union: *The Right to Protest*

Fenwick, Helen: *Civil Liberties and Human Rights*, Cavendish Publishing, 2001

Galligan, Dennis: *The Right to Protest*, University of Southampton Institute of Criminal Justice, 1989

Le Bon, Gustav: *The Crowd: A Study of the Popular Mind*, Ernest Benn, 1896

Mead, David: *The New Law of Peaceful Protest*, Hart, 2010

Powers et al: *Protest, Power and Change*, Garland Press, 1997

Stephen, James: *A History of English Criminal Law*, 1883, Burt Franklin, New York

Chapter 1: The London Corresponding Society

Cestre, Charles: *John Thelwall, a Pioneer of Democracy and Social Reform in England During the French Revolution*, Swan Sonnenschein, New York, 1906

Davies, Michael (ed): *London Corresponding Society, Collected Papers*, Pickering and Chatto, 2002

Goodwin, Albert: *The Friends of Liberty, The English democratic movement in the age of the French Revolution*, Harvard University Press, 1979

Chapter 2: The Origins

Acton, John Frederick, Lord: *Essays on the History of Freedom*, 1907

Bate, W. Jackson: *Samuel Johnson, Counterpoint Press*, 1998

Bowen, Catherine Drinker: *The Lion and the Throne, the Life and Times of Sir Edward Coke*, Little, Brown, 1991

Gilmour, Sir Ian: *Riots, Risings and Revolution: Governance and Violence in Eighteenth Century England*, Pimlico, 1992

Hibbert, Christopher: *King Mob*, Longmans, 1958

Holdsworth, William: *History of English Law, vols 1 & 2*, London, Methuen, 1903-38

Holmes, Geoffrey: *The Sacheverell riots*, London, Past and Present No 72

Holt, J.C: King John: *Historical Association*, 1963

Holt, J.C: *Magna Carta*, Cambridge University Press, 1992

Jephson, Henry: *The Platform, its Rise and Progress*, London, Frank Cass, 1892

Rude, George: *The Crowd in History: A Study of Popular Disturbances in France and England, 1730-1848*

Sedley, Stephen (ed): *A spark in the ashes, the pamphlets of John Warr*, Verso, 1992

Thompson, E.P: *Customs in Common*, Merlin Press, 1991

Zaret, David: *Origins of Democratic Culture: Printing, Petitions and the Public Sphere in Early Modern England*, Princeton, 2000

Chapter 3: Spa Fields

Belchem, John: *"Orator" Hunt*, Breviary Stuff Publications, 2012

Darvall, Frank: *Popular Disturbances and Public Order in Regency England*, Oxford, 1934

Goodwin, Albert: *The Friends of Liberty, The English Democratic Movement in the Age of the French Revolution*, Harvard University Press, 1979

Hunt, Henry: Autobiography (Nuffield College Library, Oxford)

Sutton, David: *The Spa Fields Riots of 1816*, Internet Essay

Chapter 4: Peterloo

60 Geo III and 1 Geo IV Seditious Meetings and Assemblies Act 1819

Bamford, Samuel: *Passages in the Life of a Radical*, 1844, Macgibbon & Kee Ltd, 1967

Belchem, John: *"Orator" Hunt*, Breviary Stuff Publications, 2012

Darvall, Frank: *Popular Disturbances and Public Order in Regency England*, Oxford, 1934

Hunt, Henry: Autobiography (Nuffield College Library, Oxford)

Holdsworth, William: *History of English Law*, Methuen, 1939

Read, Donald: *Peterloo, the Massacre and its Background*, University of Manchester Press, 1958

Jackson, Thomas: *Trials of British Freedom*, Lawrence and Wishart, 1945

Marlow, Joyce: *The Peterloo Massacre*, Panther, 1969

Thompson, E.P: *The Making of the English Working Class*, Penguin, 1963

Trial of Henry Hunt, 1820: State Trials

Working Man's Friend and Political Magazine: 18 May 1833

Chapter 5:
Demonstrations Come of Age: the Reform Act Crisis of 1832

Brock, Michael: *The Great Reform Act*, Hutchinson, 1973

Butler, J.R.M.: *The Passing of the Great Reform Bill*, Longmans, 1914

Cobbett, William: *Twopenny Trash* (Nuffield College Library, Oxford)

Ingrams, Richard: *The Life and Adventures of William Cobbett*, Harper Collins, 2005

Moss, David J: *Thomas Attwood: The Biography of a Radical*, McGill-Queens University Press, 1990

Pearce, Edward: *Reform – the Fight for the 1832 Reform Act*, Pimlico, 2004

Smith, Dr E.A: *Lord Grey and the 1832 Reform Act*, Internet Essay

Chapter 6: The Demonstrating Habit Begins to Spread

The Annual Register, British Newspaper Library

Harrison, Brian: *Drink and the Victorians*, Pittsburgh University Press, 1972

The Journal of the New British and Foreign Temperance Society, 1839 (James Turner Collection, Senate House Library, University of London)

Charlton, John: *The Chartists*, Pluto Press, 1997

Lovett, William: *Life and Struggles of William Lovett*, Macgibbon & Kee, 1967

Irish identity website: *When Tara greeted the liberator*

University College Cork Multitext project in Irish History

Australian Dictionary of Biography, Serle & Ward, Melbourne, 1976

Clark, Manning: *A History of Australia*, Melbourne University Press, 1978

Crawley, Frank: *A Documentary History of Colonial Australia, 1841-1874*, Nelson, 1980

Ebbels, R.N: *The Australian Labour Movement, 1850-1907*, Australasian Book Society, Sydney, 1960

Hughes, Helen: *The Eight Hour Day and the Development of the Labour Movement in Victoria in the 1850s*, Historical Studies, vol 9, No 36 (May 1961)

Internet website of Victoria Museum

Ross et al: *Chronicle of Australia*, Penguin Books, 2000

Chapter 7: Demonstrations come to the United States

Avrich, Paul: *The Haymarket Tragedy*, Princeton, 1984

David, Henry: *The History of the Haymarket Affair*, New York, Russell & Russell, 1936

Foden, Philip S: *A History of May Day*, International Publishers, New York, 1985

Plawiuk, Eugene: *The Origin and Tradition of May Day*, Le Gauche Review

Davis v Massachusetts 167 US 43 (1897)

Chapter 8: Demonstrations come to Europe

(a) France

Tartakowski, Danielle: *Les Manifestations de rue en France 1918-1968*

Tilly, Charles: *The Contentious French*, Belknap Press, Harvard, 1986

Willard, Claude: *La Fusillade de Fourmies*, Editions Sociales, Paris, 1957

(b) Russia

Ascher, Abraham: *The Russian Revolution of 1905*, Stanford, 1988-1992

Galai, S: *The Impact of War on the Russian Liberals, 1904-5*, Government and Opposition, vol 1, 1963-66

George, Arthur: *St Peterburg, a history*, Taylor Trade Publishing, 2003

Pipes, Richard: *The Russian Revolution, 1899-1919*, Collins Harvill, 1990

Sablinsky, Walter: *The Road to Bloody Sunday*, Princeton, 1976

Schapiro, Leonard: *History of the Soviet Communist Party*, Methuen, 1970

Unger, Arieh: *Constitutional Development in the Soviet Union*, Methuen, 1981

(c) Germany

Diehl, James: *Paramilitary Groups in Weimar Germany*, Indiana University Press, 1977

Lidke, Vernon: *The Outlawed Party: Social Democracy in Germany, 1878-1890*, Princeton University Press, 1966

Chapter 9: Demonstrations and Votes for Women

Marlow, Joyce: *Votes for Women*, Virago, 2000

Marx, Karl: *Demonstration in Hyde Park*, Marxengels.public-archive.net

Mulvihill, Margaret: *Charlotte Despard: A biography*, Pandora, 1989

Pankhurst, Emmeline: *My Own Story*, Eveleigh Nash, London, 1914

Pankhurst v Jarvis, *The Times*, 2 December 1909

Pugh, Martin: *The Pankhursts*, Penguin, 2002

Purvis, June: *Emmeline Pankhurst*, Routledge, New York, 2002

Van Wingerden, Sophia A: *The Women's Suffrage Movement in Britain, 1866-1928*, Palgrave Macmillan, 1999

Chapter 10: Marching on Washington

Adams, Katherine H, and Keene, Michael L: *Alice Paul and the American Suffrage Campaign*, University of Illinois Press, 2008

Barber, Lucy G: *Marching on Washington, the Forging of an American Political Tradition*, UCLA Press, 2002

Dickson, Paul & Allen, Thomas B: *The Bonus Army, an American Epic*, Walker & Co, New York, 2004

Hague v CIO US 496 (1939)

Jones, Daniel P: *From Military to Civilian Technology: the Introduction of Tear Gas for Civil Riot Control*, Technology and Culture, Vol. 19, No 2 (April 1978), John Hopkins University Press

Lisio, Donald J.: *The President and Protest: Hoover, MacArthur and the Bonus Riot*, Columbia, University of Missouri Press, 1974

Schwantes, Carlos A: *Coxey's Army, an American Odyssey*, University of Idaho, 1994

Waters, Walter & White, William: *The B.E.F, the Whole Story of the Bonus Marchers*, John Day, New York, 1933

Chapter 11: Demonstrations and Civil Disobedience - Gandhi

Thoreau, Henry David: *Civil Disobedience*

Brown, Judith: *Gandhi: Prisoner of Hope*, Yale University Press, 1989

Edwards, Michael: *The Last Years of British India*, Cassell, 1963

Payne, Robert: *The Life and Death of Mahatma Gandhi*, Bodley Head, 1969

Chapter 12: Gandhi's Legacy

(a) Rosenstrasse protest

Stolzfuss, Nathan: *Resistance of the Heart*, Rutgers University Press, 2001

(b) Sharpeville

Davenport, Rodney & Saunder, Christopher: *South Africa, a Modern History*, Macmillan, 2000

Frankel, Philip: *An Ordinary Atrocity, Sharpeville and its Massacre*, Yale University Press, 2001

Karis, Thomas and Carter, Gwendoline: *Documents of African Politics in South Africa, 1882-1964*

Pogrund, Benjamin: *Sobukwe and Apartheid*, Rutgers University Press, 1960

(c) Civil Rights Movement

Abernethy, Ralph: *Freedom of Assembly and Association*, University of South Carolina Press, 1961

Cogan, Neil H: *The Complete Bill of Rights*, Oxford University Press, 1997

Davis v Massachusetts 167 US 43 (1897)

Edwards v South Carolina 372 US 229

Fairclough, Adam: *Better Day Coming, Blacks and Equality*, 1890-2000

Lutz, Donald S (ed.): *Colonial Origins of the American Constitution*, Liberty Fund, 1998

Marbury v Madison 5 US 137 (1803)

Newman, Mark: *The Civil Rights Movement*, Edinburgh University Press, 2004

Shuttlesworth v City of Birmingham 382 US 87

Young, Andrew: *An Easy Burden*, Harper Collins, 1996

Chapter 13: Demonstrations and the Law

Albert v Lavin [1982] AC 546

Aldred v Miller [1925] JC 21

Austin v Metropolitan Police Commissioner [2005] EWHC 480; [2009] UKHL 5

Beattie v Gillbanks (1882) 9 QBD 308

De Freitas v Permanent Secretary, Ministry of Agriculture 4 BHRC 563

Director of Public Prosecutions v Jones [1999] AC 240

Duncan v Jones [1936] 1 KB 218

Elias v Passmore [1934] 2 KB 164

Harrison v Duke of Rutland [1893] 1 QB 142

Hickman v Maisey [1900] 1 QB 752

Hirst & Agu v Chief Constable of West Yorkshire (1987) 85 Cr App R 143

Hubbard v Pitt [1976] QB 142

Humphries v Connor (1864) 17 ICLR 1

Laporte v Chief Constable of Gloucestershire [2006] 2 WLR 46

Moss v McLachlan [1985] IRLR 76

Redmond-Bate v Director of Public Prosecutions [1999] All ER (D) 864

Thomas v Sawkins [1935] 2 KB 249

Westminster City Council v Haw Queen's Bench Division, Gray J., 4 October 2002

Wise v Dunning [1902] 1 KB 167

Christians against Racism and Fascism v UK (1984) No 8440/78 21 DR 138

Ezelin v France (1991) 14 EHHR 362

Rai, Almond and "Negotiate Now" v UK (1995) 19 EHHR CD 93

Ziliberberg v Moldova ECHR Applic. 61821/00, 4 May 2004

Chaplinsky v New Hampshire 315 U.S. 131 (1966)

Doe v University of Michigan 721 F. Supp. 852 (E.D. Mich. 1989)

Kunz v New York 340 N.Y. 273, 90 N.E. 2nd 455 (1950)

Near v Minnesota 283 U.S. 697 (1931)

New York Times v United States 403 US 713 (1971)

Rockwell v Morris 12 App. Div. 2nd 272, 211 NYS 2d 25 (1961)

Texas v Johnson 491 US 397

United States v Eichman 1990 436 US 310

Ewing, K.D. and Gearty, C.A.: *The Struggle for Civil Liberties. Political Freedom and the Rule of Law in Britain, 1914-1945*

Strum, Philippa: *When the Nazis came to Skokie*, University Press of Kansas, 1999

Chapter 14: Demonstrations and the Police

Ackerman, Kenneth: *Young J Edgar: Hoover, the Red Scare and the Assault on Civil Liberties*, Cape Press, 2007

Baldwin, Paul: *Chinese express anger at protests*, Guardian Unlimited, 22 October 1999

Black, Ian: *Anger and relief as Jiang waves goodbye*, Guardian Unlimited, 23 October 1999

Blackstock, Nelson: *COINTELPRO: The FBI's Secret War on Political Freedom*, New York, Pathfinder, 1988

Della Porta, Donatella & Reiter, Herbert, eds: *Policing Protest: the Control of Mass*

Demonstrations in Western Democracies, University of Minnesota Press, 1988

Doward, Jamie and Townsend, Mark: *Police 'used undercover men to incite crowds'*, Observer, 10 May 2009

Evans, Rob and Lewis, Paul: *Undercover: The True Story of Britain's Secret Police*, Faber & Faber, 2013

Ewing, K.D. and Gearty, C.A.: *The Struggle for Civil Liberties. Political Freedom and the Rule of Law in Britain, 1914-1945*

Gordon, Wiliam A: *Four Dead in Ohio*, North Ridge Books, 1995

Hannington, Wal: *Never on Our Knees*, Lawrence and Wishart, 1967

Hartley-Brower, Julia: *No pressure on police to quell Jiang visit demos*, Guardian Unlimited, 25 October 1999

Hartley-Brower, *Julia: Met accused of Tibet protest whitewash*, Guardian Unlimited, March 18, 2000

Keller, William W: *The Liberals and J. Edgar Hoover*, Princeton University Press, 1989

Simon, Jeffrey: *Police admit breaking law on anti-China protests*, Guardian Unlimited, May 3, 2000

Soueif, Ahdaf: *Cairo, Memoir of a City Transformed*, Pantheon, 2014

Morgan, Jane: *Conflict and Order: The Police and Labour Disputes in England and Wales, 1900-1939*, Clarendon Press, Oxford, 1987

Theoharris, Athan: *Spying on Americans: Political surveillance from Hoover to the Huston Plan*, Philadelphia, Temple University Press, 1978

Waddington, P.A.J.: *Liberty and Order: Public Order Policing in a Capital City*, UCL Press, 1994

Woodward, Will: *Police action at Tibet rally unlawful*, Guardian Unlimited, 4 May 2000

Chapter 15: Environmental Demonstrations

The Annual Register

Bhatt, Chandi Prasad: *A Chipko Experience*

Bohlen, Jim: *Making Waves*, Black Rose Books, 2001

King, Michael: *The Death of the Rainbow Warrior*, Penguin, 1986

R v Chief Constable of Devon and Cornwall ex parte Central Electricity Generating Board [1982] 1 QB 458

Rothman, Benny: The Kinder Scout Mass Trespass \a personal memoir, Willow Publ, Altrincham, Chesh, 1982

Routledge, Paul: *Terrains of Resistance*, Praeger, 1993

Weyler, Rex: *Greenpeace*, Rodale, 2004

Chapter 16: What Makes a Successful Demonstration?

Bonafina, Hebe de: *Historia De Las Madres De Plaza De Mayo*, conference speech, 6 June 1988, madres.org website

Buckland, C.A: *Bengal under the Lieutenant-Governors*, Calcutta, 1900

Encyclopedia of Non-violent Direct Action – entry on ADAPT

Gorn, Elliot J: *Mother Jones: The Most Dangerous Woman in America*, Hill & Wang, New York, 2001

Autobiography of Mother Jones: Chicago, Charles H. Kerr Publishing Co, 1996

Internet pages of Associacion de Madres de Plaza de Mayo (Spanish)

Navarro, Marysa: *The Personal is Political: Las Madres de Plaza de Mayo*, in Susan Eckstein (ed): *Power and Popular Protest: Latin American Social Movements*

Taylor, Diana: *The Mothers of the Plaza de Mayo in Cohen-Cruz*, Radical Street Performances, an International Anthology

Chapter 17: Northern Ireland

Bloody Sunday Trust Internet Pages

CAIN Web Service: *The Civil Rights Campaign 1964-72 – a chronology of main events*

CAIN Web Service: *Burntollet*

Guardian Unlimited: *Drumcree, a brief explainer*

Hennessy, Thomas: *A History of Northern Ireland, 1920-1996*, Macmillan, 1997

IRIS Magazine, November 1988: *Interview with Anthony Coughlan*

Northern Ireland Veterans' Association, Internet pages

Parades Commission Northern Ireland: *(1) Parade Organiser's Guide; (2) Public Processions and Parades; (3) Guidelines; (4) 6th Annual Report, 2003-4*

Report on Parades in Northern Ireland (the North Report)

Sinn Fein Submission to the Review of Parades

Chapter 18: Demonstrations and Revolution

Mercado, Monina & Tatad, Francisco: *People Power, An Eyewitness History*, James B Reuter Foundation, Manila, 1986

Poniatowska, Elena: *Massacre in Mexico*, Viking, New York, 1975

Chapter 19: Demonstrations and China

Brook, Timothy: *Quelling the People*, Oxford University Press, 1992

Calhoun, Craig: *Neither Gods nor Emperors*, University of California, 1994

Chow Tse-Tsung: The May 4th Movement, Intellectual Revolution in Modern China, Harvard, 1960

De Bary, William T: *A plan for the prince: The Ming I Tai Fang Liu of Huang Tsung-His*, Columbia (doctoral thesis), 1953

Fairbank, John King: *China: A New History*, Belknap Press, 1992

Nathan, Andrew: *Chinese Democracy*, Tauris, London, 1986

Nathan & Link, ed: *The Tian An Men papers*, Little, Brown & Co, 2001

Wasserstrom, Jeffrey: *Student protests in 20th century China*, Stanford, 1991

Chapter 20: Demonstrations and Empires

Ajayi, J.F.A: *History of West Africa*, Longman

Dadrian, Vahakn N: *History of the Armenian Genocide*, Berghahn Books, 1995

Eleven Shadows Tibet website

Freedom Now website, *Interview with Geoffrey Aduamah*

Horne, Alastair: *A Savage War of Peace*, New York Review Books, 2006

New York Times Archives, 14 August 1990, *Chinese said to kill 450 Tibetans in 1989*

Planche, Jean-Louis: *Sétif 1945, Histoire d'un massacre annoncé*, Perrin, 2006

Report of the Commission of Enquiry into the Disturbances in Gold Coast, 1948 (Rhodes House Library)

捍衛自由

Raising Freedom's Banner:
How peaceful demonstrations have changed the world

作者：	夏博義 Paul Harris
譯者：	李明
設計：	4res
編輯：	青森文化編輯組
封面相片：	Credit: Andrew Meakovsky, Oleg Matsekh and Marikiyan Matsekh
出版：	紅出版（青森文化）
	地址：香港灣仔道133號卓凌中心11樓
	出版計劃查詢電話：(852) 2540 7517
	電郵：editor@red-publish.com
	網址：http://www.red-publish.com
香港總經銷：	香港聯合書刊物流有限公司
台灣總經銷：	貿騰發賣股份有限公司
	地址：新北市中和區立德街136號6樓
	電話：(886) 2-8227-5988
	網址：http://www.namode.com
出版日期：	2020年12月
ISBN：	978-988-8664-78-8
上架建議：	政治／歷史
定價：	港幣108元正／新台幣430圓正